師父たちの食卓で

―創世記を味わう　第1章～第3章―

ジュセッペ　三木　一［著］
佐藤弥生［訳］
松島雄一［監修］

YOBEL,Inc.

ゆん くんじゃ 姉へ　本書を献ぐ

凡例にかえて

＊著者はローマ・カトリックから正教会に転じ、いまは毎主日、聖体礼儀に欠かさず参祷する熱心な正教会信徒である。

＊正教信徒になじみ深い人名・地名・神学用語については適宜括弧内に一般的な表記を附して、日本ハリストス正教会で用いられている翻訳を用いた。

＊たとえばイイスス・ハリストス（イエス・キリスト）、パウェル（パウロ）、また聖神《せいしん》（聖霊）、受肉（藉身）など。

＊巻末に日本正教会が用いている翻訳用語の一覧を附した。

＊また、引用される聖書本文は一般の読者に配慮して、固有名詞の他は新共同訳聖書を用いた。ただ文脈から必要とされる場合は、著者が親しんできたフランス語訳、イタリア語訳聖書などを翻訳して用いている。

まえがき

キリスト教徒はだれでも聖書を読み出せば、師父（一般には教父と訳されるが、日本正教会ではこう訳した。）たちの備えてくれた食卓に座り、それをおいしくいただきます。どの教会の人であれ、キリスト信者は教会の伝えてくれた教えの内にいて聖書を読みます。どの教会も使徒たちと師父たちの教会です。

とは言え、この事実を肌で実感できるのは正教会の信者たちです。西洋の諸教会では一般的に師父たちの時代はもう千年以上前に終わっていると教えられます。ラテン教会にとっては七世紀のセビリアの聖イシドーロ（Isidorus Hispalensis, 560~636）の時で、ギリシャ教会では八世紀のダマスコの聖ヨアンネス（Iohannes Damascenus, 676~749）の時です。ところが東方教会では師父たちの時代は終わったとされていません。師父たちは私たちと同時代の人々です。基礎と建物が同時にあるように。

このページを書き始めたときに、本を書こうとは思っていませんでした。ただ、いつもの福音書と聖詠のかわりに創世記を読み始めただけです。しかし、ゆっくりと読んでいると、聖書の他のことば、師父たちのことば、奉神礼《ほうしんれい》（正教会における奉事・祈りの総称。日本ハリストス正教会の訳語。カトリック教会における**典礼**に相当します。）のことばが次から次へと心に流れ始めました。多くて整理できないので書き始めました。自分のために、自分の母国語であるイタリア語で書き始めました。

創世記第一章一〇節くらいまで読んでいたころ、ある聖書を読む会でそのことを伝えたら、ぜひ日本語にして、日本の教会の人々も、教会外の人々も読めるようにしてくださいと頼まれました。

なるほどと思いました。現代人は、たとえキリスト教徒であっても、いそがしさと気が散ってしまう環境で生活しているだけではなく、しばしば思い上がって伝統とむかしの人の言葉を見下げることがあるからこそ、この豊かな食卓に招きたいと思うようになりました。

しかし現代人に聖書と師父たちのことを教えようと、この本を書いたのでは決してありません。

私は学者ではありません。ただのキリスト教徒です。生きるためのいのちのかてとして聖書と、師父のことばをいただいているうちに、いかに伝統の食卓が豊かかと驚いて、よろこんで、多くの人を招きたいとのぞんでいるだけです。

そういうわけで、この本はたんなる「思いめぐらしながらの読書」です。その中にある聖書の解釈のような、エッセイのような、歴史のようなページは学者としてのものではありません。それにまた、どうしても自分の体験もあります。僕も現代人です、多くの現代人の問題に直面しましたし、今も直面しています。

聖書と師父のことばと、奉神礼のことばと言いましたが、全体は「聖伝」と言います。でもこの三つは同じ重さを持っているのではありません。

聖書はあくまでも神のことばで聖伝の中心にあります。そのまわりに師父のことばが多くありますが、師父の言ったことだからと言ってすべては良いとされているわけではありません。あくまで師父たちのコンセンサスの網をくぐったことばです。そして奉神礼といえばまたちがった重みを持っています。祈りのことばはそのまま何百年も何千年もつらぬきますから、湧水の出る井戸のようなものです。その全体が一つの伝統です。

ユダヤ人の聖書の読み方もそうです。聖書と、ラビたちのことばと、祈りのことばをいつも同時に目の前におきながら聖書を読むのです。そのためにあえて、同じ食卓に、ラビたちも招きました。

師父たちの食卓で――創世記を味わう 第1章～第3章――

目次

師父たちの食卓で——創世記を味わう 第1章〜第3章——

——詩編二三・五

わたしを苦しめる者を前にしても
あなたはわたしに食卓を整えてくださる。
わたしの頭に香油を注ぎ
わたしの杯を溢れさせてくださる。

序文

創世記を静かに読んで、思いを書き記し始めた時にはもちろん、八年後出版社に出版の可能性を求めて原稿を送った時にも、近代聖書学と論争する意図はまったくありませんでした。しかしカトリックの友人に読ませると、神学を学んだことのある彼が、評価しながらもこれまでなじみのなかった聖書の読み方に戸惑いを隠しませんでした。さらに最初に原稿を持ち込んだプロテスタント系の出版社も、評価しながらも聖書についての他の本とかなり違い、売れる見込みが薄いと判断し、取り上げてもらえませんでした。そんな中で、最初の原稿にはなかったこの序文を書くことを決心しました。

ほんとうを言えば、「論争」という言葉は無意味です。聖書の学問的批判的研究としての近代聖書学と、伝統的な教会の師父たちの解釈に基づいた読み方は、そもそも目的が違います。衝突するはずはありません。聖書そのものを対象にするのが教会の伝統的な読み方であり、学問的研究はそれぞれの文書の著者、文書成立のいきさつ、歴史的文化的背景などを対象にしています。二つは共存できます。

たしかに現代人には、学問を重んじて伝統を軽んじるところがあります。また学問的研究では、その研究の成果を一つ一つ個別に取り上げて、いわば「情報」として取り込むことができるのに対し、教会の伝統（「聖伝」）は長いつきあいの結果としてしか身につきません。一般の人々、信者たち、場合によっては聖職者たちも、聖書を読むために学問的なアプローチをし、それでこと足れりとする傾向があります。聖なる伝統は今やほとんどの人々から忘れ去られてしまったと痛感します。

この序文の目的はこれら二つの異なったアプローチを簡単に紹介して、読者がそれぞれの存在を認めながらもきちんと区別できるようになることです。

日本ではキリスト信者が人口の一％にも足りません。しかも大部分の人々が受け入れているのは西ヨーロッパのキリスト教――ローマ・カトリックとプロテスタント――です。彼らが受け入れたのは二千年にわたって伝えられてきたキリスト教の伝統であるはずなのに、ここわずか二百年の間に潮流となった教会離れの文化が生んだ、聖書の学問的研究をも受け入れています。それが間違っていると言うより、その問題点をはっきりさせておく必要があります。

日本の正教会にはほんのわずかな信者と聖職者しかいませんが、全世界の正教会と同様に西洋文化の影響をほとんど受けておらず、信仰も聖書も、またそれらへの理解も教会から感謝して受け取り、次の世代へ渡してゆくべき大切な宝であるという態度を当然のものとしています。したがって、日本正教会は小なりと言えども、すべてのキリスト教徒に託されたこの国の福音化において、「聖なる伝統」をそれについての情報だけではなく、その心をも伝える必要性を示さねばなりません。聖なる伝統をたんに知っているだけではなく生きているからこそ、私たちにはそれができるのです。

一、聖書の批判的・歴史的研究という学問

アルベルト・ソッジン（Alberto Soggin, 1926~2010）という学者の言葉を借りて、この学問を紹介します。彼はヴァルド派（Waldensians 一二世紀の中世ヨーロッパで発生したキリスト教の教派の一つである。カタリ派と並んで中世ヨーロッパを代表する異端として扱われた。当時ローマ・カトリック教会側からは二元論的異端として断罪されたが、近年では福音主義的・聖書主義的特性から宗教改革の先駆とも評される）の教会の神学院でヘブライ語と聖書学を教え、イタリアのみならず西ヨーロッパ屈指の歴史ある大学「ローマ・ラ・サピエンツァ大学」でヘブライ語とヘブライ文学を客員教授として教え、ローマ・カトリックの「ポンティフィーチョ・イスティトゥート・ビブリコ」（Ｐ・Ｉ・Ｂ）でも教鞭を取りました。私は一九六五年から六八年にかけてＰ・Ｉ・Ｂのすぐ近くにあるグレゴリアーナ大学で神学を学んでいたので、彼の名前は知っていました。

そのこともあって、一九八七年にいったんイタリアに帰国した時、ソッジンの『旧約聖書の入門』を買いました。この本は一九六六年に初版が出版され、すでに四つの言語に翻訳されていましたが、一九八六年の第四版が出た時に、かなり新たに書き換えたということを知り、書店で見かけた時に即座に買いました。

ソッジンの前書きから、まず引用します。

「あらゆる文学はその特有な歴史的、社会的、思想的な環境の中で読まれ、理解される必要がある。聖書ももちろん同様である。しかし聖書の場合一つの特別の問題が加わる。聖書は何千年もの間、ユダヤ教とキリスト教の「聖典」だった。ユダヤ・キリスト教的環境の中で育った者たちは、知らず知らずにその宗教的影響を受けてしまうだろう。彼らは思い込みや先入観にもとづく解釈を正しいものと受け入れ、不確かなことを信じてしまうかもしれな

い。また逆に伝統的なものに抵抗感がある者であれば、その理由だけで中身を確かめずに大事なものを拒否してしまうことにもなりかねない」。

このように『旧約聖書の入門』（『新約聖書の入門』でも同様に）を執筆した動機を紹介した上で、聖書学を定義しています。

「聖書の各文書について、その執筆者が誰であるか、どのような文芸ジャンルに属するか、どのような環境の中で書かれたかなどの問いに、できるだけ答えることで、その文書を左右した出来事や思想を明るみに出して、その文書の理解に導く学問が『批判的・歴史的聖書研究』と言われる」。

ソッジンは学問の起源をルネッサンスに遡ります。ルネッサンスの思想を一言で言えば「原点に戻ること」でした。ルネッサンスとは字義的には「再び生まれること」です。中世から脱出し始めた西ヨーロッパにとってその原点はギリシャローマ文化でした。ルネッサンスの使命は、その再発見と再興でした。いっぽう、ルネサンスにあい次いで始まった宗教改革の原点はヘブライ語の聖書と「初代教会」でした。しかし基本的な考え方は生まれても、まだ教会やシナゴーグの統制をかいくぐって学問的な読み方を始めることはできませんでした。わずかな試みはすぐに抑圧されてしまいます。ユダヤ教の場合はスピノザ（1670）が、キリスト教ではR・シモン（1678）がその例です。

「実際には、一八世紀末頃、啓蒙主義の中で初めてこの学問が教会のドグマ的前提から解放されて、自立した学問として成立した」。

ソッジンはこの学問の歴史も紹介しています。プロテスタントの国々では当初、研究者たちが教会の権威のもとにある神学教育機関の協力を得るのは困難を極めましたが、やがて少しずつ実りあるものになってゆきました。いっぽう、カトリックと正教の国々では聖書学は長い間受け入れられてきませんでした。そして彼によれば一九世紀と二〇世紀のエジプト・シリア・メソポタミアの古代文明の発見が、この学問を飛躍的に発展させました。彼はこう結論づけています。

「聖書の物語や詩は長い間ユダヤ教のシナゴーグとキリスト教の教会の中でしか読まれなかったが、やっと、それらがそこから生まれてきた環境、背景、歴史の現実の場に返されて、シナゴーグと教会の伝統が作り上げた無理な解釈と説明が取り去られた。ようやく聖書のテキストそのものを何の干渉も受けずに学ぶことができるようになった」。

ソッジンのこの結論には大きなまちがいがあります。聖書の本来の環境や真の背景、そして歴史的な場はイスラエルの信仰共同体であり、教会の共同体です。他にはありません。聖書が読まれ、理解される場は他にありません。もちろん聖書の一つ一つの文書を取り上げて、著者や成立した環境や背景についていろいろと調べて述べることは、さしつかえないし、たまには役立つこともあるでしょう。しかし、聖書を構成している文書を、一つ一つ切り離して別個に取り上げても、そこにあるのは「聖書」ではありません。少々生々しく喩えさせていただきましょう。シチリア島で誘拐された人が、少しづつ返されるということがありました。まず手が、そして体の各部が順番に、そして最後に頭部が戻ってきました。しかし返されてきたものをいくら並べてきても、誘拐された人はそこにはいません。

今日では多くの学者がこの問題を理解していて、自分の研究の目的と限界をわきまえて謙虚な姿勢をとっている人も中にはいます。三〇年前には聖書学の危機が叫ばれていましたが、今日はどうなっているのでしょうね。しかし学者たちの間では認識が少しづつ変わってきてはいても、一般信徒と聖職者の間では、それほど簡単には変われない気がします。

二、聖なる伝統の中で聖書を読むということについて

① ホミャーコフとロンカーリ司教の司教教書

これから申し上げるのはローマ・カトリックと正教会の共通の信仰です。

私は正教徒であっても、イタリア出身なのでカトリック信徒として長く生きてきました。当然ですが、正教の資料よりカトリックの資料の方を多く持っていますし、正直、読みやすいのはカトリックの資料です。しかしカトリックの資料を引用する前に、短いものですがきわめて決定的なホミャーコフの考え方を紹介します。

ホミャーコフ（Aleksey Stepanovich Khomyakov, 1804-1860）はロシア正教の在野の神学者で、彼の教会論は今日の正教会にひろく影響を与えています。私も五〇年前にグレゴリアーナ大学で学びました。アメリカ正教会の聖ウラジミル神学院の紀要所載のロッサム（Joost van Rossum）の論文から引用します。

「ホミャーコフは近代聖書学の最初期に生きた。彼によれば聖書の学問的・批判的研究は聖書のテキストの正典性を危険にさらすものではない。テキストの正典性はその『真正性』によるのではなく、教会がそれを受容していることによるからだ。肝要なのは福音書がイオアン（ヨハネ）やマトフェイ（マタイ）によって書かれたことでは

なく、教会によって書かれたということである」。

ルネッサンスと啓蒙主義を知らない正教会では「お前たちの聖書学は遅れている」と言われても、その意味不明な批判に動揺する人は多分いません（そもそも遅れているとは、何に対してでしょう）。ところが近代の荒波をまともに受けているローマ・カトリックでは「遅れているぞ」と言われると、焦って走り出す人が少なくありません。そこで、彼らにブレーキをかけるために司教たちがいろいろと教書を発する必要が出てきたのです。その一つが私の手元にあります。それはベネチア市の大司教ロンカーリによる一九五六年の四旬節の司教教書『聖書と聖ロレンゾ・ジュスティニアーニ』です。

アンゲロ・ジョゼッペ・ロンカーリ（Angelo Giuseppe Roncalli, 1881~1963）はベネチアの司教になる前にブルガリアのバティカン大使を務めていて、正教会と温かい関係を持っていました。数年後、ヨハネ二三世（John XXIII, 1958~1963）の名でローマ教皇となり、第二バチカン公会議を開いた人物です。

司教教書の主な項目だけ紹介します。

（ⅰ）聖書全体が神の言葉である。

聖書は人間を創造し直すために人に向けられた神の言葉である。したがって個々の文書の著者は、たんに二次的な意味でしか著者と言えない。これは、オリゲネス（Origenes Adamantius, 182? ~ 251）、バシリウス（Basilius Caesariensis, 330~ 379）、レオ・マグヌス（Leo Magnus, 390~461）、トマス・アクィナス（Thomas Aquinas, 1225~1274）らが口をそろえて言うところである。

（ⅱ）聖書全体が一つの書である。

聖書には多くの文書と多くの内容が含まれているが、それにもかかわらず一つである。人となった神の言葉が一つであるように。時と環境が違っても、それらの違いを超える次元で一つである。これも聖バシリウスからゲルソーネ（Gerson, 1363~1429）にいたるまで一貫した伝統である。

（iii）聖書全体が霊的な意味を持っていて、その意味はどの文書においてもハリストス（キリスト）である。

ヒエロニムス（Eusebius Sophronius Hieronymus, 340年~420）が言うように「聖書はハリストスの心である。それを知らないことはハリストスを知らないことである」。

（iv）聖書は伝統（聖伝）の中で読まれるべきであり、しかもその連続性の中で解釈されるべきである。

「教会は神の子、イイスス・ハリストス（イエス・キリスト）を自らの唯一の創立者として認める。その創立の証言は使徒たちの伝統と聖書である。伝統は先に、聖書はその後で。聖書は伝統の上に成り立っている。聖アウグスティヌス（Aurelius Augustinus, 354~430）のイメージが非常に印象的だ。『キリスト教徒は聖書を自分なりに好き勝手に読むことはなく、その神の解釈者である教会の膝元で読む』。（このあと司教はかなり長くギリシャ、シリア、ラテン教会の主な師父たちのリストを示し、師父たちが書いたものを聖書の大切な解説として推奨します）。

（v）聖書を理解するための条件。

学問を身につけることは条件ではない。たとえ聖書と関連性を持つ学問であろうと。それより信仰から来る徳を身につけるべきではないだろうか。祈り、悔い改め、謙遜である。司祭を養成する際にはある程度学問の重要性を認めるが、同時にその学問を信仰に対して正しく位置づけることも求めなければならない。そこでロレンゾ・ジュスティニアニ（Laurence Justiniani, ?~1455）という聖人の言葉を引用しよう。

「思い上がった人々には閉じられたものである聖書は、小さい者、素朴な者に対しては微笑んで戸を開く。聖書についての知識は聖書の味わいとは異なる。善くない者でも知識は持てるが、味わいは素朴で善い人のための贈り物である。その味わいを安定して持ち得た人は別人と成り、再び悪に戻ることはない。モーセのように……、もうエジプトへ帰ろうとは思わず、自分の道を進む」。
(vi) 聖書は神の民全体のものである。
(ロンカーリ司教の教書の目的は一般の信徒の中に聖書への愛と味わいが生まれるようにすることです)。
(vii) 司教の逃れられない責任はまさに神の民が聖書になじみ、味わうこと。
「神から伝えられたことを伝えることは私たち司祭職の本質である。……それこそ私たちの務めのアルファ(始まり)であり、そしてオメガ(目的)は教会の聖なるカリース(聖杯)である」。
(viii) アルファである聖書は、オメガであるカリースから切り離せない。
ロンカーリ司教のこの司牧的教書は六〇年前のものですが、決して古くはありません。バティカン会議を呼びかけた彼の思いは時を超えたものです。

②聖書の「釈義の鎖」というジャンル

二〇〇九年に私にとって大事な発見がありました。それはフランス語では chaines exegetique といい「釈義の鎖」と訳してみました。その典型的なかたちは次のようなものです。

ページの中央に太い字で聖書のテキストが書いてあります。まわりに師父たちの主な解釈が書いてあります。聖書を読みながら教会がどのようにその箇所を読み継いできたのかが一目でわかります。このような「鎖」のおかげで、仮に師父たちのテキスト全体が失われていても、その言葉の一部が残り、伝えられてきました。

このジャンルはパレスティナでガザのプロコピオスによって六世紀に生まれました。すぐに他にも同じようなものがたくさん出てきて、一つのジャンルを形成するに到り、一七世紀まで(一六七三年にローマで「マタイ福音の鎖」、著者は P. Poussin. これが多分最後の鎖です)受け継がれました。ギリシャ教会とシリア教会に最も多かったようです。「鎖」という名前はかなり後、一五世紀につけられました。しかし一三世紀のトマス・アクィナスの「福音の金の鎖」がその呼び名の始まりという説もあります。ギリシャ語では「シラ σειρα」、ようするに「鎖」という言葉がビザンティン時代の終わり頃に現れます。ともかくとても古く、千年の間に多くの文化と言語の背景にあった貴重なものです。ルターもそのように聖書を読んだのです。私はそのジャンルの存在すらも知りませんでした。

現代の「鎖」ウンベルト・ネーリの「創世記」

ネーリの名前は知っていました。二五年前から何回も読み返しているニコラス・カバシラスの「ハリストスに生きる」を監修したのがネーリです。彼の挿入と、注解のすばらしさに感動していました。

ネーリは「ビブリア（聖書）」というシリーズの第一冊目の「創世記」を監修しました。出版は一九九五年です。「ビブリア」の目的は「聖書への師父たちと伝統におけるアプローチを神の民である教会に適用すること」です（前書きから）。

ネーリは「鎖」型の聖書を復活させたわけではありません。すでに『聖詠（詩編）の鎖』（副題、「伝統がキリスト教の詩編を瞑想する」）が一九七三年にパリで出版され、二〇年後カナダのケベックでモイセイ五書（モーセ五書）の鎖らしきものがフランス語で出ました。

聖神《せいしん》（聖霊）はキリスト信者の中でこの方向で吹いているかと思います。

挿入の中で「どうして新しい鎖？」という問いに、ネーリはまず基本的な二つのポイントを提示します。

・聖書は伝統の中で読むものなので、同じページに聖書のテキストと師父たちのテキストが並べてあれば、ともに読むことによって照らしあわせができまる。

・師父たちの異なった解釈を並べることで、「多様性における一致」がみごとに見えてくる。

教会は異なる解釈を同時に一つのものとして認めます。そして現代人にとっての、もう一つのポイントも付け加えています。師父たちの著作を読むのは現代人にとってむずかしい。長くてくどいものが多く、脱線もしばしばで、聖書のテキストとの接点を見つけるのにはとても骨が折れることです。

しかし「聖書の鎖」では、師父や伝統の中から聖書テキストと関係あるところだけを選び出すので、教会の広い共同体の時と空間を越える声が聞こえてきます。

こうしてネーリは六五〇ページにも及ぶ『創世記』という書を監修しました。まずイタリア語のカトリック教会が用いる聖書のテキストを、ヘブライ語（マソラ本）、ギリシャ語（LXX）、シリア語（ペシッタ）とラテン語（ヴルガタ）と簡略に比べます。そしてその箇所のタルグームも記載します。タルグームはヘブライ語からアラム語への釈義です。

そして読んでいる聖書テキストのギリシャ師父（オリゲネス、アレクサンドリアのキュリロス、プロコピオスの「鎖」）、シリア師父（エフレム、ナルサイ、イソダドの「鎖」）、ラテン師父（アムブロシウス、アゴスティネス、ベーダ）やプロテスタント（ルター、カルヴァン）からの解説を加えます。

まさに「聖書の鎖」ですが、古代中世の鎖とはページの体裁が違います。昔のかたち、すなわち小さな字で書かれた解説に囲まれた太い字の聖書テキストというかたちが、整理されています。

ネーリの書を手に入れたのは、本書『師父たちの食卓で』を書き始めて三年目でした。二章の最後あたりでした。

それからももちろんネーリの「鎖」を見ながら書き続けてゆきました。よく見ていただければおわかりになりますが、後半の方が師父の解説を多く含んでいます。すでにこれまでに書いた部分は、そのままにしておきました。そんなわけで、この『師父たちの食卓で』は「鎖」に何となく似ていると思います。あくまでも「思いめぐらし」（黙想、瞑想という言葉はあえて避けます）の書です。前半と後半の違いがどこにあるかといえば、前半の方で心に残っている、または浮かんでくる師父の思いをもって聖書の言葉を思いめぐらしているのに対し、後半では聖書の言葉だけではなく師父の言葉にも思いはめぐってゆきます。大きな違いではありませんが。

正教会ではオリジナルなものであることはあまり評価されませんので「鎖」を書いた人々のように、「この本の中には私自身の思いは一つもありません」と自慢したいところですが、それはできません。しかし私も、少しだけ自慢できると思います。自分の思いは、そのほとんどが師父たちとの長いつきあいから来ているとは言えます。書き始めた時（二〇〇六年の四旬節）の二年ほど前から、毎晩寝る前に、ウルス・ヴォン・バルタザール（Hans Urs von Balthasar, 1905 ~1988）の『表信者《ひょうしんしゃ》（正教会で聖人に付される称号の一つ。日本正教会による訳語。カトリックでは「証聖者」）マクシモス、宇宙的奉神礼（典礼）』をゆっくりと読みながらマクシモス（Maximus Confessor, 580~662）の『アンビグア』(Ambiguum）と照らし合わせていました。マクシモスは七世紀の聖人で、多くの先人の師父たちの思いを受けとめた上で、自分からではなく、教会の真の伝統からすべてを書いた人です。真の伝統というべきです。なぜならマクシモスの時代はとても複雑でした。

大学で神学を学んでいた時からヨアンネス・クリマコス、マクシモス、そしてフィロカリアを、一九七一年に来日してからパラマス、カバシラス、オリゲネス、そしてシリアのイサアクが私の読書歴に加わりました。五〇年前から毎日、どんなに忙しくても、とっておきの時間をこの霊的読書に費やします。

一九八三年頃、結婚してまもなくの頃ですが、エレミアス（Joachim Jeremiasr, 1900~1979）というドイツの学者の『イエスのたとえ話』を読んでいました。同じ著者の『イエスの宣教』をすでに読んでいて共感を覚えていました。

しかし同じ頃、別の時間で霊的読書としてカバシラス（Nicholas Cabasilas, 1923~1391）の『イイススに生きる』を読んでいました。すると、自分の心の思いを見張る習慣のおかげで面白いことに気付きました。エレミアスを読むと、賢くなったような気がして、喜んで人に教えたがっている自分の思いとイメージが浮かんできますが、カバシラスを読むと、昔からなじんでいる心の状態ですが、喜んで家を出て、外の草原に座ってすばらしい景色を眺めているような思いとイメージが浮かんできました。その時、フィロカリアが教えている、「よい喜び」と「悪い喜び」を区別する規準を思い出しました。あれから学者の本は読まないことにして、今も特定の調べ物がない限り学問の本を開くことはしません。ソッジンの本をその後買ったのですが、調べ物するだけで読んでいません。

ただ、書いたページの中に、自分の体験や現代の文化や西洋の歴史などに対する私自身の思いも含まれているので、本書は「聖書の鎖」のような淡々としたものではありません。

本書ではユダヤ教のラビたちの言葉や解釈も紹介しています。ハリストスを聖書の鍵とする一歩手前、当然とどまりながらも、私たちキリスト教徒に多くの光をもたらす言葉が彼らのうちにはあります。昔からタルムードを持っていましたが、それに加えていくつかのラビの書物、とくに一一世紀のラーシの創世記、出エジプトと雅歌の解説です。しかしラビの著作の中で霊的読書に使うのはバヒーア・イブネ・パクダの「心のつとめ」だけです。「鎖」というジャンルがパレスティナ教会で生まれましたが、すぐにユダヤ教にも同じようなものが出始めて、その流れは絶えたことはありません。今イスラエルで「大きい聖書」と呼ばれて、多くの本が使われます。イタリアのユダヤ人共同体で最近初めて出版されました。とてもすばらしいものです。

私はフランス語の『エルサレム聖書』（La Bible de Jérusalem）で先ず読んで、思いをめぐらします。その後ラテン語とギリシャ語の聖書に尋ねながら、さらに思いをめぐらします。そして日本語の三つの訳を見ます。本書では主に新共同訳の聖書を使っています。この思いめぐらしには一つの短いテキストのために数日を費やします。いろいろ仕事をしながら思い続けるからです。そしてイタリア語で書き始めます。文がある程度定まったら清書します。それから日本語に直し始めます。もちろんすべて手書きです。その後、私からイタリア語を学んでいる佐藤弥生さんにイタリア語と日本語を渡します。彼女が直してくれてワープロで打ち出してくれます。気が遠くなりますが、死ぬまで時間はあると思うので、いちおう創世記全部をやろうと思っています。佐藤さんとの協力のおかげで六年間で形になってきたものを名古屋正教会の司祭、ゲオルギイ 松島雄一神父に全部渡しました。

松島神父が出版する価値があると判断してくれたので、一年半かけて全体を監修してもらいました。私は師父たちに倣って細かいことにこだわらないので、最初は聖書の引用を示す章節番号を一つも入れていませんでした。所々日本語も直したり、あるノートを加えたり、固有名詞の表記を変えました。

こうして多くの人々に助けられ、このご大層な序文まで書いていると、八年前書き始めた頃を振り返れば、私の心はかなり一人歩きして来たような気がします。貴重なことをしているような、使命感のような気負いが現れてきました。でも、それは自然にできたイボのようなものでした。

創世記の四章を読み、思いめぐらすことを二年ぶりでまた始めたら、たちまちもとのひっそりとした心持ちに戻りました。

蟻のような仕事に思い上がりも焦りも似合いません。

自己紹介

僕がどんな人かと不思議に思う人のために、そんな疑問に気が散って本書に向かい合えなくなってしまわないよう、簡単に自己紹介します。

・一九四三年、ローマで生まれる。名はアバテ・ジュセッペ
・一九六三年、回心の恵みを受けました。
・一九七一年、来日。「福音の小さい兄弟会」の修道士として東京に。来日の前の八年間は、修道士の見習いと、三年間の神学の勉強をローマのグレオリアーナ大学でしました。生きるための基本的な習慣を身につけて今に到ります。最も大切で幸せな時。
・一九八〇年、修道会を退会して名古屋へ移り、名古屋教区のカテキスタ会に入り、教区レベルの日曜学校に自分の仕事を持ちながら協力しました。（～二〇〇五年）
・一九八一年、結婚。二年後三木一という名前で日本人になりました。
・一九九四年、名古屋から知多半島の阿久比へ。
・一九九五年、聖書を読む集会を始め、今日に到る。一〇人くらいのグループにプスチニア（「砂漠」から転じて「祈りの家」）と名付ける。
・二〇〇五年、正教会の信徒になる。半田市乙川の半田正教会に所属する。やがて相次いで、聖書の会のメンバー七人が正教徒となり、他のメンバーも学びを続けています。

師父たちの食卓で――創世記を味わう――

第一の物語

第1章1節～第2章4a節

第一の物語　創世記　第1章1節〜31節

1節　初めに、神は天地を創造された。

旧約聖書の第一の書「創世記」の冒頭です。これは、描写ではなく真理です。神は天と地の創造主です。この真理は聖書全体のタイトルと言っても言い過ぎではありません。聖書は最後には「新しい天と新しい地」（イオアンの黙示録21・1）について述べているのですから。

ここで「初め」とは神が創造した天地の「初め」のことで、もちろん神の存在の「初め」ではありません。神には初めも終わりもありません。しかしあえて「初め」を置くことで神は自分から出ました。神は初めも終わりもない自分の在り方に留まることができたにもかかわらず。

天地の初めです。父から子が生まれるようにではなく、神の外で始まる何かです。それを思えば、神は愛によって世界を創造したことがわかります。

偽ディオニシウス・アレオパギタ（「アレオパゴスの議員ディオニシオス」（使徒言行録一七・三四）の作と擬せられる5世紀から6世紀の初めに書かれた文書群の著者。）はこう言います。「神の愛（theios eros）は法悦（extatikos）。その愛は自分が自身のものであり続けることを許さず、愛する対象に自分を渡すものだからだ」。

また**シリアのイサク**（七世紀シリアの修道士。ニネベの主教を短期間であるがつとめたことからニネベのイサクとも呼ばれる。）は「世界が創造される以前において、神が世を愛さなかった『時』はない」と言います。

この創造された天と地と神の間にはどんな関係があるのでしょうか。後にイイスス・ハリストス（イエス・キリスト）の到来と再臨とともに答えがもたらされるでしょう。

聖神《せいしん》（「聖霊」の日本正教会訳）の導きによってこれらの言葉を書いた者はまだ神の最後の言葉を知りませんでした。イスラエルの神と他のすべての神々を区別するこの厳格な真理に満足しました。すなわち天と地そのものが神なのではなく、天と地は神の手で成ったもので、もし神がそれらを創らなかったとしても神の在り方は損なわれなかったのです。

2節　地は混沌であって（「形なく、むなしく」55年口語訳）、**闇が深淵の面にあり、神の霊が水の面を動いていた。**

地はここで「むなしく」と言われているように「空《くう》」です。「空」でしかあり得ず、それ自体に存在のエネルギーを持ちません。神が地に存在を与えるのです。

この「空」は世に現れるあらゆる被造物、すべての人々の本来の「空」です。私たちの「空」、私の「空」です。私たちはその「空」を恩寵や真理の時にごくまれに発見します。この空は恩寵や真理の時、聖神《せいしん》（聖霊）が注がれる前に現れるからです。

満たされない「空」はないでしょう。

そこに満ちるお方は水の面で羽ばたき震え、今にも自分を注ごうとしている聖神です。神は自分の豊かさで満たすために「空」を置かれた、そう言ってもよいでしょう。世界という器が「空」であるのは砕かれるためではなく、満たされるためです。

ところが砕かれる器があります。

「空」である世界に聖神《せいしん》（聖霊）の豊かさを注ぐためです。それはまるでヨルダン川の水の上で羽ばたいた鳩のようです（マトフェイ3・16）。このヨルダン川から聖神で満たされた「あの方」が上がって来ました。私たちの「空」に豊かさを注ぐために「あの方」は自ら「空」になりました。あたかも砕かれた雪花石膏《アラバスター》の器から香油が注がれるように。家全体、そう「天と地」はその香りでいっぱいになりました（マルコ14・3、イオアン12・3）。

「**砕かれる器」とはハリストスです。**

ハリストスはヨルダン川の洗礼の場で聖神に満たされ、十字架上で自分を無にし、聖神のすべてをこの世にそそぎ出しました。四つの福音書はこれを象徴的なエピソードとして語っています。マルコの福音書によれば、主が逮捕される二日前に、ある女が貴重な香油の入ったアラバスターの瓶を持って主の席にやって来て、瓶を砕き、主の頭の上に香油を注ぎました（14・3）。イオアン（ヨハネ）は「家全体がその香りで満たされた」と述べます（12・3）。ペトル（ペトロ）は手紙の中で「世の始まりから屠られた子羊」（ペトル前1・19〜20参照）のことを語ります。ハリストスという名前は「油を注がれた者」を意味します。「雅歌」に「あなたの名は注がれたにおい油のようです……」（1・3 口語訳）とあるように。

先ほど「世界という器は砕かれるために創られたのではない」と書いた時、聖書のこれらの箇所がすべて心に浮かんできました。

闇が深淵を覆いました。

この闇とは何でしょうか。そしてこの深淵とは何でしょうか。闇が光のない状態ならば、「空」が満たされることを求めるのと同じように、それは光への望みです。「空」が満たされるためにあるように、闇は照らされるためにあります。

しかし深淵とは何でしょうか。闇に覆われているならどうやってそれを知ることができるのでしょうか。もし闇が私たちの無知や、不信心、愛の足りなさなら、まさに「闇が深淵を覆って」います。私たちはその深淵を見ないだけでなく、それに気付きもしないでしょう。この深淵を「地獄」と呼ぶこともできます。もしこの深淵を地獄と呼ぶなら、それは満たされることのない空っぽな何かです。形が与えられない無形の何か、照らされることのない闇に包まれた何かです。または自らの存在の根拠がないままに存在する何かです。安定したものの上に留まれずに落ちていくものです。しかし創られたものは何であれ、それ自体に自らの存在の根拠を持ちません。すると、この深淵が私たちです。私、あなた、彼、彼女……、私たち一人ひとりです。この深淵は私の無です。神自身や天使は姿を現すたびに、私たちを励まします。「恐れてはならない」と。自分が「無であること」と神が「すべてであること」を発見して、神の前で恐れないでいられるでしょうか。

しかし、恐れてはなりません。神の前で自分の無を恐れない人間は神の愛の深淵に落ちるのです。そこで自分が消えるどころか、満たされ、かたちづくられ、照らされるのを大きな驚きとともに発見します。

ならば深淵は何か邪しまなものではありません。深淵はむしろ神自身なのです。神のみが自《みずか》らの内に存在の根拠を持ちます。神でないものは自分の内に自らの根拠を持ちません。その根拠は神の内に置かれています。創られた者にとって創られざる根拠は深淵です。

このように「空」は創造の一段階ではありません。聖神に満たされた人も、満たされていない人と同じく「空」です。**シエナの聖カタリーナ**（一四世紀イタリアのドミニコ会修道女。）が「神よ、あなたは存在するお方で、私は存在しない者です」と祈っていたように。読み書きもできなかったこの中世の女は後にローマ・カトリックで「教会博士」と呼ばれました。

彼女は神に満たされれば満たされるほど自分の無（空）を発見し、自分の無を発見すればするほど神の愛に驚き、その愛に燃えました。

神の風が水の上で羽ばたいていました。「風」と訳す人もいれば「聖神《せいしん》（聖霊）」と訳す人もいます。同じ言葉に二つの意味があります。しかし風が羽ばたくというのは少し不可解です。風は吹き渡っていきます。

水の上でのこの羽ばたきや震えはむしろ鳥、鳩を思わせます。鳩は水の上で休みたいのですが、ちょうどよい場所が見つからず、その場所で羽ばたきます。

ノアの物語から私たちが直接思い浮かべるイメージです。ノアは土地が水面に現れたかどうかを知るためにカラスをはな放ちました。カラスは帰ってきませんでしたが、それは必ずしも水が引いて地面が現れたことを意味してはいません。カラスは動物の死体や漂っている丸太の上にも留まります。そこで今度は鳩を放つと、留《と》まる所をどこにも見つけられずにすぐ戻ってきました。ヨルダン川で神の子、ナザレのイイススが水の中に降りそこから再び上がる時まで、鳩は自分にふさわしい所を見つけだせませんでした。

今でも聖神は、留まる所を探しながら、同じように私たちの上で羽ばたいています。

「聖神は常に私たちのそばにいて、見守っている。私たちがへりくだって聖神を呼ぶなら、すぐに近寄ってくる」とシリアのイサクが言うように。

したがって第二節も描写ではなく大切な真理です。創られるものは基本的に空っぽで豊かさを受け取るものです。形はなく、むしろそれを受け取るものです。私たちはこの真理を証明できません。危機や真理の瞬間に体験できるだけです。闇が深淵を覆います。この闇は被造物ではありません。最初の被造物は闇ではなく光です。闇とは天と地の存在の裏にあるものを指します。つまり神の言葉がなければ、人間は闇の中にいるのです。闇は愚かしい人間の無知と忘却でもあります。愚かな人間は神から、自分にとって「よいもの」と知りながらも遠ざかっていきます。

無知と忘却の中で人間は自分がまさに落ちようとしている深淵を見ません。それは闇で覆われているからです。闇とは天地創造に抵抗するもの、無気力なもの、「無（非存在）」へのノスタルジー、分離や区別を拒む混沌の重苦しさ、形のないものが「空」に執着することです。

創世記冒頭の最初の二つの節は天地創造を写真のポジとネガのように紹介しています。同じ真理を逆転して表しています。「空」は満たされ、闇は照らされます。無形のものは形あるものを引き寄せ、深淵は別の深淵を招きます。写真のネガのようです。第三節からはこのネガが現像されるでしょう。聖書はこうした形式ばらない方法で聖神の豊かさ、みことばの光、父なる神の深淵を紹介しているのです。

3節　神は言われた、「光あれ」。こうして光があった。

光は「みことば」の姿に似せて創られた最初の被造物です。「みことば」は世の光であり、この創られざる光が光を創造します。神の創造の活動が初めて語られます。それは言葉による創造です。それは活動であって「労働」ではありません。労働は苦しいものです。その対象はいつも私たちに抵抗します。それに対し「活動」は行動する人の能力そのものの実現です。神は何も言わない時でもその内に言葉を宿しています。

光は最初の被造物です。光が創られた時、そこには闇があったでしょうか。

もし光が最初の被造物ならば闇はなかったでしょう。もしあったならなぜ「神は言われた、『闇あれ』」と書かれなかったのでしょうか。闇は神に似ていないので「闇あれ」とは言われません。闇は神に似ておらず、光が神に似ていることを私たちは全身全霊で知っています。

神が「光あれ」と言うと光が「あり」ました。しかしこの光には闇も含まれます。創られた光だからです。創られざる光の中にのみ闇はありません。創られた光はそれ自体に存在のエネルギーを持ちません。そのため内部に「無（非存在）」、すなわち闇も持ちます。創られた光はその存在のためのエネルギーを創造主から受け取ります。光とは神から受け取った存在そのものではないでしょうか。いわゆる「生命のない」ものも「命」すなわち存在を持つと見なすなら、福音者イオアン（ヨハネ）のことばを言い換えて「存在はすべての被造物の光である」と言えないでしょうか。

「無」から「存在」への移り変わりは奇跡のようにやって来ます。神は言い、そのようになりました。「無」が創られた「存在」の中にとどまるように闇は創られた光の中に残ります。最初の二つの節はまさにこれを言っているのです。天地創造の裏の姿の紹介です。それに対し第三節は表の姿の紹介です。二つの面、裏と表は切り離すことができません。

つまり光とは、「みことば」の姿に似せて創られた最初の被造物です。「みことば」は世の光で、創られた光の光です。創られざる光である「みことば」が人間（つまりイイスス）になった時、「私は世の光である。」と言いました。自分についてそう語ったのです。十二使徒に「あなた方は世の光です」と言った時、再び自分について話しました。創られざる光が世に使徒たちを送り、彼らを照らしながら共にいることを教えたのです。しかし「もしあなたの中にある光が闇であるなら、どれほどの闇があるでしょうか」（マトフェイ（マタイ）６・23 新約聖書ギリシャ語原典からの直訳 新共同訳聖書は「あなたの中にある光が消えれば、その暗さはどれほどであろうか」と訳す。）と言った時には、私について、私たちについて語ったのです。私たちは創られた光なのですから。闇は創られた光の中に含まれています。しかしその闇は小さくなるでしょう。創られざる光と出会うことによって。

創られた光は闇になり得ます。やって来た創られざる光に対して扉を閉じるなら、その時に。

人間は天と地をもっと混沌としたものに、もっと暗いものにすることができます。神に創られたすべてのもののうち、人間だけにできることです。

しかし人間は鏡のように創られざる光を映すこともできます。むしろこれが人間の本来の仕事です。

4節　神は光を見て良しとされた。神は光と闇を分け、

神は光を見て「良し」とします。しかし闇を「悪い」とは言いません。存在のないものは形容できないのです。闇は安定したかたちを持たず、光を持たず、光を待っています。神は光と闇を分けます。天地創造の重要な瞬間です。光を待つ闇はやって来る光に自分の場所をゆずり、退きます。光は闇を見もしません。照らすことで闇を光に変えます。照らされた闇は、自分を捨てて光になります。自分自身から分かれ、知らない間に、無意識に、闇だからこそ、なりたかったものになります。

このように真理と出会った人は自分を捨て、自分から出て真理について行きます。しかし「自分の十字架を背負って」。まだ創られざる光に照らされていない闇の部分を持ちながらです。

人間は創造の途上にいるのです。人の心は物や人々や思考に邪魔されています。そこには積み重なった闇に隠されている意識しない多くの場所が残されています。私は先ほど「イイスス・ハリストスと」とは言わず「真理と」出会った人と言いました。イイスス・ハリストスは人間となった真理だからです。キリスト教徒以外にも真理を求める人はたくさんいます。多くの人がキリスト教徒になることなく真理と出会います。彼らを追及したり裁くことはできません。私たちはすべてを照らす創られざる光ではありません。イイスス・ハリストスは人間となった真理なので、創られざる光でありながら創られたこの世の影をまとっています。だから「イイスス・ハリスト

スを拒むものはゆるされる……」と書かれているのです。イイスス・ハリストスは私たちの肉をまとって現れるからです。「しかし神の聖神《せいしん》（聖霊）を拒むものはゆるされない……」（ルカ12・9 著者訳）と福音は続きます。それは、神の聖神は光を求める人を照らす内的な光だからです。たとえば、ハリストスがピラトの前に引き立てられて来た時、ピラトにとってあの方は一人の容疑者以外の何者でもありませんでした。尋問したピラトは彼は罪人ではないと確信しました。「私は真理を証すためにこの世に来た」というハリストスの言葉に、「真理とは何だ」と問うたピラトは、真理などには興味はないと言わんばかりでしたが、彼は実は真理を知っていたのです。そして「あの方に罪はない」と真理を宣言するにいたりました（イオアン（ヨハネ）18・37～38）。ピラトにとって個々の真理に従うことは真理そのものに従うことでありハリストスに出会うことでした。それはどんな人にも言えることです。もし人が自分を照らす内的な光を拒むなら、それは偽りと知りつつ真理を拒み、あえて闇を選ぶということです。このような人は混沌へと入り込み、「無」の中に退き、被造物でありながら創造のエネルギーから逃げるのです。満たされることのない「空」、光を待つことのない闇になるのです。なんと恐ろしい悲劇でしょう。そんな人がはたしているのでしょうか。私にはわかりません。もしいるなら、地獄が始まります。

私たちは識別によって、神とともに光と闇を分けます。神が私たちに何を求めているかを理解し、照らされる時に光と闇を分けます。つまり「自分の意志」「自分の小さな光」を闇であると見なして捨てる時です。あるいは私たちは、愛する人を私たちの所有欲から分ける時、光と闇を分けます。

5節　光を昼と呼び、闇を夜と呼ばれた。夕べがあって朝があった。第一の日である。

この闇も光と同じく一つの名前を受け取ります。この闇は深淵を覆いこの無知、この闇は天地創造の残滓として光から切り捨てられるのではなく、５節で名前と新しい尊厳を受け取ります。

「昼」と「夜」という二つの名前は相対的なものです。最初の被造物としての光は闇をパートナーとせず追い払います。しかし神は光と闇を区別してこの二つに特別な性質と役割を与えます。名づけることにはこのような意味があります。光のパートナーでない光に追い払われた闇は「夜」と呼ばれて昼のパートナーとなります。したがって夜は存在と役割を、いずれは光の一部を受け取ります。

天地創造の日々のこの段階では「夕べがあって朝があった。第一の日である」と言われるだけで、「夜」の名はまだでてきません。しかし五日目に月と星が光の部分として夜に与えられます。

この慎ましい昼の侍女は聖書の中で救いから切り離せない大きな役割を持ちます。救いはいつも夜の最も暗い時、丑三つ時の後にやって来ます。伝統的な教会はいずれも古来、聖土曜日の夜更け、復活祭前夜の奉神礼（典礼）で夜を聖なるもの幸いなものとして歌います。

光がやって来たとき私は喜んで夜（私の二〇歳の夜）を手放しましたが、その夜の思い出を光との出会いの背景として持ち続けています。夜がより大きな光の使者として私のもとを訪れるなら夜を受け入れます。自分の十字架として夜を負います。十字架は私が光ではなく照らされた闇で、まださらに照らされるべき者であることを思い出させます。

夜を私たちの主の象徴の一つとして見てみましょう。主は創られざる光でありながら私たちのために「空《くう》」になり闇となって、宇宙の最も隠れた場所を照らすために闇の国に降りてきました。

昼と夜が名付けられ、その二つのすばらしい移り変わりが始まります。移り変わりは二つの名前、「夕べ」と「朝」で表わされます。つまり二つの時がたいへん神秘的に移り変わる時です。昼は夕暮れとともに終わり夕べが始まります。労働者は家に帰り、光が灯され、声は静かになります。人は自分自身に、自分の心に戻ります。友と話します。子供に昔のことを話します。もっと幼い子には子守歌を歌います。

夜の帳《とばり》が下りると二四時間の一日が始まります。つまり金曜日から土曜日へ、土曜日から日曜日へと移ります。時を計算する基本となる一日二四時間は夜に始まり翌日の夕べに終わります。私たち現代人は夜は二つの日の間にまたがり、昼間だけが同じ日であるとして真夜中に日付を変えます。現代人は一日の終わりに眠りにつき、翌日の始まりに目覚めます。聖書にとって、また教会という聖書の時の感覚を受け継ぐものにとって、私たちは一日の始まりに眠りにつくのです。したがって夜のすべてと昼間のすべては同じ日の二四時間に属します。人間の一日は夜に始まります。光は後にやって来ます。霊的生活においても同じです。

６節　神は言われた。「水の中に大空（穹蒼《おおぞら》、日本正教会訳）あれ。水と水を分けよ。」

神は創造を、ものを「分ける」ことによって続けてゆきます。ものを単一化するのではなく分けるのです。この分割はそれぞれが持つ存在の美しさと、それに対する尊敬を意味します。創造は多様化でもあります。それぞれの被造物はその違いの内に美を保ちます。この多様性は永遠に残ります。神がハリストスの内にすべての創造物を一致させた後にも残るでしょう。

水を分けるのは基本的な行為《わざ》です。光の創造と光と闇の区別に相当します。水を分けることによって、これから創られる被造物が生きていく空間が創造されます。神は穹蒼を創りこれで水を分けます。

穹蒼という言葉はラテン語でもギリシャ語でも（ヘブライ語でも）安定した強いものを意味します。しっかり固定された丸屋根《ドーム》です。この分割は強く安定していなければなりません。もし穹蒼の上の水がこの丸屋根《ドーム》を壊し、下にある空間に襲いかかったなら、創られた世界はすべて混沌に、闇に戻ってしまうかもしれません。もちろんそんなことは起きません。穹蒼は安定した強固なものです。上の水と下の水を分ける硬くて透明な丸屋根《ドーム》のイメージは大胆で「原始的」とさえいえるほどです。ここに潜む表現力は圧倒的です。

ところでまだ空っぽで星のないこの穹蒼を見て私は何を感じるでしょうか。動かず強くしっかりしているので安心していられるでしょうか。「何千年のうちに消耗して耐久力がなくなり崩壊してしまわないだろうか。そうなったら二つの水に挟まれて逃げられっこない……」。そう、私たちは安心していません。安全のためにたくさんのお金を払っている私たち現代人は決して安心しません。

昔の人々は自然の前でまるで丸裸の無防備でも、私たちよりもはるかに安心していました。この穹蒼を創ったのは神ではありませんか。決して消耗せず粉々になることなど考えられませんでした。

水が上下に分けられたことはイスラエルが蘆の海（紅海）を渡った時、水が左右に分けられたことを思い出させます。あの有名で幸いな夜のことは三千年以上も前から毎年、春の最初の満月の夜に歌われてきました。

あの夜、偶像や権力や力、英雄、敗れた人々の嘆きにあふれた世にイスラエルが創られました。イスラエルの創造は穹蒼の創造のようなものでした。それによって神はこの世を分け、ご自分の民のための空間をこの世に創りました。

イスラエルは固く安定した穹蒼でした。神はイスラエルを用いて、神の民と自分たちの手で作った神々を拝む他の国民を分けました。神はどんな被造物も神とは見なされない自分の空間も創りました。この空間には神を表そうとする思い上がったイメージや彫刻はありません。この空間では神は火の中や雲の中から語りかける声として現れます。神の真のイメージであるナザレのイイスス、ハリストスと言われるお方の到来に備えるためには、このイメージのない空間が必要でした。

水が上下に分けられた話から、紅海の水が分けられた話へと移りました。さらにここから洗礼の儀式の中で分けられる水に移ります。

司祭は、洗礼を受ける人が入った小さな水盤の水を手のひらで分けます。手で波を一つ起こすと洗礼を受ける人は一瞬、水に覆われます。父と子と聖神《せいしん》（聖霊）の名において行われる教会の洗礼です。キリスト教徒はハリストスの内で洗礼を施されます。あの方は新しい穹蒼のようにヨルダン川に入り死の水と命の水を分けました。液体の墓に入るかのように水に入り、聖神をたっぷりと受け取って上がってきました。あの方こそが力強く動かない穹蒼として私たちに贈られたのです。あの方とともに私たちも溺れさせようとする水を分けることができます。しかしこの水で私たちが溺れることはないでしょう。「ハリストス（キリスト）死より復活し、死をもって死を滅し、墓にある者に生命《いのち》を賜えり」（「パスハのトロパリ」正教会の復活の賛歌）ですから。

私たちは、溺れさせようとするこの世の水の間を歩いてきました。私たちはわずかな間、溺れたかもしれません。しかし今は水の上や水の間を乾いた足で歩いています。

7節　神は穹蒼（大空）を創り、穹蒼の下と穹蒼の上に水を分けさせられた。そのようになった。

この節は前節を繰り返します。違いは神の言葉よりもその活動を強調することです。だから、ただの繰り返しではありません。前節には力強い動きがあります。穹蒼は水に入り、それを分けます。神は穹蒼を創り水を分けました。神は天地創造にまず言葉だけを用いました。それは神と創られた世界の隔絶と神の力を表します。神は言葉を発します。それで十分です。

神の「穹蒼《おおぞら》あれ」という言葉にもっと直接的な行為が続きます。神は穹蒼を創り水を分けました。神は天地創造にまず言葉だけを用いました。

ところが「創った」と「分けた」という言葉はより被造物に近い活動を指します。創ったり分けたりするために必要な時間も思わせます。この二つの取り組み方は互いに矛盾してはいません。イタリアの諺にあるように、私たち人間にとって「言うことと行うことの間には海がある」のです。つまり言うだけでは十分ではなく行う必要があるのです。しばしば言葉を行為に移すのは海を渡るのと同じくらい難しいものです。

神にとって言葉は行為へとどのように移されたでしょう。「言《ことば》は肉となって、わたしたちの間に宿られた」（イオアン1・14）。そう、神の行いにはイスラエルの創造とイイスス・ハリストスの到来も含まれるでしょう。イスラエルの創造と私たちの主イイスス・ハリストスの到来が含まれるのなら、私たちもまた神の行いの中に含まれます。

すると、私たちはある意味で宇宙の創造における神の協力者です。私たちの判断にではなく神の判断にしたがって協力します。神の言葉を聴きそれを行うのです。ここで福音書の「幸い」という言葉が聞こえてきました。「神の言葉を聴きそれを行う人は幸いです」（マトフェイ7・24参照）。

この6節と7節にある「神は言われ……創り」という言葉は「人は聴き……行う」に呼応しています。神は言い、人は聴きます。神は創り、人は行います。しかしもし人間の行いが神の言葉に従ったものならば、その内には神の活動があります。神の活動が九九％で、人間の活動は一％だと言ってもよいでしょう。

人間の活動は行うことよりも聞くことにあります。聞くなら、そして神の言うことを受け入れるなら、神は行います。

それは神の母のようです。聞いて受け取りました。神は彼女の中にご自分の祝福された御子、私たちの主イイスス・ハリストスを宿らせました。神の母は三つのものを捧げました。聴くことと受け入れること、それから自分の肉体です。彼女の肉体は神の活動に必要なあの一％に当たります。神の言葉を聞いて自分の肉体に受け入れることは、私たちの活動です。神の言葉を聞いて肉体を捧げる人は、男性であれ女性であれ美しいのです。

水が分けられることによって一つの空間が創造され、神の活動の内に時間ができました。神の空間と時間ですが、神のためではなく、むしろ私たち人間のため、あらゆる生きもののためのものです。人間のための空間と時間であり、その内にあって人は神のためにあります。

8節 神は穹蒼を「天」と呼ばれた。夕べがあり、朝があった。第二の日である。

穹蒼は力強いダムのようなもので、上の水をせき止めます。なぜ名前が必要なのでしょうか。「穹蒼」という名では不十分でしょうか。神はこのダムに「天」という名前を与えます。つまり穹蒼という名には含まれていなかった別の性格を与えます。

「天」という名前は神の世界と関係があります。天を見る人は神の方を見ています。悲しくて力を落とした人は下の方を見ます。聖書の中の「天と地」は全宇宙を意味します。「天からである」とは神から来ること、「人間からである」とは神から来ていないことを意味します。

複数形の「天」や「諸天の天」は「神の場所」を表現しようとする言葉です。例えば主は私たちに「天にいます我らの父」と教えましたが、その「天」は複数形です。

複数形で言われる「天」は神の場所の深さと広がりを感じさせます。神は場所を持ちません。諸天の天は神の場にはなりません。この複数の表現はまさに神の優越性を示します。

単数形の天は複数形の天の下側の表面を指します。私たちが目を上げれば見ることのできる表面です。神は穹蒼に「天」の名を与え、まさに人間が「目を上げる」ことを望みました。

もし「穹蒼」とだけ名付けたなら、その意味は「このドームは強いので安心しなさい」ということです。しかし「天」と呼べば次のような意味になります。「これこそあなたの目が見て心が向かう方向だ。地と穹蒼の間の空間がすべてではない。あなたのためにもっと大きな空間が準備されている。そこへの入り口こそが天である」。

夕べがあり朝があって二日目が終わります。この二日目が終わったとき、神は光を創った後のように「これで良し」とは言いませんでした。なぜでしょうか。

おそらく、やり始められたことがまだ終わっていなかったからでしょう。

9節　神は言われた。「天の下の水は一つところに集まれ。乾いたところが現れよ。」そのようになった。

天の下では地と水はまだ分けられていませんでした。一種の潟で、水面がひたひたと地面をおおっていました。あるいはもっとひどい沼のようなものだったかもしれません。生活できる場所ではありませんでした。

神は浮かび上がった土地と深い水とを分けます。水に境界を置き「おまえはこの境界を越えてはならない」と命じます。水は混沌とした基本要素でたよりなく、どうなるかわからないものです。神は水に場所を与え、浮かび上がった土地を天の下、空気や風の中に置きます。

水は深い所へ移動させられます。土地は動かず自《おの》ずと姿を現します。土地の出現は重要です。土地の出現によって住むことのできる場所が現われます。海で遭難した人は陸を見つけるとほっとします。仕事を失った人は仕事を見つけると胸をなで下ろします。

自分の道が見えず、自分のために用意されていた道に入る気になれないある若者は、突然水面に浮かんで現れた土地を見ると喜びます。はっきりしない、望みも向上心もない、無気力な若者だとみんなに思われていた彼は、自分の内に隠れていた魂と体の全エネルギーを使って、彼の前に現れた道に入ります。これは私の経験です。当時ちょうど二〇歳だったわたしの前に、水が引いて乾いた土地が現れました。人間が自分自身から、自分の子供時代と青年時代の沼から出て行く話です。エジプトから出たイスラエルのことを考えずにはいられません。

「水が引いて、土地が現れた」。

神は、私たちが半分水から出て半分水に沈んだままで、半ば意識があり半ば意識がない……、そんなことを望みません。しかしこの状態は、私たち誰にでもよく見られます。何かから抜け出したいと願ってはいても、いつまでもそこにとどまります。私たち自身の弱さを「両親のせいだ」と怒るのをやめたくても、いつもまた怒りの中に戻り、彼らをとがめたり憎んだりします。人の感情はしばしば沼のようです。しっかりとした土地を見つけなければ、そこから出ることはできません。主よ、私たちにしっかりとして乾いた土地の上を歩ませてください。

10節　神は乾いたところを地と呼び、水の集まったところを海と呼ばれた。神はこれを見て、良しとされた。

神は水から現れた陸を「地」と呼び、水を「海」と呼びます。「地」は単数形で「海」は複数形です。約束の地であるイスラエルの地を思います。聖書にはたくさんの地があります。「天と地」という時、その地は創られた地を指します。アブラハムが「自分の地を出た」という時の地は、たくさんの国々のなかの一つの国です。しかし神がアブラハムに「私があなたに示す地へ行きなさい」と命じる時は約束の地、神が示される地であり、そこで神は自分を現します。

ここで名付けられた「地」は単数形で、いっぽう「海」は複数形なのはなぜでしょう。海は「国境がなく、海を聞いているすべての人のものである」（ジョヴァンニ・ベルガ『マラボリア家の人々』より）のに複数形で呼ばれます。ところが地は国民や民族を大きく隔て、多くの国境や違いが見られるのに単数形で呼ばれます。おそらく「海」の水とは未分化なもの、混沌としたものを指すのでしょう。ところが、地は水面に浮かび上がって、天の下に現れるものです。

水面に現れるもの、それはようやく天を仰ぎ見た人。
水面に現れるもの、それは私たち自身の所有欲から切り離された愛するもの。
水面に現れるもの、それは弁解したり非難するのをやめる時に現れる自分の罪。
水面に現れるもの、それはもう自分のみじめさを恐れなくなった時に現れる神の愛。

水から現れた地に人は住み、出会いの場となります。神が自分を私たちに示し現わす場です。水はより混沌に近いにもかかわらず、「海」という自分の名前と役割を受け取ります。闇が「夜」と呼ばれて尊ばれ、一つの役割、すなわち救いの時であるという役割に召されるように、同じく水も「海」と呼ばれて尊ばれ、救いの場となるために召されます。海はまず第一に試練の場であり、しばしば夜と共にあります。

混沌と「無（非存在）」が私たちに勝とうと、真夜中の渦巻きに人を引き込み溺れさせようとすることがあります。現実には渦巻きに引き込まれたり溺れたりすることはありません。しかしその時、人ははじめて自分の無、自分の夜、自分の渦巻きを発見するでしょう。（もし絶望に身を任せないなら）この試練の時と場は、まさに救いの時と場として見いだされます。人は自分の無を見る必要があります。無を通して神が与えた恵みを見るためです。

無と神の間には恩寵があります。神の基本的な贈り物は存在であり、よりよい贈り物は神から来て神へ向かうことであり、最高の贈り物は永遠に神とともにいることです。三つの贈り物ではなく、一つの贈り物です。

海は試練の場で、歌の場でもあります。聖書の多くの歌で最も古く基本的なものは「海辺の歌」（モーセの歌）です。ヘブライ人たちが海を渡り、ファラオの軍隊が滅ぼされたのを見たとき、モーセは歌い、民は彼とともに「主なる神に歌を捧げましょう、神は馬と乗り手を海に投げ入れた」（出エジプト15・21）と歌いました。

天使たちもイスラエルとともに歌うことを望みました。しかし神は「私の手が創ったものが滅んだのに、あなたがたは歌いたいのか」と叱りました。このようにラビたちの伝統は私たちに語ります。

のちに死も海もなくなった時（イオアン（ヨハネ）黙示録21章）には「新しい歌」が必要になるでしょう。しかしこれは時の終わりにしか実現しません。私たちは今はまだ「海辺」にいて試練や苦しみや救いを経験しながら、神の民として歌います。（それこそが日曜日ごとの聖体礼儀です。）

しかし今はすでに天使も私たちと一緒に歌います。死はすでに打ち破られたからです。海はまだありますが、その日々はもう長くは続きません。復活祭《パスハ》のトロパリが歌うように、ハリストスは死から復活して、ご自分の死によって死を滅ぼし、墓にあるものたちに命を与えたのです。

水が一つに集められ、陸が現れ、陸と水に名前が与えられました。すべて「良い」ことでした。それればかりではなく前日に行われたわざ、すなわち水が分けられたことや穹蒼に名前が与えられたことも、この「良い」ことの中に含まれています。二日目の終わりには、まだこれらのわざは「良い」と言われていなかったからです。おそらくこの創られた空間は、二日目にはまだ住める状態ではなかったからでしょう。神が「良い」と言われる時、この良さはいつも私たち人間と関係があります。

人間にとって良いのです。したがって、全宇宙にとって良いのです。神は良いもので、まさしく「神のみが良い」とイイススは言われます（マルコ10・18）。良さは私たちのためのものですが、創造主である神から来ます。あの方のみが良いのです。

11節　神は言われた。「地は草を芽生えさせよ。種を持つ草と、それぞれの種を持つ実をつける果樹を、地に芽生えさせよ。」そのようになった。

ここでは神は直接「光あれ」、あるいは「穹蒼あれ」とは言わず、「地は芽生えさせよ……」と言われます。水面に現れた陸は地と呼ばれて、神の協力者になりました。地は自分の中に母性的な力をいただきました。地だけではなく草や木々も、種を持つ実や花を生み出す力をいただきました。

種は種で母性的なエネルギーを持っています。

有機体の命の循環が始まります。もちろん命を創った神から独立しているわけではありませんが、それなりの自主性を持っています。自主性とともに多様性も持ちます。おのおの種は自分の種類を保存するために生み出し、他の種類とは混ざり合いません。この広がっていく母性的な動き、そしてさらに自主性と多様性も神の望みでした。

12節　地は草を芽生えさせ、それぞれの種を持つ草と、それぞれの種を持つ実をつける木を芽生えさせた。神はこれを見て、良しとされた。

そしてそのようになりました。神の命令はほとんど前の命令のかたちをなぞって繰り返されます。地は生み出します。草や木々は、それぞれの種を持ち、自分の種類に応じて生み出します。それは「良し」とされました。

ここに「種」という言葉があります。種は地の上に落ち、腐ることによって何か小さなものを生み出し、その後育って自分の姿を持つことになります。天地創造の三日目に、すでに地と種の不思議な出会いがあります。

神は、それを「良し」とされました。

「もし種が地の上に落ちず、死ぬことがなかったならば、実らない」（イオアン（ヨハネ）12・24参照）と、主イイススは自分について言います。

天地創造の最後の段階が始まった時、すなわち「みことば」が人となった時、あの方（イイスス）は種まきに出かけ、ご自分の種をまきました。別の種ではなくご自分の種、「神の言葉」です。「みことば」がまいた神の言葉は、私たちの中に神の言葉を生み出す力を持っています。私たちは種の力と結びついて神の言葉を生み出す地です。

これは神の母を思わせます。「地が自分の実りをもたらしました」。地の実りは肉体を持った「みことば」、イイススです。地は人となった「みことば」、イイスス・ハリストスを生み出す力を持ちません。地には人となった「みことば」を生み出すにふさわしい種はありません。

だからこそ神の母は童貞女（処女）でした。地の種なくして自分の肉体の内に「みことば」を身ごもりました。神の聖神《せいしん》（聖霊）のエネルギーは彼女の胎内にイイスス・ハリストスを形づくりました。それでもなおナザレのイイスス、ハリストスと呼ばれるお方は確かに、「神の母」と呼ばれるマリアという名のナザレの女の息子です。天使ガブリエルが彼女に神の計画を告げたとき、彼女は「はい」と答え肉体を提供しました。

彼女の「はい」は彼女のものであり、彼女の肉体は彼女のものです。彼女は母なる大地の代表者として自分の実りを生み、地は自分の実りを生みました。

これこそ、神のエネルギーと地の母性的なエネルギーの混ざることのない一致です。

地の母性的なエネルギーは神から独立してはいませんが、自主性があります。地は一人の女性の口を借りて「いいえ」と言うこともできました。ところが「はい」と言ったのです。二つのエネルギーの混ざることのない一致は聖なる師父（教父）たちによってシネルギア（共働）と呼ばれました。シネルギアにおいては二つのエネルギーが混ざることはありません。神から来るものは純粋に神のものであり、人から来るものは純粋に人のものです。そうであってなお二つのエネルギーは一つのシネルギア（共働）を実現します。シネルギアは霊的生活の基本です。

霊的生活とは何でしょうか。

定義が泉のように澄んだものとして頭に浮かんでこないとき、それを探すのは疲れます。泉のように澄んだものが湧き上がってくるのを待ちながら、私たちの主イイスス・ハリストスの言葉の一つを思い出します。「きつねには穴があり、天の鳥には巣がある。しかし『人の子』には枕するところもない」（マトフェイ8・20）。主はご自分についてこのように言い、主について行きたいと思い上がっていた、少々慎重さに欠けていた人をとどめました。しかし私たちは主のものとして、主がご自分について言われた言葉を借りて、私たちに当てはめることができます。

私たちもまた「枕するところ」は持たないのです。有機体の循環は動物であれ植物であれ一つの完全な輪として自然の限界の中に収まっています。生きものが生まれ、育ち、子どもを生むなら、それぞれ自分の完全さに達します。天の鳥やきつねが巣やねぐらを持つのと同じです。しかし人間は巣もねぐらも持ちません。自然の法によって完成されるものではないからです。頭をのせる石一つ持たないのです。人間の中にはそれぞれの被造物の「空《くう》」がよりはっきりと見えます。人間は創造主との出会い、つまり聖神との出会いの中で完成されます。聖神は人を訪れ、次第に人を創っていきます。聖神は神の言葉を通じて、また人生のできごとを通じて訪れます。したがって霊的生活とは、とても限られたものではありますが私たちのエネルギーによって、私たちを創る聖神《せいしん》（聖霊）のエネルギーを受け入れることです。一つのシネルギアです。

13節　夕べがあり、朝があった。第三の日である。

三日目が終わります。天と地、住むことのできる空間、植物が生い茂った地がすでに私たちの前に現れています。

14節　神は言われた。「天の穹蒼に光るものがあって、昼と夜を分け、季節のしるし、日や年のしるしとなれ。

四日目に神は天にランプがあるように命じ、そのようになりました。太陽も月もない時の昼と夜は、どのようだったでしょうか。最初の日に神は光と闇を分け、それぞれに名前を与えました。それだけではなく夕べになり朝になり一日目となりました。行為《わざ》の順序の描写であれば、あまりにも激しい矛盾です。書いた人が間違えたはずはありません。しかし、見なさい。この文章を書いた人にとってはまず光があり、後に太陽があるのです。まず昼と夜があって、その後に昼と夜とを分ける光のしるしが続くのです。

これはどういう意味でしょうか。この順序の転倒に似たものを探していて気づきました。まず愛があり、のちに一人の男か女の一日を照らす愛の行動があるということに。愛の行動が愛を創ると考える人がいますが、実は反対です。聖パウロが言うように、たとえある人が愛の名において多くの犠牲を払ったとしても、彼の中に愛がなければ、彼の犠牲はただのパフォーマンスにすぎません。ある人がすべてを照らす大きな愛を持っているとします。この人がその愛を表さないなら（そんなことは不可能ですが）、この人のそばで生きる人はどう理解してよいかわからなくなってしまいます。しるしが欲しいはずです。

そうすると、愛のしるしが愛を表すように、四日目に創られたランプは光を表わします。

人間はしるしや祝い、暦を必要とします。暦のおかげですべての日が違ったものとして分けられます。暦がなければすべての日が同じように見えるでしょう。実は、日々や年月はすでにみな互いに違うのですが、人間はそれに気付かないでしょう。特に仕事に押しつぶされているならば。

教会は毎日異なる聖人を祝います。それぞれの聖人に合わせた特別の祈りを持っています。そして一里塚のように、一年の流れに十二の大きなお祝いが点々と置かれます。とりわけ一年の中心には復活祭があります。これはキリスト教徒の生活の核となるものです。

光は太陽や星より先にあります。太陽や星はすでにあった光を伝えるランプにすぎません。このように愛は愛のしるしより先にあり、このしるしは愛を表すきっかけにすぎないのです。

天地創造に必要な時間は、すでに暦より前にありました。暦は時間の中身を思い出すきっかけを与えるだけです。それでも太陽や星、愛のしるし、暦はすべて人間の生活に必要です。二次的なものはすべて、元のものによって生かされ、照らされます。元のものは二次的なものによって指し示され、近づきやすいものになります。

この第14節と次の節は私にもう一つのことを考えさせます。私たち現代人は相変わらず昔の人のように迷信家であり続けます。ちょっとした遊び心で何気なく、信じるでもなく信じないでもなく、星占いをします。

それは遊び半分のものです。「この日付に生まれた人はこのようで、こうなる。別のある日付に生まれた人と結婚したら、この二人はどんなカップルになるのだろうか……」。

私たちは簡単にこの遊びに応じてしまいます。

昔、メソポタミアでは占星術は一つの科学でした。エジプトでは太陽を神と崇めるたいへん霊的な宗教がありました。ギリシャでは星座と神話が合わさって一つの文化ができ上がっていました。これらはみな人間にとって魅力的でした。計算できる星の動きにすべてを関連づけて、人生の神秘さ、運命や未来を見たり触れたりできる気がしていました。イスラエルはそのようなものすべてを退けました。私たちが読んだものはたいへん清らかで、信じられないほど精密なものです。星はランプで他の何ものでもありません。私たちは天地創造の神秘に触れることも計算することもできません。私たちの人生は神の手の中にあります。

15節 「天の穹蒼に光るものがあって、地を照らせ。」そのようになった。

星は照らす役割を持ったランプでしかないという事実を重ねて言います。今も多くの人が占星術の魅力に負けることを思えば、聖書がこのことを繰り返していうのは当然です。

16節 神は二つの大きな光るものと星を造り、大きな方に昼を治めさせ、小さな方に夜を治めさせられた。

言葉による創造の後、ここでもまた神の働きがあります。神は昼のために大きなランプを、夜のために小さなランプを創りました。ここで夜という名が再び出てきました。神は二つのランプにどんな名前も与えません。照らすことと分けること以外に何の役割も持たないからです。その役割はすでに述べられた通りです。周りの民族の間では、太陽と月の名前は神的な雰囲気を持ちます。おそらくそのためにも名前を与えるのを避けたのでしょう。

17節　神はそれらを天の穹蒼に置いて、地を照らさせ、

また神の働きがあります。天と呼ばれる穹蒼に二つのランプを置きます。初めにランプが創られ、そして置かれます。二つがまさにランプの身分になってしまいました。

18節　昼と夜を治めさせ、光と闇を分けさせられた。神はこれを見て、良しとされた。

しかしこのランプにはもう一つの重要な役割があります。昼と夜を司り、光と闇を分けることです。14節では「昼と夜を分ける」とありました。しかしここでは「光と闇を分ける」とあります。この三つの働き、「照らす」「司る」「分ける」はとても重要です。被造物が被造物を照らし、治め、分けるからです。それはこのようにも言えます。つまり、人間は理性、知性と五感に助けられた感情で真理を知り、その真理を偽りから選び分け、地を照らし、自分や家族や民族を治めねばなりません。昼のように良い時にも、夜のように困難な時にもです。最終的には真理（光）を偽り（闇）から分けねばなりません。

光と闇を分けることは最後に言われます。真理を知り、それを選ぶだけでは十分ではなく、方向づけ、治めるだけでも足りないからです。実行する必要があります。その時にだけ、ようやく闇は追い出されるのです。この闇は名前を受け取らず無に帰ります。

人間を照らすのは知性（太陽）と理性（月）、五感によって助けられた感情（星）です。知性（intellectus → intus ligere・内を読む）は真理を直感的に理解します。内を読むとは、外側に見えるものに穴を開け、内側を読むことです。預言者あるいは詩人のように。

理性は計算したり、重さや長さをはかったり、比べたり、考えたりします。知性のない理性は近くしか見えません。測定や計算ができるもの以外は見えないのです。

理性のない知性は子供の手から逃げた風船のようなものです。

感情は知性と理性の働きをともなう温かみです。

感情のない知性は直観力をほとんど失い、傲慢になりがちで、イデオロギーになり下がります。

感情を計算に入れない理性は、とても理性とは言えません。打算ばかり働かせることになってしまいます。

理性と知性のない感情は、自分の持っている温かみを無駄にし、楽しみばかりを求めます。

この三つの能力とは「ランプ」、つまり知る能力であり、真実や良いものや美しいものを知る力です。そのほかに望みと意志という二つの「動」の能力があります。その能力は盲目なので照らされる必要があります。この二つの動の能力と三つの知る能力との関係は、闇（知らないこと）に対する光、「非存在」に対する「存在」の関係と同じです。

この五つの能力は一つのものです。しかし、すべてではありません。すべての動くものは何かに動かされるからです。さかのぼれば何にも動かされることなく動かすお方、すなわち最初に動かすお方に動かされています。

それぞれの能力は何かに対して動きます。しかし何に動かされているのでしょうか。

最初に動かすものとは神の愛です。この神の愛は他の生き物にとっては命への愛の形であらわれます。人の場合は、神の愛を知った上で神へ向かう愛です。望みや意志が照らされていなければ、あるいは十分に照らされていなければ、人は方向がわからないままに動きます。どうしても利己的な動きになってしまいます。三つの知る能力はなんと大切な働きをしていることでしょう。ここでこの「思いめぐらし」にブレーキをかけねばなりません。

ずいぶん脱線してしまいました。こういった熟考を重ねる機会はまた他に与えられるでしょう。

19節　夕べがあり、朝があった。第四の日である。

ランプの三つの役割に戻ります。照らすこと、司ること、分けることです。四日目が終わります。創造を披露する大広間が出来上がりました。お客様を待ちます。

20節　神は言われた。「生き物が水の中に群がれ。鳥は地の上、天の穹蒼（大空）**の面を飛べ。」**

神はまず言葉で動物を創ります。動物の命は海で始まります。虫やみみずや蛇を思わせるうごめきがあります。たくさんのうようよする小さな動物がいます。原始的で単純な生き物です。海が生き物でごった返します。水は地と同様に母性的なエネルギーを持っています。

21節　神は水に群がるもの、すなわち大きな怪物、うごめく生き物をそれぞれに、また、翼ある鳥をそれぞれに創られた。神はそれを見て、良しとされた。

神は言ったことを行います。ただ前節で言ったことを言葉通りに繰り返しません。まず遠い深海に住む偉大な怪物について言います。私たちはくじらの一種を思い浮かべますが、聖書はまずレビアタンを暗示します。巨大な海蛇に似た、どこか神話的な怪物です。聖書は先に恐ろしい怪物の名を出し、その後でよく知られた無害の魚に移ります。なぜでしょうか。野生の恐ろしい動物には、人間はあえて近づこうとはしません。近づきたくてもできないでしょう。彼らは他の動物よりもいっそう神の全能を示します。「遊び相手とするためにレビアタンを創った」と書かれています（七〇人訳１０３聖詠／１０４詩編26節参照。七十人訳ギリシャ語聖書での詩編の章立てとヘブライ語聖書の章立てが違う部分があるので並記、以下同様。）。聖書は「神以外に何も恐れるな」と言わんとしているかのようです。神の手の外には何もないのです。私たち現代人でさえ深海の生き物のごく一部しか知りません。神はその一つ一つをそれぞれの種類だけでなく、個々の生き物を知って大切にします。あの方にとっては大きなものと小さなものは同じです。すべての被造物を愛します。しかし人間は弱さゆえにあるものを利用したり恐れたりします。

海の大きさや未知の海の生き物のおびただしい多様性は、私たちに神の偉大さを語りかけます。

一九七〇年、ヒッチハイクでの旅の途中、アルジェリアのベニアッベス、サハラ砂漠の真ん中にあるベシャール市の南四〇〇キロのところに行きました。本格的な砂漠が始まる手前の高原で、ある運転手が私を空のバスに乗せました。水を汲むために止まると、近くに羊飼いと息子がいて、道路から三〇〇メートルほどのところに大きな黒いテントがありました。彼は私たちをお茶に招きました。私はこの羊飼いに大変感嘆しました。落ち着きがあり、微笑を浮かべていて、その上、動きや言葉にえもいわれぬ厳格さがありました。

彼の妻もそうでした。穏やかに微笑みをたたえ、テントの奥の自分の場所にいました。羊飼いは二言、三言ほどのフランス語で、アルジェリアには石油と羊という二つの富があると私に話し、自分の羊の群れを示しました。出発したあと、運転手はこの出会いを一言「おんぼろめ」と評し、軽蔑の身振りをしました。私は、バスが道路の真ん中で壊れればいい、そうなったらこの小太りのおしゃべりな男はどうするだろうかと思いながら、羊飼いとテントを最後にもう一目見ようと振り返りました。

22節　神はそれらのものを祝福して言われた。
「産めよ、増えよ、海の水に満ちよ。鳥は地の上に増えよ。」

神は海と空の動物を祝福します。この新しい祝福は繁殖や命が満ちる力と関係があります。神は命を愛します。神が愛する命は自分を惜しむ命でも、自分に閉じこもった命でも、誰にも迷惑をかけないことで満足する命でもありません。力強い太陽のように陽気な命で、できるかぎり単純に自分を差し出すものです。それ以上でもそれ以下でもありません。神の祝福は聖書を貫く大きなテーマです。

23節　夕べがあり、朝があった。第五の日である。

こうして五日目が終わります。天の下、木々の間で何かが動きます。海の中で何かがうごめいています。しかし、地にはまだ動きがありません。何かを、誰かを待っているかのようです。

24節　神は言われた。「地は、それぞれの生き物を産み出せ。家畜、這うもの、地の獣をそれぞれに産み出せ。」そのようになった。

「地は……産み出せ」と神は命じます。地は植物だけでなく動物の母でもあります。まず、人とともに生活し、主要な富となる家畜から列挙されてゆきます。人間から遠い野生動物は最後です。神は野生動物を喜びます。人間はそれらを支配することも、簡単に観察することもできません。場合によっては、その存在すら知りません。野生動物は他の動物よりもいっそう自然界における神の支配を示します。聖フランチェスコ（イタリアの神秘家。1181~1226）は獰猛《どうもう》な狼と友になり、聖セラフィム（ロシアの霊的師父。1757~1833）は熊たちと平和に暮らし、私たちの主、イイスス・ハリストスは砂漠で獣とともにいました。真の祈りの人、神に近い人は人間に利用されることはありません。野生的だからではありません。世俗的な人々にとっては近づきがたい人なのです。しかし心の単純なものには近づきやすいのです。

25節　神はそれぞれの地の獣、それぞれの家畜、それぞれの土を這うものを造られた。
神はこれを見て、良しとされた。

神は獣を創ります。命令のあとに再び神の直接的な働きがあります。
神の働きの中で獣が最初に挙げられます。そんな細かいことは意味がないと思うかもしれません。しかし聖書には余計なものは何もありません。私たちは書かれているうちのごく一部しか理解できません。神は地の知識人すべてを黙らせるために、砂漠や山の獣に優先的な場所を与えます。実際に彼らは獣の生き方をほとんど知りません。

26節　神は言われた。「我々にかたどり、我々に似せて、人を造ろう。
そして海の魚、空の鳥、家畜、地の獣、地を這うものすべてを支配させよう。」

（1）神は「創ろう」と言います。まるで自分に話しかけているようです。なぜ、「光あれ」「地よ、芽生えさせよ」

などと言ったように、「人間あれ」と言わないのでしょうか。

これらの命令の主語は現れる光や産み出す地です。ここでは違います。職人のようです。何も考えずに、次から次へと簡単に手から物が出てきます。熟練の技です。そしてある時やっと、「このように創ろう」と自分自身に言います。もっと重要で、おそらくもっと難しい仕事です。

（２）人間を創る前に神は再び自分の中に入るようです。それからまた出て、自分の外に人間を置きます。人間は神ではなく、自分の中に存在の基礎を持ちません。創られたあらゆるものと同じく、人間の存在の中には非存在が含まれています。

しかし神は自分の外に人間を置く前に、心の内で「私たちのイメージや似姿に人間を創ろう」と言います。

（３）創られたあらゆるものは神に似ています。存在しているからです。その存在は神の贈り物として神に似ています。

あらゆるものが神に似ているのは、良いからです。たとえこの良さが神の良さの反射にすぎなくてもです。神だけが本質的に良いのです。人間以外の創られたものの似姿については何も言われていません。暗示されるだけです。ところが人間に対しては、「似姿に」（似せて）というだけでなく、「似姿」という言葉の前に「私たちのイメージに」（我々にかたどって）という別の言葉が付け加えられます。

（４）イメージと似姿は同じ意味ではありません。「神は余計なことを言わない」と、聖なる師父たちやイスラエルの律法学者たちは言います。創られたものは本質的に神と似ているのです。神から存在と良さを受け取るからです。要するに、存在や良さを受け入れないわけにはいかないのです。創られたものは存在し、良いのです。それで終わりです。変えることはできません。人間の場合、イメージが似姿の前に言われます。神のイメージは人間の本質にあるからです。人間は神のイメージに創られた存在であることを拒むことはできません。これは人間の本質だからです。

（５）神の似姿はイメージに続いて言われます。人間にとって神と似ているということは、存在することや、良いということだけに限りません。神と似ているとは、そのイメージの似姿だからです。

似ているイメージもあれば、あまり似ていないイメージも、「たいへん似ているイメージ」もあります。教会が聖人のことを語るとき、まさに「たいへん似ているイメージ」（克肖者《こくしょうしゃ》正教会で聖人に付される称号。）と言います。

もし神の似姿が人間の本質にあったのならば、基本的にみな同じようだったでしょう。神の似姿は人間の本質にではなく人格にあります。つまり、選択や生き方により形成される人格という次元にあるのです。

（６）イメージと似姿の間には神とともに、神のために生きてきた一つの人生が横たわっています。人間の本質に従わずに生きることを選ぶと、人間はイメージを発展させないのみならず、ゆがめ踏みにじってしまいます。

人格とはイメージと似姿の間の距離と言えます。動物の中にはこの距離はありません。動物は生まれながらに彼らの本質そのものです。もちろん、同じ種類の動物たちは、同じ本質を持っていても、しばしば違う性質を持ちます。この差は個性と言えるでしょう。

しかしここで言う「個性」とは、個々の動物を特徴づけ、他と区別するものであり、動物の本質を完成させるものではありません。

（７）人間は自分の本質だけではありません。人間の本質はまだ完成されていません。完成される必要があります。神の似姿は、神のイメージに創られた人間を完成させます。「もし完全でありたいのなら、私について来なさい」と主イイスス・ハリストスは言います。

それは人間はまだ完成していないからです。福音的な完成とは、あってもなくてもよいようなものでも、義務でもありません。望まなければならないものです。人間にとってひたすらに必要なのです。

人間の中の神のイメージは空っぽな器のようなものです。満たす必要があります。神のイメージは一つの器官ではありません。もしそうであったなら、目には見る働きが、耳には聞く働きがあるように、自然の働きを持ったはずです。神のイメージは神を受け入れる一つの空っぽの空間です。ワインを入れる空間である樽にたとえてもいいでしょう。神の聖神《せいしん》(聖霊)は、人間の中にある神を受け入れる空間を満たします。ただし、先に話した一パーセントの人間の協力が必要です。

(８) 再び福音書を思い出します。「天の鳥は巣を持ち、きつねはねぐらを持つ。しかし人の子は頭をのせる石一つ持たない」。人間の場合、被造物の本来の「空《くう》」は動物より簡単に現れます。人間が他の動物より優れているということは(どうしても他より優れていたいのなら)、それは人間の不完全さです。神だけが完成なさることができる不完全さです。人間は神の似姿になるように求められています。これは人の偉大さです。いっぽう人間は似姿の成就を拒否することもできます。これは人の悲劇です。

(９) 神のイメージに創られた人間は神を知り、神を知って愛し、神を愛して神に似ていきたいという望みを抱き始めます。望みは人を動かすエネルギーですが盲目です。意志は望みに従って動く活動です。しかし意志も盲目です。三つの知る能力、知性と理性と五感に助けられた感情は、進むべき方向を示しながら、望みに火をつけます。意志は望ましく思われるものの方へ動き、障害となるものを取り除きます。

(10) これは、キリスト教徒の考え方や生き方の基礎を築いた教会の聖師父たちの考え方です。彼らのひとり(五世紀半ばフォティケの主教ディアドコス)はここまでお話ししてきたことをたいへん明確に述べています。彼の「修徳に関する百の断章」からご紹介します(数字は断章に付けられた番号)。

２　神だけが本質的に良い。しかし心を配って生きるなら、本質的に良い神の助けを得て、人間もまた良いものになれる。人間は善を心掛け、神を望めば望むほど神に似ていき、新たな自分に変容する。福音書はこう言う。「天にましますの私たちの父のように、良い人、慈悲深い人になりなさい」。

3　悪は本性として存在しているのではない。生まれながらの悪人もいない。神は良くないものは何一つ創造しなかったのだから。人が心の中でそれを欲して、思いをいだき、現実には存在しないものに形を与えてしまった時に、欲したものが存在し始める。だからこそ、心のまなざしを悪から遠ざけ、神への思いを心掛けなければならない。本性として存在する善は、（本性としては存在しない）悪への傾きより力があるからだ。善は存在するが、悪は存在しない。私たち人が私たちの行動を通じて、（存在しないはずの）悪を存在させてしまう。

4　すべての人間は神の「像」（イメージ）として創られている。しかし神の肖《しょう》（似姿）となり得るのは、大きな愛によって、自分の自由意志を神のもとに服させた人々だけである。

⑾　人間はまだ目が見えないうちから母親の匂いや暖かさを感じ始めます。こうして、ときに笑ったり泣いたりしながら、生への欲求や意志が育ちます。その後、乳ばなれをさせようと両親の理性が働いて、赤ん坊に母乳を与えなくなります。もちろん、「母と子」の愛情深い関係は続きます。そしてこどもの方でも、自分の理性と知性を育てます。理性は物事や人間との関係の中で発達します。知性は家族や宗教的共同体での祈りや自然に触れて、宗教的な直感の中で発達します。知性は考えられているよりもかなり早くから発達し始めるのです。

⑿　その時が来ると、人間は自分の道を生きるために親離れします。うまく親離れするために、三つの知る能力が調和する必要があります。つまり親離れするとは何であるか（知性）、可能であるか（理性）、肯定的な感情によるものかという三つが調和する方がいいのです。三つの知る能力はいつも共にあって、縦割り行政のようではありません。もちろん子供のうちは五感や感情は理性より強いでしょう。しかし子供の知性がすでに世界の美や調和について深い直観力を持っていることもあります（このような直感を表現することはできませんが）。感情

の中心にはエゴがあります。理性の中心にもやはり打算というエゴがあります。ところが知性の働きの中ではエゴはもっと観想的で、ときに恍惚感の中で、ほとんど存在しないかのようです。この観想的なエゴは遠くから眺めてもっと大きな視野で物事を理解します。そのため知性は人間に安定感を与えます。もちろん感情だけに耳を傾けたり、いつも目先の損得の問題にとらわれているならば安定感はないでしょう。

(13) 感情は暖かさを与え、理性は可能性を判断し、知性は安定感を与えます。

西洋の文化には、まるで対立する分野であるかのように理性と感情をわける傾向があります。その上もっと深刻なことに、知性の役割を無視したり、場合によっては理性と混同したりします。そこで多くの人々、本来不安定な若者ばかりではなく成熟しているはずの年齢層の人々にも不安定感がやって来ます。

親離れは多くの若者にとって難しい課題です。多くの場合、三つの知る能力の不調和のためにうまくいきません。多くは同じ理由のために親離れの決断ができません。親離れの時の間違った歩みは、一生を通して影響を与え続けるかもしれません。しかしもし若者がこの間違った歩みの結果をすべて自分の身に引き受けるならば、神は彼を導きます。導かれるままにするならば。

これはすべて人間の当たり前の生き方ですが、その中で神の似姿ができあがっていきます。

(14) 若者には親離れした後、神に向かうためにこの世から離れる時がやって来ます。死に臨んではじめて神に向かうのではなく、もっと早く若い時からすべきことです。その時には三つの知る能力が調和するように気を付けなければなりません。両親や社会に対する否定的な感情が若者を支配することがあるからです。すると、神に向かいながら、復讐心を抱いたり、自己破滅的な行動をとったりすることがあります。そうなると、とても間違った歩みになるでしょう。先ほど言った間違った歩みよりはるかに危険なものです。誤りの原因がうまくカモフラージュされているからです。しかし、もし若者が（若者でなくても）この間違った歩みの結果をすべて自分の身に引き受けるならば、神は彼を導きます。導かれるままにするならば。

(15) 世から離れて神に向かうとはどういうことでしょうか。二〇歳前の若い時、私はよくヒンズー教の宗教書「バガヴァッド・ギーター」やガンジー、タゴール、ラーマ・クリシュナについての本を読んでいました。その中に、人間には三つの基本的な時があると説かれている部分がありました。勉強する時と、家族や仕事をして社会に仕える時、自分一人で遠い森や山に行き、神のために生きる時です。つまり学び、仕え、捨てる時です。「バガヴァッド・ギーター」は、どうやって行動の最中に世捨て人のように生きるかについても教えています。

ヒンズー教においては、世を捨てた人はもはやその足跡も見つかりません。人の誕生とは神から離れるようなことで、それ自体が間違いだと見なされます。さまようちに道を見つけ、再び神の中に入ると、人のカルマは解け、再び生まれる必要はなくなり、その足跡は二度と見つかりません。

(16) キリスト教では、世から離れて神に向かうということは違う意味を持ちます。

それは何にも増して神を望むということです。他のものは、神が私たちをご自分の方へ導くための手段として望まれるのです。神のイメージに創られた人間は、何にも増して神を望むことによって、神に似ていくのです。

その人は神で満たされます。輝くようになります。五感は注意深くなり、感情は温かくなり、理性は理性的になり、知性は恍惚の内に、神にだけではなくすべての被造物に向かう愛で満たされます。

(17) 神が人間を創るために自分から出た(extasis)ように、人間も神の中にいるために自分から出る(extasis)、と聖師父は言います。しかし人間にとって神の中にいるために自分から出るというのは、自分の根本に戻ることを意味します。人間は自分の存在の基礎を自分の中に持っているのではなく、神の中に持っているからです。人間にとって自分の根本に戻るとは、無に消えるのではなく、創造主が人間を創られた時に「このようであれ」と思われた通りのものになることです。

つまり、魂と肉体こぞって神的な人間になるのです。神にはなりません。聖師父の言葉によれば、恩寵によって神となり、本質的には神にはならないのです。鉄を火の中に入れると、鉄のままでありながら火のように赤く燃えて、火のエネルギーを持つのに似ています。

(18) 世からの離別とは世を軽蔑することではありません。キリスト教の伝統では「世」には二つの意味があります。ラテン語を話す中世においては、鍵となる言葉「コンテンプトゥス ムンディ」、つまり「世への軽蔑」がありました。ここでいう「世」とは、権力や富、横暴や迫害、甘言《かんげん》、偽り、傲慢に支配された環境を意味します。このような環境では、勝者も敗者も人間の尊厳をなくします。神が創った環境ではなく、人間が作ったものです。この環境は神が創ったよいものに加えられた悪によってしか存在しません。この加えられた悪は恐ろしいほどに現実なのです。この世の現実は一時的で、世の終わりには崩壊し、燃え尽きるでしょう。しかし今のところ、神の被造物から尊厳を奪うことによって実体を持っています。

そのために、この「世」はまさに軽蔑されるべきもので無に等しく、自分から切り離して捨てるべきものです。私たちの柔和な主、イイスス・ハリストスはこう言います。「もしあなたの目があなたをつまずかせるなら、えぐり出して捨てなさい。もしあなたの手があなたをつまずかせるなら、切って捨てなさい！」これはいわゆる「聖戦」です。この「聖戦」で人は死ぬべきではありません。暴力と偽りの構造だけが消されるのです。しかし主イイススの言葉にうかがわれるように、人がこの悪の構造に取り込まれてしまった自分の何かを捨て去ることも大いにあり得ます。

東方教会では洗礼を受ける前に、人はまず滅びる世界を象徴する西に向かって息を吹きかけて、この世界を退けるジェスチャーをします。それから東に向き直り、ニケア・コンスタンティノープル信仰宣言（三八一年）をとなえます。西に背を向けるのは、滅びる世界を拒否することを意味します。

(19)「この世」を拒否することと世から離別することはまた別です。キリスト教徒が離別しなければならない世は、あの「悪い世界」ではなく、神が創られた愛すべきよい世界です。実際、キリスト教徒はこの世を愛しながら、自ら離別します。神への渇望を満たすことができないからです。ある人をたいへん愛しても、その人を自分の愛で満たすことができないのはわかっています。愛された人も神によって満たされるように創られているからです。修道僧の離別は人の目にはっきりとわかりますが、他のキリスト教徒の離別はわかりやすい形では現れません。しかし、結局は同じことです。所有心なく愛することです。

(20)私は、神のものになるために世から離別したある若者を知っています。しかし彼は離別した時に、一般の人々の日常生活——家族、仕事、日曜日の行楽、友だちとのカードゲームなど——を軽蔑していました。英雄的なことをしたがっていました。これはまだよいのですが、神がよいとされたものを軽蔑しながらそうしたがっていました。自然は自分を見下すものを罰します。神は、さまざまなことから道を踏み外して過ちを犯す人を赦し、罰しません。しかし自然のルールに任せて、自然が彼を罰するままにします。罰を受けるのは、彼が謙虚に忍耐強く、ついには少しずつ愛を持って、神に戻る道を見つけるためです。

(21)イメージと似姿。聖書全体でも、また、教会内や教会の外にいるすべての聖人の人生でも、この二つの言葉が表す現実の内容を言い尽くすことはできないでしょう。

(22)人の支配。人間は宇宙で一番の存在です。最後に創られたにもかかわらず、創造主の思いの中で一番なのです。創られたものは最初から人間に向かっていました。「支配」のヴルガタ・ラテン語訳は「praesint」で、「presidente(大統領)」と同じ語幹を持ちます。ギリシャ語でもそうです。すべての生き物の集会で、人間がみんなの上に立ちます。人間が他のすべての被造物の本来の貧しさや弱さ、「空」を一番よく知っているからです。

(23)人間が上に立つとはどういう意味でしょうか。ルネッサンス初期、一四八〇年頃のイタリアの**ミランド**

ラのピコ（Pico della Mirandola）の著書を思い出します。

神は宇宙を創造した時に、自分の業を見て喜ぶ者がいるのを望んだ。そこで思いついてアダムを創り、世界の真ん中に置き、彼に言った。「アダムよ、私はあなたに特定の立場も、固有の形も、何らかの特徴も与えなかった。あなたが望む立場や形、特徴を、あなたの思いのままに獲得し保つためだ。他の被造物の制限された本質は、私によって定められた法の中にある。何にも強いられることなく、あなたは自分の本質を定めることができる。私はあなたをあなた自身の自由にゆだねたのだから。あなたを世界の真ん中に置いたのは、そこから世界のすべてのものが見えるようにするためだ。あなたを天のものでも地のものでもなく、死すべきものでも不死でもなく創ったのは、あなたが選んだものの形にしたがって、自分を描き彫るためだ。自分の意志によって、獣の形に堕落することも、神的な形に昇華して再生することもできる」。創ったばかりの人間の中に、父なる神はあらゆる種とあらゆる命の芽を置いた。植物的なら植物になり、感受性が強ければ獣になり、理性的ならば人間になり、知性的ならば天使や神の子になるだろう。しかし、どの被造物にも満足せず、心の中に自分を一つに集め、神と一つの心になり、父なる神の孤高の霧の中にとどまるなら、すべての被造物の上に置かれた人間は、まさにすべてのものの上に立つことができるだろう。（ミランドラのピコ『人間の尊厳』）

(24) ミランドラのピコは、ルネサンスのマニフェストとも言えるものを書きました。その表現法には、古代ギリシャ哲学者や教会の聖師父の語り口がうかがわれます。彼は知性と理性を区別します。これは西洋の一般的な哲学の中で少しずつ忘れられてきたことでした。ミランドラは、神のイメージや似姿について積極的には話しません。彼は神学者ではなく、ラテン教会はギリシャ教会ほどこのテーマを発展させなかったからです。

彼の目的は人間の尊厳について話すことです。このことは中世では十分に認められていないと思われていました。このためピコは自由を強調します。人間は自由に自分の「空」を満たす形を選ぶことができる、と言います。

結局、人間の中身は「空《くう》」なのです。ピコは「空」という言葉を使いませんが、認めます。自分が選んだもので満たされるのなら、それは「空」だからです。しかしこの「空」は誰のためでしょうか。何を待っているのでしょうか。この「空」は神のイメージです。ピコは口には出しませんが、おそらく無意識にそれを認め、次のように書きます。「もし、どの被造物にも満足せず、心の中に自分を一つに集め、神と一つの心になり、父なる神の霧の中にとどまるのなら、すべての被造物の上に置かれた人間は、まさにすべてのものの上に立つことができるだろう」。まさしくピコにとっては、すべてのものの上に置かれた人間が実際にすべてのものの上に立つのは、神に似たイメージになった時だけなのです。

(25) 人間は第一の存在でありながら、最後の存在でもあります。何よりも最後であるということは、すべての被造物を外に出して自分を「空」にし、神の聖神《せいしん》（聖霊）で満たされることによって、世の器も聖神で満たされるということでしょう。すぐれたものであるとは、つまり仕えるということです。この言葉に垣間見えるのは、仕えられるためではなく、仕えるためにおいでになった神の子イイスス・ハリストスのイメージです。主の人生、死と復活は、人間が神のイメージに創られたことと無縁ではありません。使徒はこう言います。

「ハリストスと同じ思いを抱きなさい。」

あの方は本質において神でありながら、神に等しい存在であることに固執するのではなく、むしろ自分を空にし、しもべの本質をとり、人間と同じになりました。人間があの方について行くことによって、神の似姿になるためにです。人間は世界に対して一つの奉仕をしなければなりません。人間の力をはるかに超える奉仕です。もちろんこの奉仕は、人間の力をはるかに超えます。しかし、この役割を果たすのは神で、人間は協力するだけです。必要な一％の協力です。この一％は小さく思えますが、実は大きいのです。人間が生きるために持っているもののすべてだからです。

27節　神はご自分にかたどって人を創られた。神にかたどって創られた。男と女に創られた。

（1）前節で神は創造の計画を語りました。この節は人間の創造を語ります。ここでは一般的な動詞「作る」よりも強い意味を持った動詞「創造する」が使われています。創造は神のみの行動です。

詩の形をした荘厳な節です。

神はご自分のイメージに人を創られた。
神のイメージに創られた。
男と女に創られた。

二行目では「イメージ」（像・かたどり）という言葉が強調され、三行目では「男と女」という表現が二行目の「イメージ」と並列されます。そのことは、「男と女」という言葉と「イメージ」という言葉との係わりを思わせます。なぜ男と女という言葉は、このような荘厳な文脈の中に置かれているのでしょうか。ここまでに創られた他の動物、多くの子孫を残すように神の祝福を受けた動物には雌雄の別はなかったのでしょうか。もちろんあったに違いありません。しかしこれまで性別については何も言及されませんでした。確かに人間の性には動物におけるのと同じ生物的価値があります。しかし生物的価値しかないのなら、荘厳な文脈の中ではっきりと言う必要はなかったでしょう。したがって、生物的価値に勝る何かがあるということでしょう。

（2）この勝るものとはおそらく共同体でしょう。共同体とは動物の群れでも、群衆や人民でもありません。

共同体とは同じ心、同じものの見方、同じ目的を持った人々の集まりです。私が考える共同体はまず教会の共同体です。政党もスポーツ集団も息の合ったチームも同じ心、同じものの見方、同じ目的を持っている以上やはり共同体です。しかし教会的共同体ではありません。彼らの目的は天と地の限界の中に納まっているからです。つまり創られた自然の中にとどまっています。

人間の根本が「神のイメージ」であり、その目的は「神の似姿」になることなら、教会または教会的共同体はこの根本、この目的を持ち、メンバーがこの根本を認識し、この目的に達するために協力する共同体です。家族はメンバーが互いに助け合い、この根本、この目的を持つことを目指すなら、教会的共同体になります。つまり同じ心、同じ世界観を持ち、生き方や目的に達するための手段を共有する共同体と言えます。しかし家族は必ずしも教会的共同体ではありません。

教会は共同体の源です。教会と同じ方向を目指す共同体は、教会的共同体と言えるでしょう。

哲学者や真理を探究する人々の共同体が、人間の根本や目的を探すのなら、そして聖神《せいしん》（聖霊）のインスピレーションに忠実であるなら、教会的共同体だと言えるかもしれません。愛と他者への尊敬の原則にしたがって生きようとする健常者と障害者の共同体が、聖神のインスピレーションに忠実であるなら、教会的共同体になれるかもしれません。

ただ、聖神のインスピレーションに忠実であるとは何を意味するのでしょうか。手短に説明することはできません。神が望まれるのなら、後に聖師父の言葉について熟考する機会があるかもしれませんが、今は横に置いておきます。

（３）教会はハリストスの生き方に従い、父なる神に向かって歩み、聖神に養われています。約束の地に向かって歩いて行く砂漠の共同体です。

イイスス・ハリストスという真の神のイメージについて行きます。ついて行くことによって、少しずつイメージに似ていきます。聖神の内なる働きに従えば従うほど、互いは似たイメージになります。三位一体の神は孤独ではなく、共同体です。創られた世界も一つの共同体です。それは披露宴のように創られています。花婿はハリストスで、花嫁は教会です。世界の終わりにすべてがハリストスの内にある時、全人類がハリストスの教会になるでしょう。このため、聖神は聖詠の言葉を通して一人ひとりの女に言います。「娘よ、聞きなさい。よく見て、耳を傾けなさい。――あなたの人民と家族を忘れなさい。――王があなたの美しさに心を奪われたからです。――その方はあなたの主です。――その方の前にひれ伏しなさい」(44聖詠・45詩編11節)

同じ聖神が律法の言葉を通して一人ひとりの男に言います。「男は父や母を離れて、自分の女と一緒になり、二人が一つの肉体になりなさい」。(創世記２・34)

ハリストスの花嫁は教会です。具体的に言えば、各々の男と女はハリストスを愛し、耳を傾け、自分から離れ、その方と一つになります。

聖書のこれらの言葉は、男女間の愛を語りながら、同時に神のエロスとアガペについて語ります。愛する対象を探し求めるあらゆる愛は、聖師父によってエロスと呼ばれます。迷路の中を逃げる人間を探し求める神の愛は、神的エロスと呼ばれます。神の愛は、人間を十字架にまで探し求めたので、「狂おしいほどのエロス」と呼ばれたくらいです。自ら遠ざかっていた神を探し求める人間の愛も、聖師父によって神的エロスと呼ばれます。人間的エロスとは、人が人を求めるエロスです。逆に愛するものを見つけ、絶対に離さず、その内で安らぐ愛は、聖師父によってアガペと呼ばれます。アガペには、神のアガペと人間のアガペという区別はありません。二つは同じ愛の中で一つになります。アガペはユーカリスト、（ローマ・カトリックによって）ミサとも呼ばれる聖体礼儀の名前の一つです。この神的な愛の表現は人間的な愛の表現や、性の生物的、感情的表現と互いに退け合わず、むしろ共存しています。すべてが一つです。自分の本質と召し出し（イメージと似姿）を知っている人間は、全体との関係を無視して、勝手に性を使うことはないはずです。しかしなんと難しいことでしょう！

エロスは神的なものであれ人間的なものであれ、対象や主体の状況に従って独自に表現されます。神はある人間を、他の人間を探し求めるのと同じようには求めません。それぞれの状態や性格に合わせて探します。同じく人間も、ある人は沼の中でもがきながら、ある人は迷路の中をさまよいながら、またある人は砂漠で衰弱しながら神を探し求めます。つまり、自分の性格や間違いにより自ら作りだしてしまった環境の中で探すのです。ところがアガペはそうではありません。偉大な交わりで、すべてのものがすべてのものと、そして全体と無限に一致します。そこでは一人ひとりがすべてのものと交わりながら神と交わっています。

（４）教会共同体の完成は再臨を待たなければなりません。しかしそれでもなお、今すでに聖体礼儀の中で完全かつ客観的に存在しています。子どもは完成していませんが、その肉体は完全なのと同じことです。世俗の中で生きる教会は、世俗の歴史に囲まれながらも、終末的な教会共同体のイコンです。一人ひとりが全体と交わり、一人ひとりが全員と交わり、全員が神と交わります。この交わりには自然や動物も含まれます。実際に人間は自分の肉体と精神で宇宙全体と連帯しています。

ハリストスが栄光の内に再臨する時、彼と交わりを持たない者がいるでしょうか。

ハリストスを待っていた人々は、やって来る花婿を受け入れるように彼を受け入れるでしょう。ハリストスを知らなかった人でも、彼を見て、実は会いたかったお方だと認めるなら、彼と交わりを持つでしょう。

しかし権力や傲慢、思い上がり、抑圧、怒り、暴力、軽蔑に満ちた世俗的な世界を作りだし、それを愛して、屈辱、隷属状態、絶望、死をもたらした者たちは再臨の日に彼を見て、自分たちが出来損ないの神のイメージだと知り、裸のまま逃げだして地の洞穴に隠れたいと願うに違いありません。その日は罠のように彼らの上に落ちてくるでしょう。その時、ハリストスの再臨を拒否するほど頑なに自分のしくじりの中にとどまりたい人がいるでしょうか。それについて私たちは何も知りません。私たちは聖書の言葉を繰り返すだけです。その言葉は、ある人たちにとっては厳酷に恐ろしく響き、自分の無を知っている小さい人たちにとっては薬となり、希望に満ちたものとして響くでしょう。

（５）男女のカップルの話から、最後の審判の話までしてしまいました。私たちは花婿イイスス・ハリストス（イエス・キリスト）を忠実に待っているのです。

教会はハリストスの帰りを待ち、「主イイスス、おいでください」と呼びかけ、祈っています。教会共同体はイイススの呼びかけ「私について来なさい」から始まり、その行き先は再臨です。ハリストスの呼びかけは二千年前のガリラヤに響きましたが、実は人間が創られた時に始まっていたのです。神が人間となり「私について来なさい」と呼びかけたのは人間を自分の似姿に導くためでした。したがって、教会の源は人間の創造と共にあり、その目的はパルーシア（ハリストスの再臨）の時の新しい天地の創造にあります。

私たちは、街で見る教会共同体の狭さや小ささに惑わされてはいけません。私たちが見る教会共同体は、まだ種や苗の状態です。しかしパルーシアの日には、天のすべての鳥が巣を作る大きな木になるでしょう。

この大きさを人のわざの目標として追求してはなりません。ありふれた帝国主義を作り出す危険性があるからです。教会は、時には経済的手段や文化的手段、またある時には政治的手段、共謀する大国の協力を得て軍事的手段まで使って帝国主義に陥ったり、利用されることがあり得ます。私たちがこのバベルの塔と同じ間違いに陥ると、バベルの人民が追い散らされたように、神に追い散らされるでしょう。私たちキリスト教徒はすでにこの間違いに陥り、神によって追い散らされました。人工的に一つの組織を作るわけにはいきません。人のせいにすることなく自分の間違いの結果を受け入れ、私たちの根本や目的を意識する必要があるでしょう。壊れやすい器の中に聖なる伝統という宝を持って、小さな羊の群れのように砂漠を歩くべきではないでしょうか。神は必ず私たちを一つになさるでしょう。なぜなら私たちは創造の始まりにおいても終わりにおいても、すでに一つだからです。

（６）男は父の家を離れ、女と交わるように求められます。つまり自分自身から、少年時代や思春期の家から出るように求められるのです。同じく女も父や少女時代、思春期の家を忘れ、男と交わるように求められます。この自分自身から出るということは重要です。自分の家や国から離れたアブラハムのようです。自然のエロスは男と女が自分から出て、他人と一つになるように手助けします。しかしこの「出る」ということは最初の一歩でしかありません。神の呼びかけに答えながら、ハリストスに向かって歩み続けなければなりません。

（７）神のイメージに人間が創られたことは、男と女として創られたという事実と関係があります。そこには、人間が一人でいるのは不完全だという意味があります。孤独な人間とはパートナーのいない男や女のことではありません。神と交わりを持たない男や女のことです。

他の性に対して自分を開くことは、神に対して自分を開くための一段階です。男や女が相手を自分のものにしてしまうのなら、逆に神に対して閉鎖的になります。純粋な愛とは所有心のない愛であり、パートナーを解放する愛です。自由な人のみが、つまり何よりも神を愛する人こそが、他の人を解放できるのです。自由な人が孤独に苦しむということがあるかもしれません。しかしこの孤独を神を愛するための跳躍台として使うこともできます。もちろん自由な人とは人間のあらゆる絆を必要ないと侮る人ではありません。結婚しない修道僧の愛と世間で生きるキリスト教徒の愛は基本的に同じものです。

27節では似姿は語られず、イメージだけが語られます。イメージは人間の本質にあり、同じく男であり女であることも人間の本質にあるからです。神のイメージであることも二つの性も神が人間に入れた神への強い望みを示しているのです。神が人間にご自身への熱望を入れたのは、人間に愛されたかったからです。これは人間に対する神のエロスであり、神に対する人間のエロスです。その中（神に対する人間のエロス）に、人間的なエロスは位置づけられているのです。

（8）人間の原動力となる欲求は、神に対する人間のエロスの通り道であると同時に、他の性に対するエロスの通り道でもあります。二つのエロスではなく同じエロスです。ただし神への望みが強すぎて性的な望みが弱くなる場合もあります。それは、昇ってくる太陽を前にした月が見えなくなるのと同じです。修道生活へ召し出された人々はこれを召し出しの初めの頃に経験したでしょう。しかしその逆も真実でありむしろ一般的です。激しい感情的性的衝動の前ではキリスト教信者であっても神への望みやハリストスの思い出までが弱くなり、ほとんど消えてしまいます。

エロスが貧しく不完全なものになることもあります。その時、感情は安定せず激しくなり、誠実さのない体験の中で消耗していきます。場合によっては、感情のない貧しいセックスが残るだけです。またはあさましく打算的になってしまいます。本能的衝動（リビドー）がセックスの次元から権力指向や行動主義に移る場合もあります。その中で人間は頑なになります。つまり人間から性的側面を分離することはできないのです。性的側面は精神と身体が結び合う大切なつぼであり人間の多くの活動と機能が合流しているからです。美しい人間や物を見て、声を聞いて感情は五感を受け入れながら次第に温められ欲求を高めてゆきます。出会いに適した環境を創るのです。

この人間の温かみは共感と愛であり多くの場合はその背後に性的側面を含んでいます。

ある人が神的な美しさを感じるとき、感情は温かみや神への愛や共感で満たされます。この過程において性的側面は消えませんが昇華します。教会の修道僧や聖人はこの「美しさへの愛」について多くのことを書きました。

ベネチアのギリシャ正教会で一七八二年に刊行された本があります。『フィロカリア philokalia』つまり「美しさへの愛」という題名の本で、神に愛情を捧げた昔の修道僧たちの書いたものの散文集です。聖体礼儀は神的人間的温かみに満ちた場です。イコンがあり、光、歌、しぐさや言葉の美しさがあり、何よりも神の愛の実体が現れる、人間と神との出会いです。神への愛は兄弟姉妹への愛となり、あふれ出て、教会共同体を創ります。この教会共同体は神のイコンです。

（９）創世記の第一章では、神が創られたものはすべて美しく調和がとれています。人間が罪を犯したり失敗したりする場がありません。罪や失敗は後に出てくるでしょう。しかし最初にまずこの調和と美しさを見て楽しむ必要があります。これは消えないのですから。もちろん私は常に人間の現実や教会の生活、聖書全体を目の前に置きながら瞑想してきました。したがって時には聖書の行間に人の失敗の可能性や現実がにじみ出ます。しかし、第一章について瞑想するならば、神が創られたものの美しさや調和、知恵を眺めなければなりません。

実際は、たとえ失敗によって人間に「空《くう》」が生じたにしても、この空は私たちが第一節で見た人間の本来の空ほど深くはないでしょう。罪によって生じた空は、神の人間への愛の深淵に消えます。創られた世界の美しさと調和は、あらゆる罪の荒波に耐えるでしょう。もし神が許されるなら、後にそこに思いを馳せたいと思います。

28節　神は彼らを祝福して言われた。「産めよ、増えよ、地に満ちて地を従わせよ。海の魚、空の鳥、地の上を這う生き物をすべて支配せよ。」

人間への祝福は動物への祝福と同じ意味を持っています。多く産むことと増えていくことです。命は広がっていくように創られています。人間の場合この広がりは人類だけにとどまらず全宇宙にまで及びます。地は満たされ人間によって支配されるでしょう。海と天と地の獣は治められるでしょう。人間が支配するとは人間が宇宙に対してすべき一つの奉仕です。仕えるために来たイイススにならって。

仕えることを身につけなくてはなりません。言葉や本からではなく、ハリストスについて行きながら。真の支配とは自分を治めることであり、真の知識とは自分を知ることです。自分を治める者は支配しても独裁者にはなりません。古代ギリシャの哲学者もそのことを知っていました。人間は自分の理性でそこまで到達できます。しかし玉座、つまり十字架からのハリストスの支配は聖神《せいしん》（聖霊）に照らされなければ誰も理解できない偉大な神秘です。ソビエト統治下では、多くは無名の殉教者の群れがロシアを支配していました。ソビエト政体が崩壊して一八年過ぎた今、これはすでに遠い過去のことのように感じられます。ところが、ロシア人の殉教者（大部分は正教徒でしたが、カトリックもプロテスタントもいました）は星の群れのようにキリスト教の諸教会の大空の上に現れました。

祝福には五つの動詞――産み出す、増える、地を満たす、地を従わせる、動物を支配する――が用いられています。それを一つずつとり上げていきましょう。

(1)産むとは命を生み出すことです。まず種を思い浮かべます。そしてもう一つ聖書における産出、力のイメージである「実ること」を想像します。雨は神の祝福であり地を発芽しやすい状態にします。神の言葉は地に降る雨のようで実りをもたらさずに戻ってくることはないと、イザヤ預言書は言います。

産出は死に向かうものではなく命に向かう活動です。たとえ死がすべての生きものを待ち伏せているにせよ産出は命に向かっています。命は神から来ます。神は生ける神であり生きものの神です。したがってすべての生きものは神に向かい、聖詠に歌われているように神が命を授け、命を支えてくださるのを期待しています。たとえ動物がこのことを意識していないにせよ（私たちにはそのように見えます）、彼らは命に向かって、神に向かって生

き、豊かに産み出します。生神女マリアも同様です。聖神は神の言葉を通して彼女を身ごもらせました。その産み出す力は命に向かっています。生神女《しょうしんじょ》（「神を生みし女」を意味する、正教会におけるイエスの母マリアに対する敬称。）の深い悲しみを湛《たた》えた視線は息子の死をすでに予感していましたが（そのようにクリスマスのイコンには描かれています：写真）、彼女の産み出す力は死に打ち勝つ命、つまり永遠の命に向かっています。どの産出もたとえ死に飲み込まれるように見えていても永遠の命に向かっているのです。生神女の産み出す力がなかったら死が勝利を収めたでしょう。「産めよ」という言葉は動物と人間、生きものに向かうもので生神女の土台の上にあります。神の言葉は種であり地に落ち実るために死ななければなりません。聖神《せいしん》（聖霊）は種に産み出す力を与え成長させます。

教会も最初は、エルサレムの最後の晩餐の部屋に隠れていた種のようなものでした。その部屋のドアにはユダヤ教指導者への恐怖からかんぬきがかけられていました。主の母は弟子たちと共にいました。五旬祭の日に聖神はこの共同体に産み出す力を与え種は地から出ました。かんぬきのかかったドアは開かれました。神の言葉はエルサレムの広場に響き、シリアや地中海の各地からやって来たユダヤ人の巡礼者の心に入りました。聖神は彼らの心を貫き、彼らの中に芽が出て回心がもたらされました。「何をすべきでしょうか」と巡礼者は尋ねました。使徒は言いました。「世界を創り、イイスス・ハリストスの死と復活によって世界を新たにした神の業を信じなさい」。その日、一つの種から三千の実りがありました。

生きものの産み出す力、命の母（新しいイブ、つまりマリア）の産み出す力、教会の産み出す力を同じ視野の中に包み込むのはなんとすばらしいことでしょうか。

死の思いを取り除きながらこの多産性に入ること。ここで死の思いとは誰かが死んだり、いなくなればいいという思いです。死の思いは私たちの何かを壊します。それは冷たく無関心で皮肉な視線に表れます。このような視線は人を殺します。霜が植物を凍らせ上に伸びようとする力を弱めるのと同じです。感嘆や尊敬の視線で、生きるもの特に弱い人、幼い人、心に傷を持つ人、疎外された人の心を開かせること。神の視線は決して冷たくも無関心でも皮肉でもありません。厳しくもありません。悲しみに満ちていますが厳しくはありません。

命を生み出す心を持つ人は祈ります。喜ぶ人は祈り、満ち足りている人は祈りません。悲しむ人は祈り、不満な人は祈りません。忍耐のある人は祈り、忍耐のない人は祈りません。祈らない人は不毛です。イコンの中の生神女の視線は見る人の心を受胎させます。その中には喜びも平和も、忍耐、悲しみ、思いやり、希望もあるからです。生神女の視線は見る人に応じてこれらの感情のうちの一つを（他の感情を取り除くことなく）表します。私は特に「ウラジミルの生神女」（写真）の視線を思います。間違いや弱さのために自分自身に腹を立てている人は彼女の視線に耐えるこ

とはできません。その視線に哀れみを感じるからです。彼は哀れまれることを嫌います。しかしこの視線に耐えるなら、自分を支配しているのが思い上がりであることに気づき始め、少しずつそのことを悲しく思うようになります。こうして思い上がり、怒り、不満の感情から悲しみの感情へと移ります。悲しみは祈りへの入り口です。人が出会う悪のすべてを、自分の内にあるものも外にあるものも、受けたものでも行ったものでも、悲しみに変えることがどれほど必要でしょうか。

聖神は、このように人間の心を受胎させるために働きます。固い土をくずし、耕し、雨で（涙で）柔らかくし、そこに種をまきます。満足な人、不満な人、怒っている人、侮辱されたと感じる気位の高い人、仕返しの機会をうかがう復讐心に燃える人、被害妄想に取り憑かれた人たちは祈らず、多産でもありません。しかし聖神の恩寵がこの頑なな心を耕し、苦い感情を悲しみに変えます。人間はそのように変えられて産み出す力を持つものになり、命に向かうものとなります。悲しみと喜びは祈りの控えの間です。

したがって多産であるとは、神から与えられた命を自分の中に持って、よい人悪い人を問わずすべての人に命を与えることです。それは「実る」ということでもあります。「実る」とは別のイメージと関係があります。福音記者イオアンが言う「実りのために剪定《せんてい》される」（イオアン15・2以下参照）ことです。木も、そして人間も多くの枝やたくさんの活動で自分の精気を無駄遣いしないように剪定されます。枝は美しく活動は役立つかもしれませんが農園の主には望まれていません。つまり「実る」とは、自分の本質や状況に課せられた限界を受け入れて、神が私たちにお与えになる場で実るということでしょう。

（2）増えることは多産の自然な結果です。しかし別の意味も加えられるでしょう。それは何でしょうか。多産であるのは人の内面的な性質です。増えることは人の外にあります。光の源は光を受けて反射するものの数だけ増えます。与えても減らずに増えるものがあります。それは受け取られれば受け取られるほど増えていきます。

光はその一つです。イオアンの福音書には光は命であるとあります。イイススが「あなたたちは世の光である」と言ったのは「あなたたちは世の光を反射する鏡だ」と言いたかったのです。あの方は世の光です。受胎した人は受胎させてくださった神を反射する鏡になります。

エジプトのアントニオスが砂漠に行き数年が過ぎると、その砂漠は彼の弟子になった人々でいっぱいになりました。アッシジのフランチェスコ（Franciscus Assisiensis; Giovanni di Pietro di Bernardone, 1182~1226）の場合も同様です。神に近い人のカリスマは増えます。これもまた聖神《せいしん》（聖霊）の業です。多産であることは、一定の修行や禁欲生活、深い霊的生活と関係があります。私たちの内で働く聖神と協力する必要があるからです。この側面は教会の修道生活に相当します。

増えることは聖神の働きであり、教会の宣教活動に相当します。

それならば宣教活動は宣伝でも行動主義でもありません。霊的多産性が宣教になるのは聖神が（ある人や共同体の周りで）ご自分の光を反射する人や状況を用意する時です。古代の宣教師や聖師父はみな祈りの人でした。場合によっては修道僧だったり宣教師でありながら隠遁者でした。

宣教師でありながら隠遁者だったとは矛盾するようですが、そうではありません。現代的で西洋的な思いがけない証拠がデ・フコー神父によって示されます。彼は最初トラピスト修道会の修道僧でしたが、後にサハラ砂漠において宣教師でありながら隠遁者になりました。一九一六年に孤独の内に永眠した彼の多産性は数年後、彼の弟子がローマ・カトリック教会の中で増えたときに現れました。ルーマニアの正教会は、修道僧の小さな共同体のおかげで発展しました。彼らは孤独な場所を選んで教会を作り、その周りには村ができて大きくなりました。するとと修道僧たちは教会に一人ずつ司祭を残しながら、別の孤独な場所を探しに行きました。聖神は摂理によって恩寵が増える出会いを準備します。

（3）地を満たすとは地に人がいないので人で満たすという意味でしょうか。あるいは第1節で「地は『空』である」と語られた地の本来の「空」を満たすことを言っているのでしょうか。地は「空」です。そこには存在のエネルギーはなく、それは創造主から受け取るのです。「空」を満たすということなら人間が聖神に協力することによって地は満たされます。おそらく現代の聖書研究家は文字通りの小さな意味を選ぶでしょう。しかし聖書を瞑想するキリスト教信者は、特に正教会の信者ならば大きな霊的な意味のほうを選ぶでしょう。

いずれにせよ、この二つの意味は問題なく共存できます。

この「地に満ちよ」という命令を思うと、私たちは人間が地を暴力と不正で満たしたことに胸が痛みます。

（4）「地を従わせる」の「従わせる」は支配する動きを示す動詞です。しかし私たちは、今までの瞑想の流れの中でこの動詞を解釈しなければなりません。主の支配が奉仕であるのは間違いないのですから。

この「従わせる」が示す奉仕とは、あらゆるものを正しい位置に置くということではないでしょうか。天から来るものは上に置き、地から来るものは下に置きます。パンの例を挙げましょう。

パンは地に実る小麦からできますが聖書には天から降るパンもでてきます。地のパンを天のパンの下に置くのは、卑しいとみなしているためではありません。むしろパンに真の意味を与えるのです。真の意味は真の立場から来ます。イスラエルは砂漠を進んでいる間、天から降ってきたパンによって養われました。聖書はこのできごとを次のように解釈しました。「神はあなたに貧困と飢えを経験させた。そして、あなたもあなたの先祖も知らなかったマナを食べ物として与えた。これはあなたに次のことを悟らせるためであった。人はパンのみにて生きるものにあらず。神が発せられる一つ一つの言葉によって生きるものなり」。パンは命ですが命はパンより偉大なものです。しかし地から来るパンと神の言葉を分けてはいけません。むしろひと括りにして考える必要があります。聖書によって生きる人はパンの中に神の言葉を見、神の言葉の中に永遠の命のパンを見ます。つまり人が労働によって得るパンは神の言葉です。神がこう言っているかのようです。「人よ、自分の労働で生きなさい。神である私は、あなたたちに労働する力を与えた。それは働けない兄弟に仕えるためだ」。神の言葉とは聖書に書かれていることだけではなく生活のあらゆるできごとでもあります。人は命の言葉として神からあらゆるものを受け取ることによって、あらゆるものをハリストスに従わせます。

これが聖書によって生きる人の基本的な生き方です。彼は汗を流して得たパンを神の言葉として受け取り、聖書の言葉を永遠の命のパンとして受け取るのです。

サタンは人が地のパンと天のパンを分けることを望みます。そのために「分けるもの（ディアボルス）」と言われます。天のパンでは空腹が満たされないので地のパンを選んだり、地のパンは物質的で見るに耐えないものなので天のパンを選んだりするように仕向けたいのです。すると唯物論者も精神主義者もどちらも同じ誘惑に陥ります。砂漠の中でイイススはその誘惑を退けました。あの方は真の人であり真の神です。

人は地を、自分自身にではなく神に従わせます。すべては人のためにありますが人は神のためにあります。

(5)動物を支配すること。人は自分という動物を支配することによって動物を支配します。人に向かって「動物」というのは侮辱のように聞こえますが、私は侮辱するつもりはありません。人は実際に動物であり、動物の中で最高のもので最後に創られました。聖書の天地創造に見られるように、最も完全なものは最後に来ます。ラテン語の「支配する」という動詞は「主」と同じ語幹を持っています。ギリシャ語のこの動詞は「始まり」と同じ語幹を持っています。人は動物の主であり支配者ですが、動物との基本的な連帯がなかったならその役割を持てなかったでしょう。神のイメージに創られた人は兄弟や配下である地と水と天の動物を忘れてはなりません。人は彼らに対して責任があり、責任が問われるでしょう。

シリアのイサクは私たちに次のように言います。

「慈悲深い心とはどのようなものであろうか。すべての被造物への、人間や鳥、動物、悪魔、万物への燃える心である。慈悲深い人がそれらのものを思うとき、たくさんの涙を流す。彼の心を強く支配している深い慈悲や共感のおかげで、彼の魂は苦しみ、被造物が受けるどんな侮辱、小さな苦悩にも耐えることができない。そこで、理性のない動物や真理の敵、自分に不正を働くもののためにも、神に保護され慈悲を受け入れるように、彼は絶えず祈りと涙を捧げる。同じように、彼は神のイメージに従って、彼の心の中で激しく燃える慈悲により、どんな種類の蛇のためにも祈る。慈悲深い心の人は神の正確なイメージである。ルカも言っている。『天の父のように、あなたたちも慈悲深くありなさい』」。

祈りの人で、七世紀のイラクに生きた隠遁者であるイサクは、人は動物の主、支配者としてどうあるべきかについて私たちに言葉を残しました。生きものとの連帯は彼の中にある神のイメージを曇らせることなく、むしろ輝かせます。神は愛であり、すべての被造物を平等に愛するからです。

29節　神は言われた。「見よ、全地に生える、種を持つ草と種を持つ実をつける木を、すべてあなたたちに与えよう。それがあなたたちの食べ物になる。」

神は人にすべての種ある草とすべての木の実を食べ物として与えます。人が食べるために動物を殺すことはここには言及されていません。そのような暴力的な行為は第一章全体の調和と美しさに明らかに矛盾するからです。ハリストスは菜食主義者ではなく、その時代のその国の人と同じものを食べていました。多くのことがすでに神の本来の思い通りにはなっておらず、イイススはそれらをありのままに受け取っていました。男がもう愛せなくなった女に渡す離縁状はその一つでした。離縁状について尋ねられた時、イイススは「モーセが離婚を認めたのはあなたたちの心の頑なさゆえです。元はそうではありませんでした」と答えました。
しかしイイススは、人々の生き方や習慣を変えようとはしません。あの方は道徳主義者でも栄養士でもありません。イイススは地に神の国をもたらし、あとは自然に少しずつ変わっていくのにお任せになりました。

30節　地の獣、空の鳥、地を這うものなど、すべて命あるものにはあらゆる青草を食べさせよう。」そのようになった。

動物もすべて草食です。ライオンと牛が同じ草を食べます。預言者イザヤはのちの世、主の日、あらゆる暴力が終わる時を語るのにこのイメージを使います。

31節　神はお造りになったすべてのものをご覧になった。見よ、それらは極めてよかった。夕べがあり、朝があった。第六の日である。

六日目の終わりです。神はご自分のすべての業をご覧になり極めて美しいと思われました。この「極めて」という表現は私たちを驚かせます。創世記第一章の著者は大げさな表現をしないからです。この「極めて」という表現は人が創られた後に来ます。つまり人が神のイメージに創られたおかげで創られた世界は最高の美しさを手に入れました。

第一の物語　創世記　第2章1節～4a節

1節　天地万物は仕上げられた（完成された：新共同訳）。

天と地の創造は終わりました。

天と地とその軍隊は、あらゆる多様性を持って私たちの前にあります。軍隊という言葉に違和感を覚えるかもしれませんが、創造された世界がよく構成されたものだということを明確に表わしています。すべてのものはみな違いますが、すべて一つに結ばれています。

2節　第七の日に、神はご自分の仕事を完成され、第七の日に、神はご自分の仕事を離れ、安息なさった。

七日目は晩のない、終わりのない日です。聖書では七は完全で六は不完全な数です。六日目に神は天地創造を終えました。創造は終わりましたがまだ不完全なのです！　七日目に神は世界を完成しました。「業《わざ》の終わり」と「完成」の間には何があるのでしょうか。偉大な何かがあるのでしょうが、しかし……この完成の業については何も語られていません。七日目に神は安息したとだけ語られます。神の安息とは何でしょうか。神の安息と天地創造の完成の業の間にはどんな関係があるのでしょうか。

（1）創造の終わりと完成の業の間にはどんな関係があるのでしょうか。それは「カナの婚礼」のエピソードに見られるような気がします。イイススはユダヤ（洗礼者イオアンによって洗礼を施された所）から幾人かの弟子とともにガリレアに帰った時、ナザレの近くのカナに行きました。そこでは婚宴があり、母のマリアも参加していました。婚宴でかいがいしく給仕を手伝っていたマリアはイイススに「もうぶどう酒がなくなってしまいました」と言いました。ぶどう酒のない婚宴はみじめです。これ以上に不完全なものはないでしょう。イイススは「まだ自分の時が来ていない」と言いましたが、マリアはしもべに「すべて彼が言うようにしてください」と言って、息子が何か手助けせずにはおられない状況を作りました。イイススが言った「自分の時」とはどんな時でしょうか。もちろん「父よ、時が来ました」と言った時のことです。それは最後の過越《すぎこし》、弟子と最後の晩餐をした時のことです。まさにその日、イイススはイオアン（ヨハネ）福音書の言葉通り、この世から父の元へ行く時が来たことを知っていて、食卓につく前にたらいとタオルを取って弟子の足を洗ったのです。

私たちが後に見るように、それは天地創造の完成の時でした。カナではまだその時は来ていませんでした。しかし、優しく自分の背中を押す母を拒むことはできませんでした。

カナの家の庭には六つの空《から》の水がめがありました。律法で定められた洗浄のための水を入れるかめでした。教会の柱である聖師父によれば、この六つのかめは天地創造の六日を象徴しています。イイススはしもべにこの空っぽの水がめを水で満たすように命じました。水がめは水で満たされるためのものだったので、しもべはためらうことなくかめを水で満たしました。当然のことをしたのです。イイススは「今汲んで、披露宴の責任者（ぶどう酒がなくなったのを知らなかった）の所へ持っていきなさい」と続けました。こうして披露宴の責任者のところへ運ばれてきたのは最高のぶどう酒でした。責任者がたいそう驚き、家の主人を「あなたは最後に一番よいぶどう酒を残しておいたのですね」と褒めるほど、よいぶどう酒でした。

その婚礼の披露宴の日は七日目で福音記者イオアンはそのことをあえて直接には語らず、私たち自身に考えさせようといざないます。最初の日は最初であると明確に示されてはいません。この日には、洗礼者イオアンがユダヤ人に次のことを宣言しました。「あなたがたの中には、まだあなたたちの知らない方がおられる。その人は私の後から来られる方で、私よりずっと偉大である。私は水だけで洗礼するのだから」。翌日（二日目）、イイススは洗礼者イオアンから「世の罪を除きたもう神の子羊」として、また聖神《せいしん》（聖霊）によって洗礼を施す方として示されます。その翌日（三日目）には、洗礼者イオアンの三人の弟子がイイススについて行きます。さらに翌日（四日目）、イイススはガリレアに帰ろうと決心し、その日、前日の三人の弟子にもう二人の新しい弟子が加わりました。（それから三日たって）、イイススと弟子はカナの婚礼に着きます。ユダヤからガレリアまで三日間歩かねばならないので七日目ということです。

律法で定められた洗浄のための水がめはよい出来に仕上げられ本来あるべき場所にありました。これはよい出来に仕上げられた文化と世界を表わしています。しかし六つです。その数は不完全さを示しますが、かめ自体が不完全なのではありません。きちんと仕上がっています。水のための六つのかめと、しもべがそこから汲んだぶどう酒の間には人間的尺度では測ることのできない次元の違いがあります。ぶどう酒は水がめに思いもよらないもの、驚き、喜びをもたらします。福音をもたらします。

こう言う人もいるかもしれません。「人は本質的に神のイメージに創られたので、イメージを完成する神の似姿は予定され期待されている。したがって六日目に終わった創造と七日目の完成の間には必然的に密接な関係がある」。水がめからぶどう酒が汲まれて初めて、なぜ水がめがあり水があったのかがわかりました。同様に唯一、真の似姿を持ったイメージであるイイスス・ハリストスが出現したときに初めて、天地創造と神のイメージの意味も現れました。もしみことばが人として生まれず、十字架にかけられず、葬られず、復活しなかったなら、人が神のイメージとして創られたとはどういうことかを誰も知ることができなかったでしょう。したがって仕上げられたこと（イメージ）と完成されたこと（似姿）の間には「計り知れない必然性」があるのです。

人は神のイメージに創られていながら、主イイススとその福音の前で「見たことのない、聴いたことのない、心に浮かんだこともない」新しいもの、驚くべきもの、喜ばしいもの、自分の尺度では計り得ないものを体験します。「誰が救われますか」と尋ねられたイイススは「人にはできないが、神にできないことはない」と答えました。同じことです。

（２）神の安息とは何でしょうか。神の安息とは場所のようです。聖書には「私の安息に入らないでしょう」、あるいは「あなたの神の安息の中に入りなさい」と書かれていますから（ヘブライ書三章、四章）。天と地とその軍隊が神の安息へと動き、動かされます。人は神を強く望むことによって神の安息へ向かって動き、動かされます。安息の場所とは自分が探し求めていた愛する者に出会う場です。アガペの場所です。私たちが瞑想してきたように、神はご自分から出てご自分の外に被造物を置きました。被造物は神ではないからです。

神は安息のために自分に入るでしょうか。もし神の安息が神の内にあるのなら、神ではない被造物はどうしたらそこに入ることができるでしょうか。被造物は外にとどまらなくてはならないでしょう。神の外、その存在が始まった所に。

おそらく神はご自分の内、ご自分の宮殿に被造物のための場を用意したのでしょう。被造物はそこへ入る権利を持ちませんが、神は愛によって彼らを招き入れます。

その場所は聖詠（詩編）によく出てくる庭でしょうか。ホールのように広い玄関でしょうか。それとも宮殿の中のある選ばれた場所、福音書がいう最後の晩餐の二階の大部屋のようなものでしょうか。おそらくすべてでしょう。庭には入ってきた人が水浴びできる噴水があります。ここに入る人は神ではないすべてのものに背を向け、家の主人がやって来る東に体を向けます。私たちの伝統ではこのように洗礼が授けられます。

入った人は玄関のホールへ導かれます。ここでは喜びと力の油が頭に、手足に塗られます。こうして聖香油が塗られます。そして、食事が用意された二階の大部屋にいざなわれます。神とともに同じ食卓につき、ハリストスが私たちにお与えになるもの、つまりご自身をいただくのです。神は惜しみなくご自分を与えます。これは聖体礼儀のことで、アガペとも呼ばれます。

（３）神の安息が場所だとすると、イスラエルのラビが神に付けた名前「場所」を思い起こします。ヤコブがエサウから逃げたくだりには、ヤコブは夢で天まで届く階段を見たとあります。天使がその階段を登ったり降りたりしていました。ヤコブは目を覚まして言いました。「ここはなんと恐るべき場所だろう。神の家、天への扉でないならばいったい何であろう」。

ラビは解き明かしながら自問しました。「世界は神の場所なのだろうか、それとも、神が世界の場所なのだろうか」。そして答えました。「神が世界の場所なのだ」。その通りです。もちろん神は世界の場所であるだけではありません。私たちの知らないもっと偉大な果てしない存在です。神はご自分の内、ご自分の宮殿に、世界のための場所を準備しました。ご自分の安息の場所です。

（４）安息の場所はギリシャ語で「カタリマ *κατάλυμα*」といいます。マルコ福音書とルカ福音書の中では、カタリマは二階の大部屋、つまりイイススが弟子とともに過越の食事をした最後の晩餐の部屋を指します。文字通りの意味は「安息の場」で、ホテルとか安息の部屋と訳されます。マルコ福音書の中でイイススは弟子たちに命じて、家の主人にこう尋ねさせました。「先生が『私の安息の場所はどこですか……』と言っています」。イイススはそこを『私の安息の場所』と呼んでいます。ルカ福音書には二度この言葉が出てきます。最初は生神女がヨセフとともにベツレヘムに到着した時で、カタリマ（ホテル、キャラバンサライと訳されます）に場所を見つけらませんでした。そのため子どもを洞穴で産み、まぐさ桶の上にそっと寝かせました。彼は「肉においてイイスス（イエス）がお生まれになった時、人類全体はまだ安息の場所を持っていませんでした。そのため、彼にも安息の場所はありませんでした。まだ人間のための安息の場所が存在していなかったからです。

二度目は主が過越の食事の準備をするために弟子を送られた時です。弟子に「先生が私たちとともに過越の食事をとることのできるカタリマはどこにありますか」と家の主人に向かって尋ねさせました。イイススはまだ存在しなかった人間のための安息の場所を準備しに来られたのです。

神の安息の場所は人間の安息の場所になります。安息の場所は弟子とともに行われる主イイススの過越です。ほふられた子羊（イイスス）がご自分を神的な食事として弟子にお配りになるのです。

ここで人を求める神と神を求める人は思いもよらない方法で出会います。イスラエルではすでに千年以上前から準備されていた出会いで、神の内では永遠の昔から準備されていました。使徒ペトル（ペトロ）が言うように「世の初めから準備されていたほふられた子羊」です。ここで人と神は出会い、もう引き離されることはありません。求める愛エロスはアガペになりました。ユーカリスト、聖体礼儀です。

（5）神の安息とは何でしょうか。神は世界を創って疲れたのでしょうか。安息とは疲れに関する言葉です。疲れは人に関する言葉で、神にはふさわしくありません。みことばは疲れることなく世界を創りましたが、人になった時に疲れを体験しました。イイススの最も大きな骨折りは間違いなくご自分の受難でした。その時、主は「すべてを成し遂げた」と言い、十字架上でプネウマ・聖神《せいしん》（聖霊）を放たれました（プネウマ・息をひきとられました）。聖神を放たれて、十字架から降ろされ、葬られました。安息日が始まろうとしていました。ナザレのイイススの最後の安息日です。神はご自分の業を完成してお休みになりました。何を完成されたのでしょうか。創造を完成されたのではないでしょうか。

六日目に創造はその本質において終了しました。被造物として当然制限を受けていますが、それでもなお自主性を持ちます。人もこの創造に属しています。しかし神のイメージに創られた人間は仕上がりましたが、完成してはいません。同じ理由で、すべての被造物は仕上がりましたが、完成してはいません。完成は七日めでした。イイスス・ハリストス（イエス・キリスト）のあの日に完成されました。

人間は仕上がりましたが、自分の力と活動では完成できません。完成は神だけの業です。人は完成の恵みに達するために活動を断念した時を通らねばなりません。不可能、弱さ、狭い門を通らねばなりません。

完成は恵みです。権利ではありませんが約束され守られています。人間には不可能ですが神に不可能なことはありません。神の安息は人の安息でもあります。人の安息は神の安息でもあります。イイススが弟子とともに過越の食事をとることを望んだように、私たちは安息に向かい安息を望みます。

私たちがあれこれと祈るなら、そのしつこい要求であの方は安息なさいません。私たちが神と御心だけを望む時、神は安息なさり、私たちは神の中で安息します。私たちはあの方の中に身を置きます。神学者イオアンのように、主の胸に頭を置きます。安息こそが最高の活動なのです。だからといって人の救いのために粘り強く祈り続けることを神は決してしりぞけません。すべての人が救いに達することこそ神の最大の望みだからです。

しかしいずれも、せかせかと常に行動している私たち現代人には難しいことです。

安息に向かう歩みとして齢をさらに重ねて生きることで「最高の活動である安息」へ近づくのです。

（６）神の安息とは何でしょうか。わかりません。まず安息を味わう必要があります。味わう前に望む必要があります。望みながら、私たちが理解できる範囲で安息を実践するのです。

「神の安息を実践すること」、これはキリスト教徒の生活の定義と成り得ます。神の安息を実践するとはどういうことでしょうか。まず第一に日曜日の安息を実践し、可能な限り聖体礼儀に集うことでしょう。

聖体礼儀へ行く人は安息します。人は月曜日から土曜日まで働き、苦労し、自分に克ち自己を高めるために闘おうとします。これらはすべてよいことですが日曜日にはそのようなことをしてはいけません。別の次元、神の安息に入らねばなりません。日曜日にはハリストスが来て、私たちを同じ食卓につくようにお招きになります。再臨の前触れのようなものです。ハリストスは、人の労苦の大小や良し悪しをご覧になりません。断食したか食べ過ぎたか、などとあれこれ詮索しません。主教ヨアンネス・クリュソストモス（金口イオアン）は私たち正教徒が千年以上も前から毎年復活祭の夜に聞いている説教で、そのように言っています。ハリストスが来てご自分をみなに与えます。それですべてです。必要なのはただ一つのこと、「受け入れる」ことです。彼の赦し（許し）を受け入れること、言い換えれば神の国、恩寵の国に入ることです。

日曜日の安息を実践する人だけが、あの方の赦しをいただくとは何であるかを知っています。自分が正しいと信じている人は休めません。自分の正しさを守らねばならないからです。復讐と言わないまでも、仕返しの機会をうかがう人は休めません。他人が自らを変え、その過ちを認めるように要求する人は休めません。常に自分が向上しているかどうかを測る人は休めません。まして、他人と自分を比べる人は休めません。休むのはほんとうに難しい。特に能力主義の文化に支配された現代の国々では。

日曜日は安息の日であり恩寵の、赦しの、喜びの、交わりの日です。

人が月曜日から土曜日に行うよいことすべてはもちろんよいことであり、時には完全なものかもしれません。完璧なまでに徳の高い人は、よくできた人だと言えるかもしれません。しかし日曜日の安息を実践せず、自分は無で神がすべてであると認めないなら、その人は不完全なままです。安息を実践するのは日曜日に限りません。

安息は生活様式に成り得ます。それは社会における責任や自己を高めるための努力とうまく共存できます。しかし日曜日にこの実践は客観的なものになります。すなわち消すことのできない事実、つまりハリストスがやって来て私たちにご自分を与えること、そしてなお主は終わりの日に再臨することはまぎれもない客観的事実で、個人的な選択によるものではありません。

日曜日の聖体礼儀で、みなで一緒に歌う歌詞は、教会が私たちの口に置く言葉です。聖伝の言葉で、私たちの個人的な言葉ではありません。

3節　この日に神はすべての創造の仕事を離れ、安息なさったので、第七の日を神は祝福し、聖別された。

第2節は天地創造の完成と神の安息を強調しています。どちらも七日目に位置づけられています。第3節は神が七日目を祝福し聖別されたことを強調しています。

（1）七日目には祝福と聖別（成聖）があります。これらは何でしょうか。

「祝福された方」とは神の名前の一つで聖詠ではよく使われます。イスラエルのラビは神の名を口にするのを避けるために、その呼び名をよく使いました。「聖別された方」とは来るべき王、メシアの名前の一つです。

七日目は、祝福されたものであると同時に聖別されたものです。祝福は善人悪人を問わずすべての上に降り注ぐ雨や、地から湧き出る水のようなものです。無限で暖かく、差別せず限りなく包み込んでくれるものです。

聖別は逆の動きです。ただ一つのものに身を捧げるために、他のことから自らを退ける動きです。選別であり集中することです。選択したり長く見つめたり耳を傾けたりすることに似ています。

ベタニアのマリアはイイススの足もとに座りあの方の話を聞いてより良いものや、ただ一つ必要なものを選びます。一方マルタは多くの用事で疲れています。

七日目とはそのようなものです。しかしこの二つは同時に行われるのでしょうか。それとも別の時でしょうか。本質においては祝福が先で聖別は後です。しかし救いの歴史では聖別が先に現れます。アブラハムは選ばれた人です。神は世界中で彼だけに話しかけ、自分の国から出て神が示す国に行くように命じました。それは聖別です。私たちの前に先に現れる聖別です。神はアブラハムにこう言いました。「祝福(の源)でありなさい。あなたによってすべての民が祝福されるでしょう」。それは祝福です。みこころの意図においてはアブラハムの選びに先立つ祝福です。祝福は目的であり、聖別は手段、よく言えば通り道です。避けて通れない道です。

祝福は神の恵みの寛大さ、天地創造、命の膨らみで、神から被造物へと広がる動きです。祝福とはイスラエルの隷属状態からの開放、マナ、火の柱、律法、約束の地です。ダビデからソロモンまでのイスラエルの発展、平和と、来たるべき世界、神の国の約束です。

(2) イイススは安息日である土曜日に、悪魔祓いや癒しを行いました。弟子とともに畑を通り、小麦も摘んで食べました。

律法学者にとってはつまずきの行動でした。彼らは人々が神の言葉に専念するように、その日を聖別しました。しかし律法学者は神のために聖別された日の性格をさらに守ろうと、安息日に多くの活動を制限し、日常生活のまわりに「禁止の垣根」を置きました。逆に祝福は垣根を取り払い、恩寵を広める動きです。活動を禁止したり制限したり、あるものを選ぶために他のものを除いたりすることが不必要なわけではありません。昔も今も必要なことです。

しかしこの制限や選択はあくまでも人間の行動です。イイススは常に働く父なる神の活動を強調しました。彼も、父なる神と同じく常に働きます。この安息日の神の仕事は安息の規則を破りません。むしろ安息そのものです。

安息日の聖別（あらゆる活動の制限）は、イスラエル国民の注意を神の仕事に集めることがねらいでした。神の仕事とは救いとすべてに対する祝福であり、安息と呼ばれています。このためイイススは安息日の掟に反してはいなかったのです。

（３）安息日はイスラエルのアイデンティティーの中心です。イスラエルも祝福され聖別されました。祝福は第一のものです。神がアブラハムに与えた最初の戒律は「祝福でありなさい」（「祝福の源となれ」新共同訳）だからです。「あなたを祝福します」とか「祝福あれ」と言ったわけではありません。「祝福でありなさい」と言ったのです。この「祝福である」ことは最後の時に実現されるでしょう。イザヤの言葉にはこうあります。「その日、イスラエルはエジプトとアッシリアと共に三つ相並び、全地のうちで祝福をうける者となる。万軍の主はこれを祝福して言われる、『さいわいなるかな、わが民なるエジプト、わが手のわざなるアッシリア、わが嗣業なるイスラエルよ』」（イザヤ書19・24〜25）

神はイザヤを通じて、イスラエルは地の中央で祝福であろう、と言われます。このおかげでイスラエルの最大の敵であるエジプトとアッシリアはそれぞれ「私の民」「私の手の業」と呼ばれます。イスラエルはこのような呼び方を自分のためのものだと思っていました。しかしイスラエルは「私の跡継ぎ」と呼ばれます。

間違いなくイスラエルは選民であり、これは決して変わることのない真理です。しかしこの聖別は祝福のための二次的なもので、祝福をもたらすハリストスの時への準備です。

創造主の意図の中では祝福は目的であり聖別は手段です。目的は歩みの最後に現れますが意図においては先にあります。イイススの安息日の実践はこの祝福を垣間見せます。

（４）ユダヤ人は安息日の聖別の生き方を守ることで自己のアイデンティティーや伝統をギリシャ・ローマ文化の影響から守ってきました。ファリサイ人という名はまさに「分けられたもの」、つまり聖別されたものを意味します。ファリサイ人はこのユダヤのアイデンティティーの抵抗を代表するのに最もふさわしい集団でした。私はファリサイ人に大変共感します。彼らは神からいただいた聖別をローマの権力から守ろうとしていました。ローマの権力はユダヤ民族を他の民族と同じ基準で並べようとしていたのです。他の民族はカエサルから管理された自治を受け取る代わりに皇帝への礼拝を行っていました。

紀元後一三〇年頃、皇帝ハドリアヌスはこの小さな不屈の民族を前にして驚かざるを得ませんでした。そしてやむを得ず、有名なラビ・アキバを殉教に引き渡さねばならなかったのです。

経済的、文化的、政治的、軍事的手段で世界を征服するこの世の勢力は結局、力しか信じていないのです。その勢力に対する非武装の抵抗運動は聖書から生まれた宗教、ユダヤ教、キリスト教、イスラム教の共通の遺産です。私は、特に今日において、媚びた胡散臭いさまざまなマスクを被っている世俗世界の錯覚や侵略、誘惑に対して「じっと耐えている」抵抗運動に大きな価値を見いだしたい。

(5) 初代教会と同時代のファリサイ人は、サウロ（後のパウロ）のように、二つの戦線に立ち向かわなければなりませんでした。一つはよく知られている敵、ローマ帝国の中でようやく安定した表現を見つけたヘレニズム文化でした。

もう一つの戦線には一見強くはないのに実はより危ない敵であるキリスト教徒がいました。ユダヤ教内のこの宗派は（初めはそのように思われていました）、かろうじて容認されていた他のユダヤ教内の宗派とは違い、とても危険なものでした。イイススと呼ばれる最近の偽預言者の名で異教の民に門を開いており、そのために時が過ぎるにつれてイスラエルの特徴を消すことになるでしょうから。パウェル（パウロ）はイイススを終末の預言者だと認めた時、意識的にキリスト教会がイスラエルから離別するのを早めました。西暦九〇年頃には全世界のシナゴーグからキリスト教徒は追放され、破門されました。イスラエルを自分よりも愛していたパウェルは、イイスス・

ハリストスを認めなかったイスラエルの勢力は神から退けられているわけではなく、あくまでも選ばれた民であると書いています。パウェルはこう言います。イスラエルが脇に置かれたことによって、すべての民族に和解(祝福)がもたらされたのならば、イスラエルが元通りになる時とはどういうことだろうか。終末の死者の復活に他ならない。一部のイスラエル人がかたくなになったのは異邦人全体が救いに達するまでであり、こうして全イスラエルが救われるということだ。次のように書いてあるとおりだ「救う方がシオンから来て……」と。

（6）したがって七日目にはこの二つ、寛大な祝福と最後の時まで歴史の中で保たなければならない聖別があります。聖別はあくまでも一つの生活様式を必要とするので、はっきりした規則を持たねばなりません。表面的に見れば、安息日は聖別すなわち規則以外の何ものでもないようにみえます。この規則、律法はラビに「守りの垣根」と呼ばれ、イスラエルと他の民族の分離を保証していました。ハリストスはメシア、つまり最終（最後の時）の預言者でした。約束された祝福が実現し始めました。これによって聖別はなくなりませんが調子が変わりました。

要するに聖別は祝福の結果になり、もはや祝福の準備ではなくなりました。すでに守りの垣根ではなく祝福への一つの答えと、それにふさわしい生活様式へと変えられてゆきました。実際に初代教会は古いものを壊して新しいものの中で生きていました。それはまさにハリストスの言葉「新しいぶどう酒には新しい皮袋を、さもないと、新しいぶどう酒は古い皮袋を破り、どちらも無駄になる」の通りでした。

ハリストスと教会のできごとによって七日目は様相を変えます。ハリストスは安息日の主です。彼はヨルダン川での洗礼の日に聖神《せいしん》(聖霊)によって聖別されました。カナの婚礼で象徴的に示されたように彼こそが祝福です。言い換えればハリストスと教会によって七日目の土曜日から七日目の日曜日に移動するのです。

（7）天地創造の日々の順番から外れる日が二つあります。七日目と八日目です。

七日目は六日目の後なので、一応「七番目」と番号が付けられます。順序正しく並べられているようですが、そうではありません。その日、神の手によって創造されたものは何もありません。その日には神でないものは一つもありません。しかし六日目は（ある意味において）自ら七日目に延びようとします。それはイスラエルが神の安息に入ろうと自分の活動を制限する時です。七日目はまるで接続器のようです。安息日が聖別された一方の先では、安息日を六日目に差し込むことができます（聖別された方とは神であり人であるイイススです）。安息日が祝福された他方の先には、神ご自身、ご自分の宮殿に世界を受け入れる祝福された方がいます。聖別された方とは神ご自身、イイスス・ハリストスです。祝福された方とは神ご自身、聖神であり、私たちを聖別し生かし神に似たイメージにしてくれます。

（8）八日目は聖書には示されていません。「八日目」は教会がその始まりの時から伝え続けてきた聖伝です。八日目は約束が実現し人が神化して死者から復活した日です。古代の教会では洗礼堂や洗礼盤は八角形でした。洗礼がまさに八日目への入口であると思い出させるためです。

洗礼を受けた人は完全にはなりませんが恩寵と祝福の世界へ入ります。罪は赦されます。聖香油が塗られ、領聖（聖体拝領）が許され、神や天使と同じ食卓で天のパンを食べます。八日目に入ります。すべてが神によって赦されたので、彼も赦すことができるでしょう。多くを赦された者は多く愛します。ハリストスとともに復活したので、死のためではなく復活のために生きるでしょう、まだ死に直面しなければならないにしても。

つまり、八日目と呼ばれるのちの世界は、暗い谷間に反射する陽の光のように世界に入り込みました。パウェルが「信仰は希望されるものの本質です」と言ったように。希望されるものは未来にあります。さもなければ希望の対象にはならないでしょう。しかし信仰によって希望されたものは本質としてすでにここに存在します。私たちは今から、のちの復活の本質を生きることができます。

（9）日曜日は八日目ではありません。信者は俗世間で生きねばならないからです。今の世界ではまだ修行する必要があります。神の御心のものを選ぶために無用なもの、有害なものを取り除く必要があります。あるいは役立つものも取り除く必要があるかもしれません。日曜日は土曜日と同じように七日目ですが調子は異なります。

土曜日はイスラエルです。イスラエルがイメージのない空間を聖別したのは真の神のイメージ、イイスス・ハリストスの到来を準備するためでした。イスラエルが安息日によって仕事のない時間を聖別したのもご自分の仕事によってすべてを新しくなさる聖神が来る時の準備をするためでした。

イスラエルではイメージの欠如も安息日の休みも主の日、つまりハリストスの第一の到来を待つものです。

私たちは教会で、イイスス・ハリストスという神のイメージについて行き、神の言葉を聞き、私たちを彼の似姿に創る聖神を祈ることができます。しかし教会はあくまでもイイスス・ハリストスの再臨、パルーシアを待ち、「主イイススよ、おいでください」と歌います。この意味において私たちの日曜日も、土曜日と同じように神の国の到来を待っている以上、七日目であって八日目ではないのです。

4a節　これが天地創造の由来（誕生）である。

創造された世界はそのように生まれました。「誕生」という言葉は天地の存在に人間的な厚みを与え、この書き物の中で初めて柔和さを感じさせます。生まれることと創造されることはたいそう違います。神のみことばは創造されたのではなく生まれたのです。神からの神、「光よりの光、真の神よりの真の神」（ニケア・コンスタンティノープル信経）だからです。天と地は生まれたのではなく創造されたのです。神ではないからです。しかし今、「誕生」や「生まれること」という表現は神ではないものを神に近づけるようです。この表現は何を指しているのでしょうか。ご自分の近くにすべての被造物のための場所を準備された父なる神の愛に他なりません。

これまでに行ってきた瞑想についての考察を試みます。

聖書の初めの部分を瞑想するのはすばらしいことでした。聖書から思い起こす世界、聖師父の言葉から思い出すこと、経験したり何年かの間に瞑想したもののすべてが、隠れていた場所から浮かび上がってきました。

私たちの目の前に一貫性や調和、美に満ちた世界が現れました。一方の岸から他の岸へと架けられた橋のようです。最初にも終わりにも永遠の神がいます。その間には谷、この私たちの世界と歴史があります。ヨーロッパでは「涙の谷」と呼ばれています。

聖書の第一章では、私たちはこの架け橋を渡りながら谷を上から眺めています。谷底で発せられている嘆きはまだ私たちの耳に届きません。しかし私たちは、聖書がきれいごとを並べた理想を語る本ではないことを知っています。私たちが読んだこの文章の著者は、読めばわかるように感情的ではない大変厳格な人でした。彼らがしたことは建設作業員が何かを建て始める時、それがただの壁であっても、まず行うことに似ています。

水平をとること。基本的な作業です。目も第六感も信じません。簡単に間違ってしまうからです。二点をお互いに水平にとる時、壁になるものの両端にくぎを打ち糸を張ります。日本では水糸と言います。この最初の章には二つの動かせない点、創造の始まりと終わりがあります。二点は両方とも神の中にあります。糸は張られました。今後、人間の、イスラエルや私たち個人の歴史の浮き沈みについて書かれるすべてのことは、この張られた糸に比べられるべきです。この動かせない水準は、聖書を信じる人の力強さと明るさの基礎となります。

師父たちの食卓で――創世記を味わう――

第二の物語　第2章4b節～第3章24節

第二の物語　創世記　第2章4b節～25節

4b節、5節　主なる神が地と天を造られたとき（「あの日」）、**地上にはまだ野の木も、野の草も生えていなかった。主なる神が地上に雨をお送りにならなかったからである。また土を耕す人もいなかった、**

なぜ主なる神は「あの日」、天と地を創造しようと決めたのでしょうか。シリアのイサクが言うように、神は永遠の昔から自分が創造する世界を愛していました。ではどうして「あの日」に創造したのでしょうか。

神には日も時間も年もありません。だからここでいう日とは神が天と地を創った日ではなく、天と地の最初の日です。私たちにとってもそうです。私の知り合いの若者の話ですが、ある日、彼にとって新しい何かが始まりました。いつのことだったでしょうか。一九六三年三月のある日でした。何日だったでしょう。はっきりと覚えていませんでしたが、風の強い日だったそうです。しかし新しい何かが始まったことでは、その日は「ある日」ではなく、ローマのルッシクムの東方典礼教会に入った「あの日」なのです。

6節　しかし、水（泉）**が地下から湧き出て、土の面をすべて潤した。**

（1）地は砂漠のようです。木も草も生えていません。たんなる乾きがあるだけではなく、そこには期待があるでしょう。何かを待ちうけている気配が漂っています。しかしいったい何を待っているのでしょう。雨もなく地を耕す人もいないのに。しかし地があります。空っぽで乾ききっていますが、あるのです。この地の存在は重く決定的です。どんな負の状況よりも重みがあります。

この木も草もない空虚な地、……私です。しばらくこの心地よい思いにふけることを許してください。この空虚な場にとどまるといつも得も言われぬ憩いを感じます。他の多くの憩いの場とはまったく違います。ただ座ってこの思いにゆったりと浸かります。

（2）地は空虚で木も草も生えていないと言うだけでは不十分だったのでしょうか。さらになぜ雨もなく耕す人もいないと言う必要があったのでしょう。この地の虚しさを強調するためでしょうか。

それでもこの地には惹きつけられる何かがあります。美しい何かがあるのです。この空虚さは絶望とは無縁です。じっとして動かず、忍耐強く揺るぎなく確信を持って待っています。

このように待つ人々がいます。彼らの存在は彼らの空虚さより重いのです。無意味ではありません。彼らの存在はすべてを耐える動揺しない快い予期です。

（3）現代の聖書訳では前節の最後に句点が付けられ文章が終わっています。しかしラテン語とギリシャ語の古い訳には読点が付けられ、まだ一つの文章としては終わりません。「しかし」でつないで泉の話に入ります。地の深くから湧き出て地の面を潤す泉が登場します。「土の面」の「面」にはギリシャ語では「プロソポン（顔、面）」という語が当てられています。突然深みから湧き出る泉、涙の泉です。渇きに耐える人がじっと揺らぐことなく待っていると、時に突然涙の泉が湧き出て顔（プロソポン）を濡らし喜びが広がることがあります。

「私の逃れ場、私の神。どうして私を見捨てられるのか。どうして私は虐げられ、嘆きのうちに歩むのか。あなたの光と真を送って私を導き、あなたの住まい、尊い山に私を招いてください」（聖詠42、詩編43・2-3）。

この泉は最初から湧き出ていたのでしょうか。それともある時に現れたのでしょうか。はっきりしません。地が乾いている状態を強調し、「しかし」を用いて泉の話を始めるという文章の運び方を見ると、地はあるとき突然現れた泉を地下の水脈の中にすでに感じていた、そう語っているような気がします。

「泉が地下から湧き出て」は直訳すれば「泉は地へと上がって来ていた」です。ここで用いられている半過去の動詞は、連続する動きを予感させます。泉は上がって来ていました。そしてある時、地に現れました。突然にではありません。見えない地下を徐々に上がって来ていたのです。

（４）現れるまで待つこと。イスラエルの歴史です。イスラエルは自分の王と私たちの王、イイスス・ハリストスが出現するまで待ちました。

しかし私たちの話でもあります。人はみなそれぞれにまだ姿を現さない、やって来つつあるものへの飢えと渇きを感じています。現れるまで待てるでしょうか。待てない人の悲劇、特に若者は待つことができません。

なぜ待つことが必要なのでしょうか。現代の世界では、極端に言えば、人が待っているものを探し出す前にいろいろなものがすでにあるのです。もちろん何でもあるわけではありませんが、人が思いつくものはほとんど街のデパートで見つけられます。ならばどうして待つ必要があるのでしょうか。デパートへ行き、「欲しいのは何かな」と探せば、残念なことに見つかるのですから。実は待っているものはまだ現れていないので、本当に欲しいものを知らないのですが、それらしいものを見つけてしまうのです。もはや待っていたものが現れなくてもすみます。現れても待っていたものだとわからないかもしれません。なぜなら自分の心が別のもの、別のイメージで占領されてしまって、ついに現れたものと一致しなくなっているからです。

聖書が物語るのはまさに私たちのことです。

（５）この地のように不動で忍耐強く揺るぎない柔和なものになること。なぜ柔和なのでしょうか。水があるからです。少なくとも上がって来るのを感じ、どこかから上がって来ていると知っています。

水がなければ地は苦いでしょう。砂と塵ばかりの手に握ることのできない地でしょう。ヴルガタ（Vulgata ラテン語訳聖書）は地と泥（humus）を区別します。ギリシャ語の聖書では区別しません。Humus は水を含んだ柔和な地です。Humus は謙遜（humilitas）という言葉の語幹でもあります。謙遜は柔和な地の徳です。柔和で揺るぎなく待つことのできる人は謙遜を身につけた人と呼ばれます。

謙遜を身につけていない人は神によって形作られません。湿り気のない地はこねることができないように。泉は地を濡らし涙は人を謙遜の状態にします。謙遜するために身を低くしてへりくだる人は褒められるべきではありますが、それはへりくだるからではなく謙遜を望むからです。しかしこういった人は間違いなく自分を知らないでしょう。ありのままの自分を知っている人ならば、身を低くする必要はないとわかっているでしょう。自分を知っている人だけが柔和な謙遜を身につけられます。謙遜を身につけた人はいつも柔和です。自分を潤す水脈を感じるからです。

謙遜は柔和でなければ偽物です。せいぜい謙遜への望みです。世界は偽の謙遜で満ちています。

自分も他人も低くしたがる人や、他人を自分より低くする人がいます。真の謙遜を身につけた人は誰も、自分をも低くしません。他人に低く思われた時、その心の内に喜びの泉が湧き出たり、喜ばないまでも柔和な何かで心が満たされるなら、その人が天から謙遜の賜物を受けた証拠です。

昔の人々は謙遜の段階について説きました。もっともなことでした。実際には謙遜はあるかないかのどちらかでしょうが、それをより強く望む人はあまり望まない人より、神から謙遜の味わいを前もっていただくように思います。謙遜は安定した静かな喜びです。謙遜は自分の場にとどまることを可能にする柔和な力です。または自分の場へ行くことを可能にする柔和な動きです。謙遜はいただいた場所への愛です。自分の場所です。

（６）謙遜を身につけ始めた人は、湿った土が人にこねられるように神の好みの形にこねられます。神がめざすのは人間の形です。人間がアダムと呼ばれたのはアダマ（土）で創られたからです。

人間は地です。地から来るからです。そして地は人間です。人間になるからです。地は人間のために人間は神のためにあるので、地も神のためにあります。神は人間を通して地を尊いものにします。地が尊ばれるとしたらそれは謙遜のおかげです。つまり人間が持っている地の味わいのおかげです。地のない人間も人間のない地もあり得ません。謙遜を身につけた人は尊いものとなった地です。謙遜する人と柔和な人が地を受け継ぐでしょう。

（７）神が人間を創造した時に思い描いていた形は第一のアダムではなく、第二のアダムであるイイスス・ハリストスです。

ハリストスはしもべの姿をしています。彼はご自分について「私はあなたたちに仕える者です」と言いました。また「私から学びなさい。わたしは柔和で謙遜な心を持っています」とも言いました。柔和な謙遜はハリストスの形であり、世界が創られる前から神の内にある形です。創造主の思いの中で第一のものは後から現れて来るのです。

（８）神は土をこね形づくる職人です。人間は湿り気のない乾いた土です。砂地に水を加えると職人の手の中で素直にこねられる土になります。水はハリストス、この世に来た神のみことばです。泉が上がって来ていました。現れるまで待つこと、それはイスラエルの歴史であり世界に対する不可欠の奉仕でした。泉はハリストスです。イオアン福音書の中であの方は「仮庵の祭り」の最も荘厳な最後の日に大声でそのことを言われました。

この秋祭りは一週間続いていました。イスラエルの民がシナイの砂漠の乾ききった地を渡っていた時に岩から湧き出た泉によって助けられたことを思い出すために、全員が七日間小屋の中で生活しました。

人々は祭りの間、毎日シロエの泉から儀式用の杯で水を汲み「喜び勇んで救いの泉から水を汲め！」というイザヤ預言書の言葉を歌いながら行列して神殿に水を運びました。民は「泉の門」から神殿に入る時にエジプトからの解放の聖詠を歌いました。神殿の中で司祭は運ばれた水を土にまきました。祭りの最後の日、司祭は異教の民族たちへの祝福の印として水をエルサレムの城壁の外へまきました。祭りの間にはいろいろな預言書が読まれていました。

神殿から泉が湧き出て大きな川になるというエゼキエルの言葉も読まれました。聖詠が言うように神殿は水が湧き出た岩の上に建てられていました。パウェル（パウロ）も伝えるある伝説（コリント前10・4「皆が同じ霊的な飲み物を飲みました。彼らが飲んだのは、自分たちに離れずについて来た霊的な岩からでしたが、この岩こそキリストだったのです。」）によると、この泉が湧き出た岩はイスラエルがキャンプからキャンプへ砂漠の中を移動するのについて行きました。「エルサレムからあらゆる罪と不浄を洗い流す泉が湧き出るであろう」というゼカリアの予言も読まれていました（13・1）。

祭りの最も荘厳な日に、熱気を帯びた雰囲気の中でイイススは立ち上がり声を張り上げて叫びました。「渇いている人がいるなら、私のもとに来て飲めばよい、私を信じる人は。聖書に書いてあるとおり『その胸（心・心臓）から生ける水の川が湧き出るであろう』」（イオアン（ヨハネ）福音書7・37、38）。そしてイオアンは続けます。「彼は、ご自分を信じる者が後に受ける聖神《せいしん》（聖霊）について言われたのである」。

ここで引用したイオアン7章37節、38節は一般の訳と異なります。古代の写本には句読点がついていなかったので、どこを区切りとするかによって意味が違ってきます。大部分の写本がオリゲネス後（4世紀後）に作られていて、オリゲネスの影響を受け次のように読まれました。「……私のところに来て飲めばよい。わたしを信じる人は、聖書に書いてあるとおり……」。この読みでは、「生ける水の川」がハリストスを信じる人の心から湧き出ることになります。

ところが、より古い写本に基づいてこの箇所を解釈した最も古い時代の師父たちは、私が引用した通りに読みました。そこでは、ハリストスは「真の岩」であり、その腹から生ける水の川が湧き出ます。2世紀からその「流れる川」に、教会の機密、さらに教会そのものが読み取られていたのです。主がこの言葉を言った背景である「仮庵の祭り」の間に読まれていた旧約聖書にぴったりと符合する解釈です。この読み方が、イオアン（ヨハネ）自身にさかのぼるエフェスの伝統です。エフェスでイオアンの生の声を聞いたポリカルポスの弟子、リヨンの主教イレナエウス、その弟子ヒッポリタス、リヨンの殉教者の記録を残した無名の著者も、イレナエウス主教の下にいた信者だったでしょう。エフェスで信仰に入ったユスティノス、エルビラの主教グレゴリウス、そして北アフリカの教会の師父たち、特にキプリアヌスも同じ解釈をしています。私もまたここで、さらにやがて2章23節について語る際に、エフェスと北アフリカの伝統に従った同じ読み方を採りました。

なぜ今日多くの学者たちがオリゲネスの読み方を選んで聖書を訳しているのかはよくわかりません。それなりの理由があるのでしょう。ともかく二つの読み方が共存してきたし、これからも仲良く共存するでしょう。

エルビラのグレゴリオ主教（四世紀今日のスペインのエルビラの主教。詳しいことは知られていない。）の大変古い歌にはこう歌われています。

ハリストスを飲みなさい、彼は水の湧き出る岩なのだから。
ハリストスを飲みなさい、彼は命の泉である。
ハリストスを飲みなさい、その激流の激しさに神の町は喜ぶ。
ハリストスを飲みなさい、彼が平和なのだから。
ハリストスを飲みなさい、その体から生ける水の川が流れるのだから。

（9）この聖歌の「その体から生ける水が流れる……」の部分はイオアンの引用ですが、同時にイオアンの別の箇所も示唆します。一人の兵がイイススの死を確かめるために胸を槍で貫きました。主の胸から血と水が湧き出ました。聖書では血は命ですから、「生ける水」を暗示しているかのようです。イオアンはこのエピソードにしばらくとどまり、それが真実であることを私たちに信じさせるために強調します。創世記のこの箇所を読むなら、教会の伝統から来るこれらのテーマを受け取り、その中にとどまって瞑想せずにいられましょうか。

つまりこの渇いた地は私です。しかしハリストスでもあります。あの方は聖神《せいしん》（聖霊）によって生神女マリアから生まれ、歩き、話し、笑い、怒り、働くことなどを学びました。そしてヨルダン川の洗礼で聖神に満たされ、十字架上で霊を渡された時（死んだ時）、砂漠のように乾いた地になりました。こうしてあの方は私たちの兄弟となり、創造された世界の頭《かしら》になったのです。乾いた地から世界を潤す生ける水の泉が湧き出たのです。この泉はのちの世界が始まる時まで潤し続けるでしょう。

このように思い巡らすなら、キリスト教徒を恐れおののかせる渇きと砂漠がある、などとは決して言えません。

7節　主なる神は、土（アダマ）の塵で人（アダム）を形づくり、その鼻に命の息を吹き入れられた。人はこうして生きる者となった。

（1）陶芸家が器を作るように神が人間を創ったというイメージは聖書に親しんできた人にはなじみ深いものです。描写ではなくイメージです。私が知っている限り、神が本当に人間を土で形づくったと考える聖師父はいません。聖書は、人間は創られたものであり、土以外の何ものでもないと言っているのです。水、形、息、すべては神から来るものです。聖師父たちはダーウィンの進化論を耳にしてもビクともしなかったでしょう。猿も人間と同じく土でしかないのですから。大切なのは息です。息を受けたのが土の人であれ猿であれ、それほどの違いはありません。むしろ神が人間を創るために長い進化の過程を受け入れたことは、神の知恵と摂理のいっそうのすばらしさを示しています。私は進化論者ではなく、またあまり興味もないので、あとは学者たちに任せます。

（2）人間は「生きる魂（in animan viventem）」、つまり「生きもの」とされましたが、神の目的は人間を「生ける霊（in spiritum vivificantem）」、要するに「命を与える霊的なもの」にすることだったとパウェルは言っています（コリント前15・45）。「生きる魂」とは六日目に創られた人間です。「命を与える霊」とはハリストスによって新しく創られた、七日目に完成された人間です。「生きる魂」という表現は命と動きを受け取る人間の受け身の状態を暗示します。「生ける霊」とは生命を与えるエネルギーです。

人間は命で満たされた器から、命を与えるエネルギーで満たされた器になります。

ここではまだ神の意図は隠されています。創造にも救いにも過程があります。神の計画を瞑想する人はイコンにおけるように、時間と空間の遠近感覚を離れて全体を見渡せます。それは現実から逃げることではありません。みことばを思い巡らす人は自分がまだ創造の途上にあることをよく知っていて、その過程の苦しさを受け入れる覚悟を持っています。

（3）息とは何でしょうか。聖神《せいしん》（聖霊）です。聖書ではほとんどの場合、聖神は風の気配を伴っています。生まれる直前の教会は何だったでしょうか。乾いた土だった人々がハリストスの言葉によって良い土になり、十字架と復活というできごとで形づくられ、ついに五旬祭（ペンテコステ）の日に、聖神の息によって命を与えられたのです。使徒たちの前身は漁師や徴税係、ゲリラ兵などでした。彼らはみなプライドが高く頑固でなかなか信じず、すぐに怒り自分の意見に執着しました。つまりシナゴーグのみことばに十分潤されていない乾いた土でした。みことばであるハリストスは彼らを少し柔らかくしましたが、十分に浸透したとは言えませんでした。悲しく理解しがたいできごとが彼らを砕かなければなりませんでした。そしてそれが彼らを形づくったのです。頭《かしら》でありたかったペテロは主を裏切って自らを砕き、そして主の赦しを発見することによって、やっと形づくられました。

最後の晩餐の部屋に集まってマリアを囲んだ時、彼らは聖神の息吹を受ける準備ができていました。雷鳴をとどろかせながら息吹が部屋に入った時、この形づくられた土は教会となりました。これは二千年前のエルサレムに起きたことです。しかし今日もまた各々の共同体、信者に起こっていることです。

（4）原文に戻ると、神は土の人の鼻に命の息を吹き入れたとあります。神の息とは書かれていません。私たちが今まで瞑想してきたものより、はるかに淡々としています。その息は命であり、人間は他の動物と同様にそれをいただいていると感じられます。

「なぜ無理をして、あらゆる言葉に偉大なメッセージを読み取ろうとする必要があるのか。信心深い人が聖書を瞑想すると、なぜ何もかも大げさにしてしまうのだろうか」と言う人もいるでしょう。パウェルの言葉「最初の人アダムは生きた者となった……。しかし最後のアダムは命を与える霊となった（コリント前15・45）がなかったならば、この批判に反論できなかったかもしれません。しかし聖書は一つの有機体です。そこで描かれた図面はバラバラにはできません。パウェルの言葉が創世記の言葉を内側から照らしていると言えるでしょう。

8節　主なる神は、東の方のエデンに園を設け、自ら形づくった人をそこに置かれた。

神は人間のために東方に園を設けました。「地上のパラダイス」（地堂）と呼ばれる園です。パラダイスはペルシャ語で庭を意味し、豊かな水と緑に恵まれた心地よいところです。神は人間に最高の場所を準備しました。そこで人は神とともに神の思し召しのままに暮らしています。エデンは東方の国の名のようでもあり、設けられた園の名のようでもあります。ヘブライ語には「エデン」と同じ響きを持つ言葉があり、「楽しみ」を意味します。

9節　主なる神は、見るからに好ましく、食べるに良いものをもたらすあらゆる木を地に生えいでさせ、また園の中央には、命の木と善悪の知識の木を生えいでさせられた。

人間をエデンの園に置く（15節）前に神はまず、いろいろな準備をします。見て美しく、食べておいしい木々を植えました。園の中央には命の木と善悪の知識の木がありました。二本とも園の中央にあります。「命の木」はここと第３章の終わりの方にしか出てきません。その間にエデンにおける、人とその女の物語があります。エデンで人が失敗する話です。しかし、命の木は最初と最後だけに語られるので、失敗の話には巻き込まれません。ただ守るべき貴重なものとして述べられています。一方、「善悪の知識の木」には多くの問題があります。

10節　エデンから一つの川が流れ出ていた。園を潤し、そこで分かれて、四つの川となっていた。

エデンを潤す川は四本の川に分かれ、園から流れ出ていました。その中の二つの川、チグリス川とユーフラテス川はよく知られています。しかしここでは、ある具体的な地域を流れる特定の川というよりは、より広く世界的なものを表現しているように感じられます。四という数字は世界を示すので、エデンから流れ出る水は全世界を潤すことになります。聖師父によれば四つの川は四つの福音書を示唆しています。楽園の水はなんと豊かでしょう。水、木々、豊かさが楽園から世界へとあふれ出ます。このイメージが祝福のように広がって行きます。

11・12節　第一の川の名はピションで、金を産出するハビラ地方全域を巡っていた。その金は良質であり、そこではまた、琥珀の類やラピス・ラズリも産出した。

最初に述べられるピション川についてはよくわかっていません。この川が流れるハビラ地方も不明です。金や宝石が採れる豊かなところです。インダス川だろうと言う人もいます。アレクサンダー大王からマルコ・ポーロまで、奥深い東方は常に黄金のイメージに包まれていました。

13節　第二の川の名はギホンで、クシュ地方全域を巡っていた。

二番目の川の名はギホンで、エチオピア（クシュ）と思われる国を流れています。おそらく、昔はエジプトのナイル川とは別だと考えられていた「ヌビア」のナイル川のことでしょう。

14節　第三の川の名はチグリスで、アシュルの東の方を流れており、第四の川はユーフラテスであった。

第三と第四の川はよく知られているメソポタミアの川です。まず遠方の川（東と南の二つの川）を述べたうえでなじみ深い川を語ることで全世界を表現したかったのでしょう。

15節　主なる神は人を連れて来て、エデンの園に住まわせ、人がそこを耕し、守るようにされた。

アダムが置かれた楽園とはこのようなものでした。すでにすべてが与えられていたのです。アダムは働き、園を守らねばなりません。園だけではなく、園から流れ出る水によって生かされる世界全体に対して大切な奉仕があります。創造はまだ終わっていませんが完成は間近です。全体が見えてきます。水、木々、くだものがあります。人は神の思し召しのまま、わずかな仕事と奉仕で、創造主の贈り物を守ります。

16節　主なる神は人に命じて言われた。「園のすべての木から取って食べなさい。

神はアダムに話しかけます。初めてのことです。「どの木の実も食べてよい」。神の贈り物は無限です。どの木の実も食べられます。すべてが人のものですが、人自身は自分のものではなく神のものです。神の贈り物の限界は贈り物にではなく人間にあります。アダムはこの事実を悟らねばなりません。しかし、外から制約されているとばかり思っているなら、限界が自分の内にあることを人間はどうやって発見できるでしょうか。

17節　ただし、善悪の知識の木からは、決して食べてはならない。食べると必ず死んでしまう。」

（1）神は人に善悪の知識の木を制約として設けました。人は究極的に何が善く何が悪いかを知ることができません。なぜなら神のみが善いのであり、人は自分の力で神を知ることができないからです。

ある若者がイイススを「善い先生」と呼んだ時、イイススは「なぜ私を善いと呼ぶのか。神のみが善いお方なのだ」と彼を叱りました。人は神の言葉を聴き、答えることができます。その時に人は、神がご自身を示す分だけ神を知るようになります。神の愛と赦しを体験した人でも、どれほど心から神を愛していたとしても、神がご自分を示した以上に神を知ることはできません。人間は自分の理性と知性で神の存在を知り得るという人もいますが、「神の存在を知る」ことが「神を知る」ことではありません。それは神に対する人間の限界です。創られたものとして当然の限界です。被造物はその限界から出るなら落ちます。自分を支えているのは自分のエネルギーではなく、創造主のエネルギーなのですから。神が掟を定めたのは、人が自分に従うかどうかを試すためだと考えてはなりません。神はそんな意地悪な教師ではありません。確かに、神に背けば死ぬという「脅し」に聞こえなくもありませんが、死は罰ではなく限界を超えたことによる避けられない結果なのです。

死は創造されたものとしてではなく、人の行動の当然の結果として世界に入りました。神はこの結果をそのまま受け取ります。死を承認するのではありません。人の自由な行動の結果として受け取るのです。神の愛を重荷として逃げだそうとするなら、人は自分自身に死を招いてしまいます。しかし神は人の死を受け取りながらも、死に打ち勝つ方法をご存知でした。ハリストスは「死者とともにいる」という生き方によって死を滅ぼすでしょう。あの方は「インマヌエール」「私たちとともにいる神」なのです。神は友として人と語り合いたいと望み、人に自由を与えました。自由がなければ愛はありません。しかし自由は諸刃の剣です。注意を払って取り扱うべき貴重品です。

(2) ラテン語とギリシャ語の訳には、「死によって死ぬだろう」という言い方があります。「死」と「死ぬ」を並べたのがいかにも古代の表現ですね。現代の学者は「間違いなく死ぬだろう」という意味に解釈しています。映画「ミッション」を思い出します。パラグアイでインディオたちに誠実に尽くすイエズス会の宣教師たちが、国家間の政治的な思惑に巻き込まれて命を落とした後、こんな科白《せりふ》がでてきます。「死んで生きる人がいれば、生きて死ぬ人もいる」。それを聞いた時、次の福音の言葉を思い出しました。「自分の命を救いたい人はそれを失い、私のために命を失う人はそれを見つけるだろう」。いずれにせよ人は命を失いますが、命を失いながら失う人もいれば、見つけながら失う人もいます。言い換えれば、死で死ぬこともあれば、死で生きることもあるのです。アダムは死ぬ運命にありましたが、シリアのイサクが言うように、彼の死はひとつの過ぎ越しでした。「死」という危機を通って命に入ったのです。始まりのあるものにはいずれ終わりが来ますが、創造主の愛により「恩寵の世界」で新しい命に入ります。それが「死んで生きる」ということでしょう。「死んで死ぬ」とは夜、乗り換え予定だった電車に遅れ、人気のないプラットホームで途方に暮れるようなものかもしれません。

神の計画によれば「死」とは六日目から七日目への通り道、人生の安息日と言えます。なぜなら以前瞑想したように、人がいかにうまく生きたとしても、活動を停止し徹底的な受け身のなかで神の働きにゆだねる時を通り過ぎなければ、天の国での完成には至らないからです。それはアダムにとって死でした。死というよりも通り道だったのでしょう。アダムは死で死ぬことなく、「死」を通って生きたのです。死で死ぬとは被造物として当然の限界から超えて出ることでしょう。それは神から遠く離れて落ちるということです。罪に入ることです。またギリシャ語の「罪（ハマルティーア）」の語源から考えると、「的をはずす」ということです。

18節　主なる神は言われた。「人が独りでいるのは良くない。彼に合う助ける者を造ろう。」

（1）神はまた言いました。「人が独りでいるのは良くない、彼に合う助ける者を創ろう」。

一人ぼっちの人は他人から恐れられ、自分も一人でいることに恐怖心を覚えます。この怖さが、人は一人でいるために創られたのではないことを証明しています。常に誰かと一緒にいなければならないという意味ではなく、特定の共同体やグループに属すべきだという意味です。

工場や会社で働けばよいというわけではありません。職場はグループにはならず人は孤独なままです。これは日本ではありがちのことです。結婚すればよいというわけでもありません。家族も一つのグループに属す必要があります。昔の人にとって一つのグループに属するとは地域のグループというより霊的なグループに属すことでした。このようなグループの団結力の源は宗教とその伝統にあります。同じグループの仲間は兄弟姉妹のようなもので、親族や家族以上に結びつきが強いのです。西ヨーロッパ型の近代国家とユダヤ教、イスラム教、正教、ヒンズー教、チベット仏教、シーク教などの昔ながらの民族共同体は混じり合い共存していますが、時にはこの複雑さの中で均衡が崩れることもあります。フランスではムスリム女性のスカーフが禁止されました。近代国家ユーゴスラビアの崩壊は民族をそれぞれの伝統的な世界に戻しました。

私個人としては近代、現代の西洋文化がもたらした社会的かつ霊的な大混乱は、特に個人主義と功利主義によるものだと思います。私たちキリスト教徒はこの偽文化に抵抗せねばならないでしょう。その点においてイスラムは模範的です。

キリスト教の世界は十二使徒を礎としています。彼らはハリストスの死と復活を目にした証人です。この礎の上には二本の柱があります。柱の一本である殉教者たちは自らの血によってあらゆる「世俗的な」権力に対するハリストスの勝利を証明しています。もう一本の柱である砂漠の修行者たちは孤独を通して復活したハリストスの内にすべてのものの交わりがあることを証明しています。ハリストスの復活は人と人の交わりの基礎です。

（2）「人が一人でいるのは良くない」。ある一人ぼっちのヒーローをテーマにしたアメリカ映画があります。自分の馬と武器を友として誰にも頼らず、自分の正義感に従って悪人と戦い、ある女が彼を引き止めてもまた一人で去って行きます。私たちに背を向けて立ち去るこの男はしかし、一人ではありません。みな（観客も含んで）の共感を得るからです。また同僚や上司と意見が対立し、形勢不利でも怯むことなく犯罪事件の真実を追究する

「一匹狼」的な刑事もよく映画に登場します、彼らの姿に私たちは共感を覚えます。彼らも一人ではありません。

やや現実離れしたこれらの映画がもてはやされるのは、何を語っているのでしょうか。こういうことではないでしょうか。つまり、現代社会はそれを大きく特徴づけている群居性《ぐんきょせい》（gregariousness）を忌み嫌っているということです。群居性とは集団の一番強い者に、または一番強い集団に自分を合わせて依存する精神のあり方です。人は集団に属することで安心し、自分の目で見たり頭で考えるのを放棄します。西洋型の現代文化は群居性を嫌いますが、この「群居性」が大きく広がってきた原因が自らのうちにあることに気づいているでしょうか。

むろん、どの時代にもどの社会にも群居への傾向はありますが、宗教的真理と信仰が集団を結びつけるならば、いつも必ず誰かが真理の名のもとに異を唱えます。その人は弱くともその声には重みがあります。真理は集団を超え、またその力でもあるからです。

一方、宗教的真理が集団を一つにまとめる中心的な力などではなく、個人の良心の声にすぎないならば、集団を結束させるものは力や権力か、マインド・コントロール（Mind control）や錯覚などになります。すると群居性が増大するのに都合よい環境が生まれてしまいます。

一人ぼっちの人は群居性を持ち、孤独を怖がるために群居したがります。一人ぼっちの人は大きな宗教に属さないので、自分の内に宗教的な根本を持ちません。もちろん個人的な良心はありますが、自分の良心を養い、それに従う英雄的な人は稀です。すべての人に立ち向かうほどの英雄はなおさら稀な存在です。

新興宗教の宗派に属せばよいわけではありません。こういった宗派も群居性を生み出します。なぜなら全真理を持っていると主張し、唯一の救いの道であると思い込ませようとするからです。そのような宗派はメンバーをマインド・コントロールで縛り、他のグループに対して閉鎖的になることで群居性を生むのです。

このタイプの新興宗教は、まさに現在の西洋型社会（または日本のように欧米型の生き方を全面的に取り入れた国）

に多く生まれるのです。たとえば日本の一宗派だったオウム真理教はロシアで多くの信者を作りました。宗教の根を断ち切ったソビエト体制では真理に飢え渇いた一人ぼっちの人々の群れが生まれました。そんな人々の心にこの宗教は忍び寄り信者を増やしたのです。そこでロシア正教会は政府に、二百年以上の伝統のない共同体を宗教として認めないように求めました。

「彼に合う助ける者」。基準はアダム自身です。彼に合う、彼に似た助ける者でなければなりませんが、合う、似るとはどういうことでしょうか。後で見えてくるでしょう。アダムは自分に合う助ける者をどこにも見つけられませんでしたが、神がその助ける者を創ってアダムに見せると彼は心から喜び、声を上げました。アダムに合う助ける者を見たら、一人ぼっちの人とは何であるか、私たちももっと理解できるかもしれません。

19節　主なる神は、野のあらゆる獣、空のあらゆる鳥を土で形づくり、人のところへ持って来て、人がそれぞれをどう呼ぶか見ておられた。人が呼ぶと、それはすべて、生き物の名となった。

動物も人間のように土で形づくられましたが、彼らへの神の息については述べられていません。ここでは人間が神を助ける者のようです。人はあらゆる動物に名を付け、神はその名を受け入れます。どんな基準で人が動物に名を付けたかはわかりません。人が自分に合う助け手を見つけられなかったことを思えば、人が自分にどれほど似ているかという視点から名付けたとも思われます。しかし、おそらくアダムは神の助手として、そのような自己中心的な基準ではなく、驚きと喜びを持って動物を見、それぞれの本質に合わせて名付けたのでしょう。

この節の中では、人の動物へのある種の支配も、動物とのある種の友愛も、ともに読み取れます。みな同じく土でできたものです。人間は一つの動物ですが、見つからない何かを探しています。何かはよくわかりませんが、自分の中にある空《くう》を満たしてくれる何かを探しています。どんな空か彼にもわかりません。引き寄せられ、引き寄せられるままに動くこと。しかし獲物にはならないこと。自分の空を発見すること。空《くう》への入り口を見つけるのはすばらしいことです。

20節　人はあらゆる家畜、空の鳥、野のあらゆる獣に名を付けたが、自分に合う助ける者は見つけることができなかった。

アダムにとって、自分を助ける者が同じ土で創られていることは重要な接点ではありません。神の息吹という共通点があればいいのでしょうが、アダムは神の息吹が何であるかを知りません。

21節　主なる神はそこで、人を深い眠りに落とされた。人が眠り込むと、あばら骨の一部を抜き取り、その跡を肉でふさがれた。

陶芸家のように人を形づくった神は今、外科医になります。神が麻酔をかけたと言いたくなる人もいるでしょう。しかし神の手術に痛みがあったかどうかは述べられていません。シリアのイサクは、アダムを襲ったこの眠りと、神と契約を結んだ時にアブラハムを襲った眠りを並べて見ています。イサクはその眠りを無我と呼びます。アブラハムは夢の中にいるような状態にあって、自分の子孫がエジプトで強制労働をさせられ苦しんでいるのを見ました（創世記15・12以下）。アダムが何を見たかは書かれていませんが、この眠りはトンネルへの入り口のようです。電車が山の奥深くを走るように、人間が暗闇や無理解の中にいて、あらゆる活動が不可能になった時、神は特によく働きます。人間が無力の時にこそ神は働くのです。

神は多くのことをなすために人に協力を求めますが、より大切なことをなすためには、反対に忍耐を要求します。神のなすことは人間の理解と意志を超えています。そこから、神を愛する人にとって鬱《うつ》の時期が逆に恵みの時となることもよくあります。しかしそれはトンネルから出た時に初めてわかることです。

(1)神はアダムの胸を開いて肋骨を引き抜き、その跡を肉でふさぎました。手術の跡は残りませんでした。一見、何も変わっていませんが、実は人の体内にあったものが取り出され、人の外に客観化されました。アダムにとっては、それは自分の肋骨でしたが、神にとってはこれから形づくるものの材料です。この肋骨は形があるようでないものです。アダムも足りないものを探していた時は、形があるようでまだありませんでした。

神はこの足りないものをアダムの胸から取り出し、形づくりました。目覚めたアダムがそれを見るとき、彼にとって内面と外面が一致するように創ったのです。手術の跡を彼の体に残さなかったのはそのためです。それは調和を乱すような外部から受けた傷ではありませんでした。外から治されましたが、むしろ内部の傷で、内にあったもののおかげで治ったのです。そして、さらに深い調和が生まれました。

神のこの知恵を前にする私たちは感嘆するほかありません。

内的な傷、言い換えれば何ものかによって満たされ、癒されることを待つ傷を持つものとして創られた人間は、その傷ゆえに調和に達し、さらに外の世界をその調和に引き入れます。調和とは内面と外面の相互の交わりです。外の世界を内部に取り入れ、霊的なものとして外に出します。(あらゆる芸術家、宗教家、政治家などがそうします)。内なる世界を外部に出すことによって、正しく判断できるようになります。なぜなら内的なものが必ずしも霊的であるわけではないからです。

しかし内的世界と外的世界の間には調和と交わりだけではなく、汚染された状態もあるかもしれません。それは内的で主観的なものを外的で客観的なものと見なすことです。または内のものと外のものの混同です。自己中心的な行動、利益第一主義や偽善的な振る舞いはこのようなものでしょう。外のものを内的なものと見なすことも汚染です。外から押し付けられたイデオロギーや宗教、社会的しきたりを頭から信じ込んで行動すれば汚染が生じます。多くの場合、表面的には強要がないように見え、むしろ自由が強調されます。しかしこの強要は装われた自由の背後で相互の評価や批判が支配している環境に息づいています。たとえあからさまに評価や批判が表現されていなくても、それらがあるだけで、すでに汚染が生じてしまっていることがありがちです。

「使徒たちの宣教」の第五章はアナニアとセフィラのことを伝えています。エルサレムの最初の教会共同体では、信者が畑や家を売って得たお金を十二使徒のもとへ持って行くという、その時期に特有な現象が起こっていました。そのお金は共同体内の貧しい人々のために用いられたり配られたりしていました。これは信仰の熱と喜びから来るまったく自由な行動でしたが、不動産を持つ人の中には重圧を感じる人もいたでしょう。アナニアとセフィラは自分の不動産を売って使徒のもとへ持って行きましたが、全額を渡すふりをしながら、一部を自分たちのために隠しておいたのです。ペトルにその欺きを見抜かれとが咎められた二人は使徒の目前で倒れ死んでしまいました。厳しすぎる罰だと思いますか。

この話は私たちに汚染の深刻さを教えてくれます。信者が聖神《せいしん》（聖霊）の働きに動かされて自由に喜んでしていたことを、アナニアたちは不自由な心で外面だけをまねたのです。教会の汚染です。

汚染は社会の中で「普通」の状態です。そのために多くの若者が深い不調和の中で育ちます。熱狂、過激主義、人種的偏見、優越感と劣等感、迷信的恐れ、偽善、強迫観念、自己破滅的な行動、自己弁護、鬱《うつ》と躁《そう》、頑固さ、無鉄砲、臆病、引きこもり、おせっかいなど……、このへんで止めておきますが、まだ五〇ほど並べたいくらいです。すべては汚染によって生じる不調和です。

(2)汚染は人の内側から来ます。私たちは外部から来ると思いがちです。イイススははっきり言っています。「外から人の内に入るもので人を汚すものはない。人の心から出るものこそ……」外をも内をも汚すのです（マトフェイ15・18）。汚染された外のものが人の中に入って人を汚すのです。それは誘惑、圧迫、つまずきなどです。

汚染の仕組みについては聖師父たちが様々に語っています。彼らによれば、人の心の中で熱狂的な思いが単純なイメージや思いに結び付くと汚染が起こります。五感によってとらえられた外部のものは、イメージや思いとして人の内に宿っています。それは楽しいか苦しいか、共感か拒否か、いずれかの反応を起こします。この反応自体は自然なもので感知したものを汚染しません。しかし習慣的で熱狂的な思いになれば、すなわち、あるものを所有していたいとか、追い払いたいという思いに常に支配されていると、その思いはもう単純ではなく、情念となり環境を汚染します。

宮沢賢治が同様のことを言っていました。「あらゆることを、自分を勘定に入れずに、よく見聞きし、分かり、そして忘れず……」。賢治がこんなに簡単な言葉で言っているなら、あえて難しく言いかえなくても……、そうおっしゃるかもしれませんね。でも私としては、聖書を思い巡らしながら聖師父の思いに添い、自分なりに紹介したいと思います。どうぞおつきあいください。

情念に満ちた思いが望みの対象になると、人は錯覚されたものや偽りに染まったものを求めるようになります。理性は望みが現実的なものか、適切であるかを判断するはずですが、情念に満ちた思いに押されて、誤った判断を下しかねません。理性は不適切な望みに力を貸して、見せかけの合理性を与えることもあるのです。こうして環境はますます汚染されます。

多くの場合は、情念に染まった望みが理性の判断を無視し、理性に反して人を動かすのです。この汚染の波を止めることができる最後の力は知性です。知性は物事の外面を見透かして内側を読むことにより、見かけに惑わされずに、もっと安定した判断ができるはずです。知性が正しく機能している人は、汚染された思いの津波に簡単には流されません。残念なことに、知性もたびたび汚染されます。物事を内から読もうとしても、情念に汚染された読み方をしてしまうこともあります。たとえば、人種差別主義や民族主義のイデオロギーは外国人への憎しみを正当化し、暴力的な行動さえ正当化することもあります。

そのため、時代や社会を汚染するような哲学や見解や「常識」もあり得ます。そして、実際にあるのです。

この過程の始まりには情念に染まった思いがあります。

現代の世界も（どの時代でも）汚染されているのですが、どうしたら自分を、また人をも守れるでしょうか。そのためには、自分の内に宿った汚染された思いから情念を取り除かねばなりません。こうすることによって思いは単純になり、ものと人の自然な姿を映します。単純な思いによって自然はありのままに人の内に宿り、人は敬意を持ってそれを迎えます。単純な思いはただの鏡ではなく、むしろ「愛的思い」と言うべきでしょう。尊敬の念を抱いて現実を受け入れるからです。

（３）以上のことを、七世紀の**聖師父**（**マクシモス**、邦訳『フィロカリア』新世社、Ⅲ73p37断章）はこのように教えています。

・「**人間的なものを愛さない人は、すべての人を愛するであろう。そして他の人に対して、彼らのさまざまな過誤によってであれ、疑いから生じる思い**（思惟の想念）**によってであれ、何ら躓かない人は、神と諸々の神的ことがらとについての知を有するのである**」。

（マクシモスが言わんとするのは以下のことです。「人間は人間的なことを愛すると、人を区別してある人を『人間的ではないので』あまり愛さなかったり嫌ったりします。それは当たり前で人間的なことだと思われていますが、実は大変なゆがみです。それに対し、人が神と神的なことを愛すると、少しずつすべての人を愛するようになります。神的な目で人々を見るからです。そして人間はそれに召されているのです」）

・「愛と自制は……知性を不受動な（情念のない）姿に保つ」。

・「諸々な悪霊に対する修道者（読み直して「キリスト教徒」）のあらゆるたたかいは、およそ情念を諸々な思惟から切り離すためのものである。なぜなら、さもなくば彼は、諸々の事物を不受動な（情念から解放された）仕方で見ることができないからである」。

・「情念に捉われた思惟とは、情念と思惟から成る想念のことである。もしわれわれが思惟から情念を切り離すなら、想念は単純なものにとどまる。そしてもしわれわれが意志するなら、霊的な愛と自制とによってそうした分離を成し得るのである」。

・「……それを為すために聖なる愛への熱いあこがれが必要である。それにあって知性は霊的事がらに結ばれ、この世的なものより神的なものを望むようにされるのである」。

・「諸々の情念を切り捨て、単純な思考を働かせる人は、必ずしもすでに神的なものへと心を向けかえてはいない。つまり、そうした人が人間的なものに対しても、神的なものに対しても、何も動かされないということはあり得る。このことは徳の実践だけに集中して、神を知ることにまだふさわしくない人に（ようするに、神的なものの美しさにまだ引かれていない人に）よくある」。

これらを読めば、教会の伝統が勧める理想的な人とは決して無関心で冷たい人ではないことがわかるでしょう。聖師父たちは霊的な伝統を通して、どうすれば環境の汚染や情念に染まった思いから自分と人々を守れるのかを教えてくれます。しかしこの話題はここまでにして、創世記の言葉に戻ります。

22節　そして、人から抜き取ったあばら骨で女を造り上げられた。

主なる神が彼女を人のところへ連れて来られると、

人は自分に何が足りないのかを知りませんでした。人の無知と、神が彼のために準備している「良い知らせ」の間に、彼の眠りがあります。神は驚くべきすばらしい贈り物を人のために準備します。人が考えたこともない、想像すらできないものですが、彼の内側にすでに準備されているものです。

神は女をアダムの前に連れて行き、紹介します。

23節　人は言った。「ついに、これこそ、わたしの骨の骨、わたしの肉の肉。これをこそ、女（イシャー）と呼ぼう、この男（イシュ）から取られたものだから。」

アダムは女を見た時、何の疑問も抱きませんでした。探していた「助ける者」とはこれだったのです。アダムの言葉には大きな感嘆があります。この確固たる認識はどこから来るのでしょう。アダムの内心からにちがいありません。二本の足で立っているこの動物が、今まで見た中で一番自分と似ているからだけではありません。彼は彼女を「わたしの骨の骨、わたしの肉の肉」と呼びます。自分が眠っている間に、神がどのように彼女を創ったのか見ていなかったのに。彼女に自分自身を見い出し、自分に彼女を見い出したのです。アダムの内部と外部がピタリと合い、彼の心に調和が生まれました。湖に映る山が実際の山と一致するようにではなく、風と風にそよぐ枝が共鳴し合うようにです。しかし、このイメージはまだ不十分です。

（1）いったいなぜ神は人間の内に「自分に合った助ける者」を望む心を入れたのでしょうか。この望みは性的な憧れだけではありません。他の動物にもこの憧れならあります。そして彼らのために神は初めから雄と雌を同時に創ったと思われます。最初に創られた時、動物たちが寂しがっていたとは書かれていないからです。

人間だけがまず男として創られ「助ける者」を探し求めます。しかしついに見つけられなかった彼に、神は女を与えました。それはなぜでしょうか。しかも眠らせてからあばら骨を抜くという方法で。

聖書には偶然に書かれたことはありません。だからそこには何かがあるはずです。まだ見えない意味が泉のように上がって来ています。そしてしかるべき時に湧いて来るでしょう。地下の川が岩から湧き出るように。

今ではこの地下の川が湧き出て大きな川となったので、この川をさかのぼらねばなりません。川がまだ地下を流れていて見えなかった時に書かれたこの言葉を理解するために。

互いに引き合い、また退け合う物体。宇宙がばらばらにならないように一つにまとめる磁界。物理の世界に存在するものが生物の世界にも、種の保存のための性的憧れとしてあります。もちろん人間にもあります。

神がアダムに行った手術は、すでにあったこの宇宙的な引き合う力が神の深い意図によるものであることを啓示しています。神がアダムにふさわしい助ける者を創ろうと決心するのは18節ですが、実行に移されたのは22節になってからでした。

なぜ遅くなったのでしょうか。この二節の間には動物の創造とアダムによる名付けがありました。アダムが動物たちを見て名を付けた際の共感と想像力は、宇宙をまとめるあの力と無関係ではありません。

宇宙は一つの体であり、内面（ミクロコスモス）は外面（マクロコスモス）を見て自分に似ていると喜び、外面は内面を見て自分の起源を発見する有機体です。アダムは女を見た時、これを驚くほどすばらしい言葉で言い表しています。「自分に合った助ける者」を見つけたアダムは喜び、新しい目で宇宙を見渡します。動物にもっと親しみを感じるようになります。存在しているものを結びつける有機的組織が友愛となり、まるで宇宙全体が一つの共同体です。創造された世界に愛と喜びが加えられています。

この偉大な愛の交わりは教会と呼ばれます。エクレシア（Ecclesia）、全世界の大集合。世を愛に満ちた広い集会として創造すること。それこそが（アダムの胸から女を創造したことから現れる）神の意図です。この意図はまだ種の状態にあります。しかし、「大きな木になるだろう」とイイススは言いました。「そこでは天のすべての鳥が巣を作ることができるだろう」（マトフェイ13・31参照）。

（２）小さな共同体だった教会は最初から自らを「新しいエヴァ」「生きるものたちの母」と認識していました。教会は自分がしみもしわもない美しく清いものとして、ハリストス（キリスト）の胸の傷から生まれたと認識していたのです。ハリストスは自分のために身を渡し、今も渡し続けています。パウェルが「エフェスの信徒への手紙」の中に書いているように。

「酒に酔いしれてはなりません。それは身を持ち崩すもとです。むしろ、霊に満たされ、聖詠（詩編）と賛歌と霊的な歌によって語り合い、主に向かって心からほめ歌いなさい。そして、いつも、あらゆることについて、わたしたちの主イイスス・ハリストスの名により、父である神に感謝しつつ、ハリストスに対する畏れをもって、互いに仕え合いなさい。妻たちよ、主に仕えるように、自分の夫に仕えなさい。ハリストスが教会の頭であり、自らその体の救い主であるように、夫は妻の頭だからです。また、教会がハリストスに仕えるように、妻もすべての面で夫に仕えるべきです。

夫たちよ、ハリストスが教会を愛し、教会のために御自分をお与えになったように、妻を愛しなさい。ハリストスがそうなさったのは、言葉を伴う水の洗いによって、教会を清めて聖なるものとし、しみやしわやそのたぐいのものは何一つない、聖なる、汚れのない、栄光に輝く教会を御自分の前に立たせるためでした。そのように夫も、自分の体のように妻を愛さなくてはなりません。妻を愛する人は、自分自身を愛しているのです。わが身を憎んだ者は一人もおらず、かえって、ハリストスが教会になさったように、わが身を養い、いたわるものです。

わたしたちはハリストスの体の一部なのです。『それゆえ、人は父と母を離れてその妻と結ばれ、二人は一体となる』。この神秘は偉大です。わたしは、ハリストスと教会について述べているのです。いずれにせよ、あなたがたも、それぞれ、妻を自分のように愛しなさい。妻は夫を敬いなさい。」（エフェス5・18～33）

キリスト教徒が主の復活を歌い奏でる日曜日の集会について、パウェル（パウロ）が話している場面です。「酒ではなく、聖神《せいしん》（聖霊）によって酔い、歌うように」と言い、「互いに仕え合うように」と言います。この仕える（訳によっては「従う」）という言葉は、集会のあり方を集約しています。主が「仕える方」としていらっしゃるからです。同時にこの「仕える（従う）」という動詞は、家庭のあり方に対する訓戒の導入となっていて、その表題でもあります。

実はこの二つの訓戒は別のものではなく、二番目（家庭のあり方について）の方が一番目の内に含まれているのです。上に引用したギリシャ語の文章の構成が示すように、「互いに仕え合いなさい」とは、キリスト教徒の生き方を要約しています。集会、家庭生活、どんな時であれ。この訓戒は信徒に、主教に、父や母に、子や奴隷にと、あらゆる人に向けられています。おのおのの人が自分の立場で他の人に仕え従うべきです。立場によって方法は違っても、確かに従うべきです。それこそが一致の固い絆です。

パウェルはすぐさま「仕えなさい（従いなさい）」と女たちに言い、そして「ハリストスゆえに」と加えます。つまり、すぐ前に使った動詞を繰り返すことで、上の話の続きであることを強調しているのです。そして男たちに「あなたの妻を愛しなさい」と言いますが、ここでも「妻に仕えなさい」と言いたいのです。それこそ訓戒全体の題なのですから。男の場合には「仕える」「従う」とは別の表現、「ハリストスが教会にしたように、妻に自分の命を与える」と表されます。「命を与える」とは、まさにハリストスの「しもべの姿」です。「人の子は仕えるために、また、自分の命を捧げるために来た」と主がはっきりと言うように（マルコ10・45）。

ハリストスの生き方は、まさに「仕える」なのです。このパウェル（パウロ）の言葉から、男は命令し女は従うものだと決め付けてはなりません。許されない歪曲でしょう。パウェルは奴隷制度を含め、その時代の家庭生活のあり方を受け入れます。道徳家でも社会学者でもありません。パウェルは家族ではなくハリストスと教会の話をしているのです。使徒です。そして自分がハリストスと教会について述べていることが、おそらくエフェスの信者には理解できないとわかっています。そのため、「いずれにせよ」、つまり「わかったにしろ、わからなかったにしろ、男たちは妻を愛し、女たちは夫を尊敬するように」と締めくくります。

パウェルにはそれで十分なのです。彼は道徳家ではなく、福音を伝える者として、皆がすぐに全部を理解できるわけではないとわかっています。彼は（エフェスの人にも読者にも）次の一点だけは知ってほしいのです。この神秘は偉大で、私たちは（わかるにしろ、わからないにしろ）その中で生きていることを。

（3）パウェルが創世記二・二三〜二四節を解釈するこの「エフェスの信徒への手紙」は最初から、教会の自己認識の基本となりました。

ヨアンネス・クリュソストモス（金口）。

「兵士の槍がイイススの胸に傷を開けた。すると見なさい、ご自分のわきの傷からイイススは教会を設立した。昔アダムから最初の母なるエヴァが形づくられたように。そのためにパウェルは『われわれは彼の肉、彼の骨からなっている』と言う。ハリストスはその胸の傷から水と血をくださった。それで教会を創ったのだ」。

ヒッポリュトス。

「今は涸れることのない大河が流れている。この川から四つの川が生まれ、全世界を潤す。それは教会で見られることだ。ハリストスは大河で、四つの福音書によって全世界に伝えられているのだから。全世界に広がりながら、ハリストスは自分を信じるすべての人を聖なるものにする。『その腹（心とも読める）から川（複数）

が湧き出るだろう』と預言者（福音記者イオアン（ヨハネ））**が語ったように」。**

ヒッポリュトスの師であったエイレナイオスは、福音者イオアンから直接に学んだポリュカルポスの弟子でした。リヨンの主教だったエイレナイオスは異端者についてこう書き記します。「教会があるところには、聖神《せいしん》（聖霊）がいる。聖神がいるところには、教会とその恩寵がある。聖神は真理である。したがって、この聖神に属さない者は母なる教会の胸に養われることはなく、ハリストスの胸から湧き出る澄んだ泉の水をも飲めないだろう」。

エフェスでキリスト教徒となったユスティノス。

「われわれキリスト教徒は真のイスラエルである。岩から湧き出る泉のように、ハリストスの胸から出たのだから」。

「シナイとシオンの山について」を書いた無名の人は、北アフリカのテルトゥリアヌスを中心に生きた人々の一人でした。「キリスト教徒の法は、生ける神の子ハリストスの聖なる十字架である。そこで『神よ、あなたの法は私の体のわきにある』と預言者（聖詠39・9）にはある。ハリストスのわきから水と血の飲み物が湧き出た。彼は自分の体から聖なる教会を創り、教会の中でご自分の苦しみの法を保つ。彼はこのように預言した。『渇いている人はだれでも、わたしのところに来て飲みなさい、私を信じる者は。聖書に書いてあるとおり、その人の内から生きた水が川（複数）となって流れ出るようになる」（イオアン7・37、38）。

（4）神はアダムの胸からあばら骨を取り出し、その穴を肉で埋めたので、傷跡は見えなくなりました。つまり傷は外面的というより内面的なものだったのです。ところが、ハリストスの胸の傷はよく見え、その上開いたままです。デドモのフォマ（トマス）が傷に手を入れることができたほどです。

復活はハリストスの傷を、治したのではなく貴重な栄光あるものにしました。なぜでしょうか。神は自分が創ったものによって、外から傷付けられたからです。そのため神の傷は外側にあり開いたままでよく見えます。自分に傷を負わせた人間への愛の表現です。

一方、アダムの傷は内にあります。何もかもが足りない、特に「自分に合った助ける者」に飢えた、被造物としての人間の貧しさから来る傷です。神は人間を教会の贈り物によって癒してくれます。教会は新しいアダムなるハリストスの胸の傷から出たのです。こうして神は人間が神に付けた傷によって人間の傷を治すのです。あの方の傷の上で私たちは癒され、新しく創造され、恩寵の世界に入れられたのです。

アダムは女を「イシャー」と呼びます。「イシュ」（男）から取り出されたからです。名前によって二人が一つであることが表現されています。

24節　こういうわけで、男は父母を離れて女と結ばれ、二人は一体となる。

男と女はその名にも表れている一致のために、男は父母の家から離れて女と一緒になり、二人は一つの肉となります。血筋のつながりはこの一致（一体）に勝るものではなく、むしろ反対です。

この文章が家父長制に支配されていた時代に書かれたことに驚く人もいます。そのような社会では、女は男の家に入るからです。また大昔の母系社会の記憶がここに現れているという人もいます。しかし私たちは、女の創造にハリストスと教会の神秘を垣間見て、しかるべき時にこの神秘が啓示されたと知っています。そして教会共同体によって実現する神と人間の一致は、家族や部族の血のつながりよりはるかに勝るものであると認識しています。ハリストスに召された男や女は父母や妻、夫、子どもや家を後にしてハリストスについて行くのです。ハリストスはそれをはっきりと言います。明らかな形でそれを行う修道士と修道女は、あらゆる人が洗礼によって召される生き方を示しています。

「自分に合った助ける者」を望むアダム（人間）は、無意識の内に神を望んでいるのです。しかし「神その方」というよりも、つまり、本質の中に隠れて見えない「知り得ない神」よりも、「われわれと共にいる神」（インマヌエール）、ハリストス、肉となった神を望んでいるのです。生まれ、死に、復活し、教会を起こし、聖神《せいしん》（聖霊）と「共にいる神」です。

（1）教会はハリストスのように人間的であると同時に神的です。この人間と神の一致について主は「神が一つになさったものを人が切り離してはならない」と言いました。

主は言いました。「あなたたちは読んだことがないのか。創造主は初めから人を男と女とにお創りになった。それゆえ人は父母を離れてその妻と結ばれ、二人は一体となる。だから二人はもはや別々ではなく、一体である。したがって、神が結び合わせてくださったものを、人は離してはならない」（マトフェイ（マタイ）19・4～6）。この最後の言葉はイイススが創世記に対しておこなったコメントです。主は結婚について話していますが（結婚について問われていたので）、実は真の人、真の神でありながら一人の方である自分と教会について話していたのです。教会はハリストスの体であり、この方は頭です。

ハリストスが私たちを創り直しながら「見よ、これはわたしの骨の骨……」などと言ったように、私たちもハリストスを見て同じ驚きに打たれます。私たちはハリストスの聖神によって生き、彼は私たちの肉を持って生きていると悟って驚くのです。私たちはこれを普遍の教会の中に発見します。そしてどんなに小さな教会でも普遍の教会に属しています。

一人の主教に結ばれた個々の教会共同体は、いつも自分を超えて普遍教会に属していなければなりません。家族が地域の教会に属することによって自分を超えねばならないのに似ています（同じではありませんが）。神が人に与える教会は、地域教会（特定の地域にある個々の教会）であると同時に、パルーシア（主イイススの再臨）の時に全宇宙を包み込む終末の偉大な教会です。二つの間に何の亀裂もありません。二つの教会ではなく、一つの同じ教会だからです。教会のあり方は、「一つの、聖なる、公なる、使徒の教会」という信仰宣言の言葉に表現されています。「公なる」とは「カトリック」の訳語です。カトリック教会は「ローマ・カトリック教会」を示すのではなく（ローマ・カトリック教会は中世半ばに教会から離れ、自分に「カトリック」という形容詞を付けました）、ハリストスによって創設され、ペンテコステの日に聖神《せいしん》（聖霊）によって満たされ、三二五年にニケア公会議で自分を「一つの、聖なる、カトリックの（公なる）、使徒の教会」と宣言した教会です。

イシュとイシャーの名前が私たちをはるかかなたにまで連れて来ました。それは二つの一致を示すからです。「一つの」と「カトリックの」という形容詞は切り離せませんが、それぞれを手短に見ていきたいと思います。

（2）教会が一つなのはハリストスは一人で、その妻なる教会も一人だからです。「ハリストスが……教会を清めて聖なるものとし、しみやしわやそのたぐいのものは何一つない……御自分の前に立たせるためでした」（エフェス5・26～27）とパウェルは書いています。

パウェルはこの中でエフェスの教会、コリントやローマの教会に言及すると同時に、終末の教会について語っているのです。教会は「歴史的」つまり私たちが自分の目で見えるものでありながら、「終末的」つまり私たちには見えない、最後の教会でもあります。最後の教会ですが、すでに今ここに存在しています。聖師父たちが口にする「最後」という言葉は連続した時間の中で最も後になることではなく、「決定的」もしくは「実現した」という意味です。神の創造と救いの計画は永遠にさかのぼり、実現も永遠にさかのぼるのです。神の子羊であるハリストスが「永遠から屠られた子羊」と呼ばれるのと同じように。

以前、創造の第一の物語の終わりで瞑想した際に、建築作業員の仕事にたとえられる大変基本的な仕事が成し遂げられたのを見てきました。建築作業員は建物の基礎を固める前に、建物が建てられる予定の位置の両端に二つの点を定めて、糸を水平に張ります。この糸がセメントを流す時の基準点となるのです。

まず私たちは、神が永遠から持つ創造と救いの計画の上にくぎを打ちます。その次に神が永遠から持つ計画の終末的な実現の上にもくぎを打ちます。くぎを打った二点を結ぶ糸を張るなら、それこそが終末の教会の水準、レベルです。

この二点の間に歴史の教会があります。当然のことながら、糸はたるんでいます。私たちが見ている教会は決して終末の教会のレベルに達していません。分裂し、政治や経済の垢にまみれ、スキャンダルさえあります。それでも祈る人、信じる人、また多くの聖人がいます。見える教会は「現実」で、見えない教会の方が「理想」なのではありません。二つの教会ではなく一つの教会なのです。

神の子ハリストスが人々の手に渡されて好き勝手に扱われたように、教会もまた人の手に渡され、人々の手によってバラバラにされています。しかしかけがえのないお方ハリストス、ピラトに渡された死刑囚が神の子であるように、同じく人の手に渡された歴史の教会は終末の教会に他なりません。

（3）キリスト教一致運動（エキュメニカル運動 ecumenical, Ecumenism）が教会の一致を実現したいと望むのは滑稽な話でしょう。教会は一つであり一つでしかあり得ないのです。しかし教会の一致をもっと見えるもの、もっと歴史的なものにしたいのなら、その活動は評価されます。いずれにしろ教会一致とは組織レベルにのみあるのではなく、心と希望のレベルにあるものです。心と希望の一致は、まだ祭壇を囲む完全な一致がなくともあり得ます。お互いに知り、共感を持つだけで十分でしょう。それと同時に、この一致は組織レベルでの一致よりも実は難しいかもしれません。人間は受けた侮辱を忘れず自分の特権を手放さないからです。私の母が「仲良くするのは簡単なはずなのに」と言っていたように。

教会は一つですが、歴史的には多くの教会に分裂していて、これらの教会が同じレベルにないのは明らかです。歴史的に見ると正教会は使徒が設立した教会で、ギリシャ、シリア、ラテンの聖師父によって養われてきました。

「ローマ・カトリック」教会は中世半ばに教会から離れ、教会分裂を引き起こしました。ローマ・カトリック教会は、教会のリトゥルギア（奉神礼・典礼）と霊性の伝統（尽きることのない豊かな伝統）を保ちながらも、教会組織においては新しい機能と姿（ピラミッド型の強力な管理体制）を作り、神学においては哲学を重用し（聖師父中心ではなくなり）、霊的生活においては個人主義と敬虔主義の傾向を強めました。

「プロテスタント教会」はローマ・カトリック教会へのプロテスト（抗議）から生まれました。すでに三百年前から蓄積していた聖職者や中央の支配に対する不満が爆発したのです。この諸教会は信者一人一人の身近にあるはずの神の言葉に直接近づき、みことばを儀式の枠からはずしました。彼らの抗議には一面の真理があり、それは大切な忘れられてはならないものです。しかし結果としてリトゥルギアと霊性の伝統との関係を失ってしまいました。偽マカリオスの説教集のみはピエティスト教会でよく用いられましたが、その他は聖師父の聖書解釈の主要なものしか彼らの間には残りませんでした。このように分裂教会である上に多少とも異端的になりました。

また、英国国教会があります。ローマ・カトリック教会と共通していた伝統を保っています。ローマ・カトリック教会から離れたのち、おそらく組織のあり方としては正教会に最も近い教会となりました。しかし最近のこの教会のリベラル派が進める現代化の流れを見ていると、正教会から離れていくように私には感じられます。

（４）このように歴史的に教会は分裂し、もしくは分裂させられ、支配のための手段として利用され、嘲笑されてきました。しかし終末的には教会は一つです。私たち正教徒はもっとへりくだり、もっと慎重にならねばなりません。なぜなら「最後の人は先になり、先の人は最後になる」と福音書は言うからです。

ハリストスは妻なる教会を愛すると同時にキリスト教徒すべてを愛します。キリスト教徒のみならず、すべての人を愛します。一人ひとりを愛し救うために、まさに教会を設立したのです。祈り、十字架を持ち、呪う人を祝福するように、つまり自分と協力して皆の救いのために働くように。

パウェル（パウロ）は以前は異教徒だった信者たちがイスラエルは退けられ自分たちが選ばれたと思い上がらないように戒めました。彼ら（キリスト教徒たち）は野生のオリーブで、よいオリーブであるイスラエルの枝に接木されただけなのです。良いオリーブでさえ一時退けられたなら、野生のオリーブが退けられる可能性はなおさらあります。しかし神はだれも退けません。神の子イイススは取り除かれた石でしたが、礎石となりました（マルコ12・10）。

人はおのおのがすべき仕事に専念すればよいのです。もしローマ・カトリック教会に福音を海の向こうにまで伝えるように命じたのが神なら、私たちはその宣教方法が侵略的だと咎めることができるでしょうか。またプロテスタントたちに神の言葉の預言的役割を与えたのが神なら、私たちは彼らの厚顔さに不満を持つでしょうか。

私たち正教会には自らの役割があります。教会の組織のあり方を保ち、リトゥルギアと聖体礼儀の心を伝え、聖師父の教えが今日においても理解されるようにし、聖書を聖師父たちの解釈に従って一つの全体として読む真の意味で「カトリック」な読み方をし、絶えることのない祈りの伝統を伝えることが私たちの役割ではないでしょうか。もし正教会がなかったら信仰の源に戻りたい人々はどうしたらよいでしょう。彼らは戻れないでしょう。

現代世界はあらゆることを判断し、計り直すことができると考えているようです。しかし古えの秤《はか》りは、ここ私たちの教会でまだ健在です。私たちの教会は現代世界のわき腹に刺さった棘のようだと言えないでしょうか。

したがって終末的な信仰と精神を養う必要があります。つまり見えないものを見ることです。すべてが去り変わっていくように思われる中で、変わらず去ることのないものを見るのです。

教会は分かれていますが一つです。それぞれの教会が神から求められることを行います。各々の人も同じです。エヴァを見たアダムの驚きや喜び（これはわたしの骨の骨、わたしの肉の肉！）は、私たちが聖体礼儀に集まり、みことばを宣言するごとに感じる喜び（わたしたちは彼の骨から、彼の肉からです！）そのものです。

（5）一つの教会とはカトリックです。二つの形容詞が互いに呼び合います。カトリック性のない一致は全体主義になります。「カトリック」という言葉は教会に限って使われますが、普遍的という意味を持っています。しかし「普遍的」はカトリックの意味の一つにすぎず、最も大切なものではありません。この言葉は、（ギリシャ語の）「カタ」という前置詞と「ホロウ」という名詞で成り立っています。カトーロウ（kat'holou）は「全体」「全体において」「全面的」を意味し、全体と部分の関係を示します。

全体とは「ここにある」とか「これである」と示されるものではありません。局限し得るものでも個別化し得るものでもないのです。一部分によってのみ触れることができるのです。全体が余すところなく各部分に宿っています。全体が特定の部分にしか宿らないなら、部分はもはや全体の部分ではなくなってしまいます。しかし、そうではありません。部分はまさに全体の部分であり、全体がその中に宿ることにより初めて局限され、個別化されます。全体を宿している部分は全体ではなくその部分にすぎません。しかし全体の部分であるがゆえに、自分の個別性を超えて（捨てるのではなく）他のすべての部分との交わりを保たねばなりません。ある部分がほんの一部分であっても自分の交わりから除くなら、もはや全体がその中に宿ることはありません。全体がその部分を追い出すのではなく、その部分が全体から去っていくのです。

このように二つの動きがあります。全体がそれぞれの部分に収斂する動き（シストレ）と、他のすべての部分との交わりを通して全体に戻る拡大の動き（ディアストレ）です。

小さくない大きいものはなく、大きくない小さなものはありません。

教会（「聖神《せいしん》（聖霊）によってハリストスの内で神と一つに結ばれた人類の最終的に完成した姿」と言わせてもらいましょう）は、局限し得ない、個別化もできない全体ですが、主教の元に集まっている各地域教会によって、初めて「ここにある」「これである」と示されるのです。これが「カトリック」教会であり、それゆえ一つで、一つでしかあり得ないのです。そのために、スキスマ（分裂）は教会にとって大変に深い傷です。その一致もそのカトリック性も消えるかのように見えるからです。

（6）カトリックについての聖師父によるいくつかの言葉。

アンティオキアのイグナティオスは最も古くから「カトリック教会」という言葉を使った一人です（1世紀）。「主教のいるところには共同体もあるべきです。イイスス・ハリストスがいるところにカトリック教会があるように」。イグナティオスにとって地域教会の一致は、全教会の一致に基づいています。

「**ポリュカルポスの殉教**」にはこのような表現があります。「カトリックであり世界に広がる全教会」。「カトリックである」と「世界に広がる」という教会を形容する二つの言葉は同じ意味ではありません。「カトリック」には、地理的な面に性格的な面が加わっています。

エルサレムのキュリロスは「カテケーシス」の中で、カトリックという言葉について行き届いた解釈をします。以下の四点です。

①全世界にあるがゆえにカトリックと呼ばれる。

②天のものも地上のものも、目に見えるものも見えないものも、人々が知るべきすべてのドグマを全面的に（カトリコス）、かつ余すところなく（アネッレイポス）教えるがゆえにカトリックと呼ばれる。

③上に立つ者にも従う者にも、教養のある者にも無学な者にも、あらゆる人に真の礼拝を教えるがゆえにカトリックと呼ばれる。

④体と魂（心）のあらゆる罪や病を、総合的に（カトリコス）治療し、治すがゆえにカトリックと呼ばれる。
（フロロフスキイ 二十世紀を代表する正教神学者 「ハリストス・聖神《せいしん》〈聖霊〉・教会」より）

部分に宿っている全体も、他の部分との交わりを保って全体に還る部分もカトリックと呼ばれますが、それはある哲学を前提としています。その哲学は1世紀頃から漠然と存在していましたが、次第に論理的な説明がなされるようになり、七世紀頃には表信者（証聖者）マクシムスによって最終的な形になりました。

哲学とはいえ、基本的に聖書特有の思いを表現しています。イスラエルの遺産を受け継ぐ一世紀の教会にとって、この思いは（当然だったからこそ、はっきりと表現されない）コンセンサスに基づいた、当たり前の世界観でした。

この聖書の思いを次のように言ってよいでしょう。過去も現在も未来も神にとっては同時なのです。

ヘブライ語の動詞には過去も未来もないそうです。その代わりに完成法と未完成法があります。完成法はギリシャ語などで過去として訳され、未完成法は現在、または未来に訳されます。ハリストスが「最後の時に到来するだろう」と言う代わりに、「最後の時に到来する」「今、最後の時に到来しているところです」と言うべきでしょう。つまり、神の業は分けることのできない一つの全体で、二千年前に磔となったイイススは、ペトル（ペトロ）の手紙の中で「永遠から屠られた子羊」（ペトル前書1・19、20参照）と呼ばれ、この屠られた子羊は終末の時に到来すると黙示録は言っています。ユダヤ教のリトゥルギアでも、キリスト教のリトゥルギアでも時と空間はカトリックです。

ハリストスの十字架上での捧げ物は歴史的には二度とない出来事ですが、神の内には永遠からあり、信者が主教の元に集って聖体礼儀を行うどの場所にもどの時にもあるのです。そして聖神《せいしん》（聖霊）とともに、みことばとパンとぶどう酒の姿で到来するイイススを迎えるために信者が一つの場所に集まること自体が、再臨なさったハリストスの前に集まる人々の終末の集会なのです。とはいえ「生ある者と死んだ者」（ニケア信経）の終末の集会がやって来ることは確かなことであり、時が満ちた際に起こる客観的なできごとです。ただし「未来にやって来るでしょう」とは言わず、「今、来るのです」と言うべきでしょう。つまり（読者の頭が混乱しないように言うならば）、神の業はどの時にもどの場所にも、全面的に宿っているのです。歴史の限られた時間と空間の中にいる私たちは聖書を読み、聖体礼儀を行うことによって、神の働き全体を私たちの内部に受け入れます。そして（カトリックな教会の中でのみ可能な飛び方で）時間と空間のへだたりを飛び越えます。同時に私たちの時代と場所から逃げ出すことなく忍耐強くこの時代と場を担います。小さくない大きなものはなく、大きくない小さなものはないと知っているのですから。

出発点に戻ります。「二人は一つの肉となるでしょう」「神が一つになさったものを人間が分けてはならない」「わたしの骨の骨、わたしの肉の肉」。父母から離れ、つまり人間的でしかないつながりの世界から離れ、神が準備なさった贈り物と一つになること。この贈り物は神自身、ハリストスの体の内（教会の内）です。なぜなら、私たちは彼の体なのです。すると長いまわり道のようなこの瞑想はそれほど長くなく、無駄でもないように思われます。私の中でこの聖書の言葉がより重みを帯びてきたのですから。

25節　人と妻は二人とも裸であったが、恥ずかしがりはしなかった。

裸であることと恥じることの間にはどんな関係があるでしょうか。何もありません。しかし人と一緒にいて、自分が裸だと気付くことと恥じることの間には関係があります。

アダムとエヴァが裸であったとは、神がお創りになったままだったということです。神は恥ずべきことを何一つ創りませんでした。聖師父が言うように、彼らは「栄光を着ていた」のです。神が彼らをお創りになった際の、あの愛に彼らはくるまれていたのです。栄華を極めたあのソロモン王でさえ、朝咲き夜にはしおれて枯れ草とともに燃やされる野の百合ほど美しい服を持ってはいなかった、とイイススは言いました（マトフェイ（マタイ）６・25以下）。ソロモンの知恵を聴き、その栄光を一目見ようと南の王国から女王がやって来たほどでしたが。野の百合の美しさ（栄光）さえソロモン王のそれに勝っているのなら、アダムたちがまとっていた栄光はどれほどのものだったでしょうか。にもかかわらず、彼らの栄光はハリストスに身を寄せる哀れな罪人の栄光に及ばないのです。

社会から恥知らずのレッテルを貼られた女たちでさえ、主イイススの御前において恥から立ち直りました。姦淫の場を押さえられたある女もそうでした。捕らえられ、石殺しの刑のために真ん中に立たされていた彼女は、刑の前にイイススのもとに連れていかれました。男たちはあの方に「先生、モーセはこのような女を石殺しにするように命じましたが、あなたはどのように思われますか」と尋ね、言葉尻をとらえようとしました。

イイススは身をかがめて、地面に指で何かを書き始めました。しつこく繰り返される問いに、イイススは立ち上がって言いました。「あなた方の中で罪のない者がいるなら、最初に石を投げるがよい」。そして再び地面に書き始めました。人々は次から次へと立ち去り、イイススと女だけになりました。イイススは「女よ、あなたを訴えていた男たちはどこにいってしまったのか。誰もあなたを裁かなかったのか」と問いました。女が「誰もです、主よ」と答えると、主は言いました。「私も裁くまい」（イオアン（ヨハネ）８章）。その瞬間、女はハリストスの愛と赦しを身にまとったのです。

聖師父が言うように、終末の体の復活の時に人は着る物を必要としないでしょう。アダムの栄光に増す栄光を身にまとうでしょうから。したがって今から簡素で美しいものを身に着けましょう。服の素朴さは神の栄光を今からまといたいと願う心の素直さを表すでしょう。

アダムとエヴァが恥を感じなかったもう一つの理由があるように思います。アダムは女を眺めていた時、彼女の中に自分を見、自分の中に彼女を見ていたのです。女も同様でした。自分の内部と外部に調和があったのです。恥は不調和の印です。調和が破られている今は、体の中で最も恥ずかしい部分を尊び、服で覆うのに対して、最も尊い部分を裸のままにする、とパウェル（パウロ）は書いています（コリント前12・23～24）。

キリスト教徒は「洗礼によってハリストスを身にまとった」と教会は歌います。洗礼後に罪を犯したキリスト教徒は、調和を取り戻すためにもう一人の自分であるハリストスを見るべきです。そうすれば、ハリストスの聖体をいただく前に、司祭に自分の罪を告白するのを恥じることはないでしょう。ところが自分ばかり見るなら、恥を感じ、自分と同じく罪人である人間に告白する決心がつかないかもしれません。

このように恥は二つの印となります。不調和を示し、またハリストスへ視線を注ぐ必要性を示すのです。

第二の物語　創世記　第３章１節～24節

１節　主なる神が造られた野の生き物のうちで、最も賢いのは蛇であった。蛇は女に言った。「園のどの木からも食べてはいけない、などと神は言われたのか。」

蛇が野で最もずる賢い生き物だと言われるのはなぜでしょうか。日本人ならキツネを選んだかもしれません。ずる賢いだけではなく、美しくて品があり、変身することもできるのですから。

蛇のずる賢さは隠れるところにあります。アモスの預言（５・19）はこんなことを言っています。ライオンに追われていたある人が、途中で熊と出会ってまた逃げだしました。やっと家に駆け込んで壁に寄りかかると、こんどは蛇にかまれてしまいました。おそらく蛇は壁の石の隙間に隠れていたのでしょう。ヒッチコックの映画の一場面のようです。ホラー映画におなじみの怖がらせの仕掛けで、家の外にいると思った敵は実はすぐ近く、家の中にいたのです。創世記の蛇はどこに身を潜めているのでしょうか。姿を現して話しかけるので、隠れているようには思えません。ところが、じつは宇宙の偉大な宮殿の石の隙間に隠れているのです。

神だけが継ぎ目のない単一（シンプル）な方です。他方、すべての創造物は多くのものが組み合わされてできています。たとえ水や空気のような単純なものでも。

宇宙の宮殿は多くのものから成っていますが、とてもうまく組み合わされているので、蛇は隠れる隙間一つ見つけることができません。しかし宮殿の最も高いところ、人間が神のイメージと似姿に創造されたところに隙間を見つけて身を潜めました。この隙間は自由と呼ばれます。

人は神のイメージに創られているとはいえ、自分の創造主を知りません。そして、自分を現す神との関係の中でしか、神の似姿にはなれないのです。人間は神と語り合うようにできています。この関係の中で神は人に自分を啓示し、人は啓示された範囲の中でのみ神を知ることができます。人が神との語り合いの中でそれを望むなら、人の小さな器を超えて神は自分を示してくださいます。自由がこの関係を基底から支えています。

人は神を聴きたくなれば、たとえ確証できなくとも神が言うことを信じたいと思えば、神を聴くでしょう。自分を犠牲にしてもみことばについて行きたいのなら、そうするでしょう。しかし、この自由は、やみくもに突進し方向を誤ってしまうという危険と裏腹です。ここに蛇が隠れる隙間があるのです。

（1）大空を飛ぶ鳥、草原を走る馬は自由です。彼らの自由には人間の自由にあるような危険はありません。人の自由とは何であり、どのように実現するのでしょうか。大変複雑なので、まず自由な人を想像することから始めたいと思います。自由な人とは神に惹かれ、たとえ苦労があろうとも喜んでついて行く人です。この人は神を知り愛します。そのためにこの世のどんなものにも妨げられることなく神に応えついて行きます。このような人はとりまく状況に邪魔されても神に向かって飛び走ります。この世界に彼をとどめるものは何一つありません。彼は自由です。彼は神を知り愛しています。ただ自分の状況の限界を超えて神に応えることはできません。しかし神へと向かう彼の動きを縛るものはありません。彼の自由は無限です。

パウェルはこう言います。「だれが、キリストの愛からわたしたちを引き離すことができましょう。艱難か。苦しみか。迫害か。飢えか。裸か。危険か。剣か。『わたしたちは、あなたのために一日中死にさらされ、屠られる羊のように見られている』と書いてあるとおりです。しかしこれらすべてのことにおいて、わたしたちは、わたしたちを愛してくださる方によって輝かしい勝利を収めています」（ロマ8・35～37）。

理屈としてはあり得ても、自由な人が神に従わないとは考えられません。蛇がこのように人を惑わし、神により準備された道を踏み外すように仕向けることのできる方法はただ一つです。彼の人生に現れる神の御心を読み間違えさせるのです。時に神は、人がこのように惑わされることを許容します。間違いを犯すことによって人がへりくだり、自分の無と惨めさを認識し、この世の救いのためにハリストスともっと協力できるようになるためです。聖なる人（キリスト教徒）の屈辱と惨めさは、神にとって貴重なものなのです。

（２）今まで話してきた自由は天気のよい日の真昼のようなものです。影が最も小さく、光が最も強い時間です。しかし人の自由はもっと複雑です。一般的に自由と言われるもの、つまりいろいろな可能性の中で選択するという能力は、日本語では「自由意志」とも呼ばれますが、師父は「自由選択」と呼びます。

自由意志とは「可能態の自由（成長する機能が備わっている自由）」です。今まで述べてきた自由は「現実態の自由（成長した自由）」で、「愛の一致」と呼んでもよいでしょう。自由意志は小さな苗のようなものです。たとえば樫の木の苗は小さくか弱いものですが、大きな樫の木と同じ樫の木です。自由意志は「愛の一致」となるために支柱を立てたり、余分な小枝を剪定する必要があります。自由が育ち「愛の一致」となっても、もちろん自由意志は残ります。しかし結婚の証人のように居合わせるだけです。

大部分の場合は自由はまだ発達途上の段階で、自由意志は人生という舞台の上で主人公のように振舞いたがります。しかし、あまりしあわせそうには見えない主人公です。義務や望み、暗示、感情、圧力、命令に向き合わねばならないからです。可能態の自由と現実態の自由の間に蛇が隠れる隙間があります。その隙間は自由が現実態に近いほど狭く、可能態に近ければ広いでしょう。

（３）蛇が潜んでいる隙間をもっと近くで眺めると、まず無知が見えてきます。人は望むものを漠然とは知っていても、具体的に何が欲しいのかわからないことが多いのです。こうした場合には感情に、流行に、計算に、また周囲からの圧力に操られるままになります。そしてついには望んでもいないものを選んでしまいます。そうなるともはや人は自由ではありません。そこから人を逃れさせることができるのは神のみです。また望むものがわかっていても、いつ、どのように探し求めればよいかを知らないこともあります。感情がせきたてたり、理性が計算したりします。この二つはエゴと固く結ばれていて自己中心的になりやすいので、望んでいるものの求め方がわかりません。

以前に見たように、感情も理性も知性の光がなければ目に見える世界に閉じ込められ、しばしば自己中心的になります。知性は表面の内側を読んで意味を求めます。意味がすぐ現れなくとも、大切なのはそれを探すことです。人はエゴを脇に置いて、あるはずだと予感する意味を探すのです。意味が現れると、探していた人はそれを見つけます。探さなかった人（もしくは知っていると思い込んでいた人）は見つけられません。知性の光なくして自由はありません。条件反射があるだけです。聖書は掘り出されるのを待っている意味の鉱脈であり、汲みとられるのを待っている意味の泉です。聖書を読み、思い巡らせるなら、自由が育ちます。その中から人は意味をいただくからです。しかしいただいた意味は、ぬかりなく組み上げられた、もう融通の利かせようのない手引書のようなものではありません。読み、思い巡らせ、祈る人は聖書のテキストそのものではなく、聖神《せいしん》（聖霊）に導かれた教会の「生きた伝統」によって意味を発見し、自分の具体的な生活の中で自分のものにします。

こういう人もいるかもしれません。「どうして、聖神の勧めにいつも応じる聖人と、何を望んでいるのかわからない未熟な人という両極端な場合を取り上げる必要があるのでしょうか。望むものをよく知っていて、求め方もわかっている人はたくさんいます。この人たちは自由ではないでしょうか」。

もちろん、このような人はいます。賞賛すべき人で、おそらく自由でもあるでしょう。しかし私が言いたかったのは別のことなので、言い方を変えてみます。

人が何に動かされるのかが肝心なのです。なぜなら人は自分を動かしているものに似てくるからです。もし人が聖神《せいしん》（聖霊）に惹かれて動くなら（たとえ神について聴いたことのない人でも）、行動の中でも憩いの中でも自由で、神に向かって行きます。しかし、聖神に惹かれてもついて行かなかったり、野心に動かされたりするなら（たとえ神の話をする職に就いているにしろ）、その人は行動の中でも憩いの中でも自由ではなかったり、部分的にしか自由ではないのです。そのために神に向かって行きません。最善の場合でも、左右の脇道に絶えず迷い込み少ししか進めないでしょう。

（４）聖書を読み思い巡らせるとなぜ自由が育ち、蛇と出会う可能性を減らせるのでしょうか。その理由を考えてみます。

聖書を読むと、神の最も神的な性質、慈悲深さを知ることができます。慈悲は可能態の「自由意志」と現実態の「愛の一致」の間にある隙間をモルタルのように塞ぐことができます。人が現実態の自由に達していなくても（大部分の場合そうですが）、神の慈悲を知っているならば、蛇から身を守ることができます。モルタルが砂とセメントの混合物であるように、慈悲は人間の惨めさと神の愛からできています。

神は惨めさをどこから手に入れるのでしょうか。人から取り入れるしかありません。しかし多くの人は神に自分の惨めさを渡すどころか隠します。神がそれを必要としていることが彼らにはわからないのです。世間では、惨めさはごみのように捨てるものだと考えられています。いわゆる徳のある人は、賢い主婦が台所のごみを減らすように、自分の惨めさを少なくします。

一方聖人たち（すなわち「キリスト教徒たち」）は、自分の惨めさと屈辱が神や世の救いにとってどれほど貴重であるかを知っています。

蛇は慈悲深さをとても恐れています。そのため、自力で徳を得るように人々をそそのかします（若者や信仰の初心者への誘惑です）。または、立派な見せかけによって自分の惨めさを隠すように説得します（大人や最初の熱意を失った人々への誘惑です）。あるいは、惨めさに慣れてそこに開き直るようにそそのかします（頑なになった人への誘惑です）。正教会では人間と神の間での贈り物の交換がわかりやすい形で行われています。聖体礼儀の前に信者は自分の罪を司祭に告白します。そして聖体礼儀の最後に聖体をいただきます。

偉大なクロンシュタットのイオアン神父（1829~1906。ペテルブルグの軍港クロンシタットの教会で貧しい人々のために多くの働きをした。）の聖体礼儀には何百もの人々が参加して、一人ひとりの告白を聞く時間がなかったので、共同告白と赦しの儀式をしていました。

なぜ慈悲が蛇の隠れ場を埋めるのでしょうか。人は自分の望みの大きさと、外面的にも内面的にも制限された生活の間にある開きにいつも苦しんでいます。どうしたらこの開きを小さくすることができるでしょうか。蛇はいろいろなことを勧めますが、絶対に真実を言いません。その真実とは、人間であると同時に神であるハリストスはすべての惨めさを受けとめ、あの方の愛ですでに開きは埋められているという真実です。

信仰心は厚くとも、慈悲について耳にしていてもまだ経験したことがない人は、自分の信仰を生きようと一生懸命になります。彼の「信仰」は時にアクロバット的ですらあり、神は彼を愛しつつも少々心配です。

しかし慈悲を経験している人は、イスラエルの民のように紅海の底を静かに歩いているのです。このような人は神にもっと喜ばれています。「謙遜」と呼ばれる人たちです。

当然のことながら「神のアクロバット軽業師」は十分に自分を知らない熱心さのために多くの危険に身をさらすことになります。そのような人は神が与えてもいない重荷を背負い、人のなまぬるさに苛立ち、自分も他人も無理矢理正そうとします。このような人はなかなか厄介な人なのです。しかし神を望み、あの方に喜んでいただきたいと思っていることだけは確かです。ペトル（ペトロ）に似た人かもしれません。ペトルの場合にはうまくいきました。最後に神の慈悲を発見できたのですから。

（5）人は自分の力に試されることがあります。たとえば、できもしないことを独力でやろうとする時です。慈悲との出会いは彼に自分の弱さを優しく悟らせ彼は新しい力を得ます。ただその前に、自分の惨めさを発見して大変な苦しみを味わなければなりませんが。

人は自分の弱さに試されることもあります。自分の弱さにつまずき怒りを感じ、力を落とす時です。慈悲は弱さの淵を渡す架け橋となります。その淵を見つめるのをやめれば、人はその架け橋を渡ることができます。

他人の力に試されることもあります。抑圧されていると感じたり、理解されないと悩んだり、他の人は前進するのに自分だけ取り残されると思う時です。この人が慈悲深い神に祈って他人を裁かないのなら、慈悲の駕籠《かご》に乗って、お姫さまのように座ったまま進めるようになります。

他人の弱さに試されることもあります。他人に苛立ち、怒り、疲れる時です。最もわかりやすい場合です。神から慈悲の目をいただくように祈り、その目で他人を見るならば憩いを得ることができるでしょう。

（6）蛇はまず女に話しかけます。城を落したい時にはまず弱いところを狙います。だから女に話しかけたのでしょうか。

そうです。私は男女差に対する偏見をほとんどなくしましたが、一つだけ持っています。女性は男性よりおしゃべりです。この見方を疑わせるような人にまだ会ったことはありません。この点で蛇の選択は実に賢明でした。男なら「いいえ」と答えたかもしれません。それでは蛇の試みは終わってしまいます。蛇にとって耐え難いのは軽んじられたり、返事もされないことでしょう。蛇は傲慢でユーモアのセンスがありません。言っていることは嘘ばかりでも、真剣に受け取ってもらいたいのです。

「サタンとは論じあってはならない」という砂漠の聖師父たちの教えがあります。

サタンに試されて苦しんでいる仲間に、西方での「砂漠の霊性」の体現者の一人アッシジのフランシスコが次のアドバイスを与えました。「サタンが近づいて来たらこう言いなさい。口を開けろ、中にうんちをしてやるから」。仲間がその言葉通りにしたら、サタンは怒り狂って逃げました。軽んじられたばかりか、滑稽で下品な言葉まで投げかけられたのですから。

（7）ユダヤの砂漠でのイイススへの誘惑と、誘惑者に対する主の態度について考えます。

洗礼の後、イイススは聖神《せいしん》（聖霊）に導かれてユダヤの砂漠に行き、断食していました。神のみことばであり、すべての創造主であるイイススは、三〇歳になるまでナザレに住み、働いていました。人間になることを学ぶ必要があったのです。これこそがナザレでの生活の意味です。話し、歩き、読み、書き、働き、村での共同生活を身につけました。神のみことばにとってはすべてが新しいことでした。

そして今度は、砂漠でイスラエルになることを学んでいたのです。これが砂漠の意味するところです。イイススの体は砂漠にあります。出エジプトの後、シナイ山のふもとの砂漠でイスラエルは誕生しました。その同じ砂漠ではありませんが、イイススは同様に砂漠にいます。聖書の中命記六章と八章を日夜思い巡らすことによって、主の魂も砂漠にとどまっています。中命記のこの箇所はイスラエル人が毎日唱える「シェマ、イスラエル（聴きなさい、イスラエル）」という祈りの源で、どのイスラエル人も暗記しています。イイススはユダヤ人の仕方で中命記の言葉を思い巡らしていました。牛が反芻するように、小さな声で繰り返し唱えていたのです。

誘惑者がやって来た時、イイススはそれを感じましたが、動こうとはせずに自分の瞑想を続けました。

サタンは第一の誘惑を主の耳にささやきました。「神の子なら、この石がパンになるように命じなさい」。私は神の子にとってこの誘惑が最も手強かったと思います。この言葉にイイススの体が反応したからです。ナザレの焼きたてのパンの香りを思い出したのです。しかし動じることなく、「人はパンだけで生きるのではない。神の口から出る一つ一つの言葉によって生きる」（申命記８・３）と、まるで瞑想を続けているかのように言いました。

次にサタンはイイススをエルサレムの神殿の高い場所へ運びました。主が体ごと運ばれたのか、精神だけが運ばれたのかはわかりません。確かなのはイイススが動かなかったことです。運ばれてもなお砂漠での瞑想を続けていました。サタンは言いました。「神の子なら、ここから身を投げなさい。『神は天使たちに、あなたの足が石に打ち当たることがないように手で支えなさい、とお命じになる』と聖書には書かれているのだから」。イイススは申命記を唱えていた声を少し大きくしただけでした。「『あなたの主なる神を試してはならない』（申命記６・16）とも書いてある」。これはサタンに答えたというより、真のイスラエルである彼は砂漠の言葉を繰り返していたのです。

三回目の誘惑では、サタンは今までの人間的で宗教的な仮面をはずし、傲慢極まりない本性を現しました。「神の子なら」とは言わずに、高い山から地上の王国と富を見せて、「もしひれ伏して私を拝むなら、これをすべてあなたにあげよう」と言いました。この時イイススは、彼の方にわずかに体を向けて言いました。「退きなさい、サタン。なぜなら……」そして再び自分の瞑想に戻り、「『あなたの主なる神を拝み、ただ主に仕えよ』（申命記６・13）」と言いました（マトフェイ４・１〜11）。

ここから私たちは、どうしたら誘惑に勝てるかを学べます。神が私たちを置いてくださった場所にとどまり、その場に関係ある神の言葉を唱えるだけでよいのです。たとえ自分の過ちのせいで深淵にいるとしても、そこにとどまり、その場に合った神の言葉を唱え続けるのです。人生には多くの時と場所があります。その時と場所の意味を知ることは大きな力です。

聖書を読む人は自分の人生の時と場所を発見し、おそらくそれに合った神の言葉も見つけるでしょう。その場所と言葉に静かにとどまるだけで十分なのです。誘惑者に答えたり、彼を見たり聞いたりしてはいけません。

（8）人が一生の内に遭遇する時と場所を注意深く見ていくのは興味深いことです。人生はそのつどかけがえのない様相を呈します。それは聖書の時や場所、預言者、イイスス、使徒たちのできごとの再現であるかのようにさえ思えます。このことを詳しく考えるのは私たちの目的からはずれるので、他の人に任せましょう。

人生の中の場所について口にすると、イスラエルのラビに「場所」と呼ばれた神を思わずにはおられません。ある時、神はアダムを探していましたが、見つからないので、「アダム、どこにいるのか」と呼びました。アダムは神に背いたことに恐れを感じて隠れていたのです。ついに隠れ続けられないと悟って返事をしましたが、なおも言葉の中に隠れようとしました。「あなたの足音が園の中に聞こえたので、恐ろしくなり、隠れております。わたしは裸ですから」。そう言って、神に背いたことを隠そうとしました。その口ぶりはまるで神のぶしつけさを非難しているかのようです。この時、アダムは場所にいたとは言えません。神から身を隠せるところはないのです。そのためアダムがいたのは「非場所」とも言えるでしょう。

一方アブラハムは神が彼を呼んだ時「ここにいます」と答えました。「ここ」とはどこでしょうか。きっと誰かが「多くの試練の後、アブラハムが神の導きによってやって来たところでしょう」と答えるにちがいありません。

神から逃げている人がいるとします。もし彼が逃亡の迷路をさまよう時、神の呼びかけを聞いて「ここにいます」と答えるなら、この人はアブラハムに劣りません。むしろアブラハムより偉大かもしれません。なぜでしょうか。逃亡する彼にとって「ここ」とは、地上の特定の場所を指しているのではありません。迷路は場所ではないのです。彼は「ここにいます、あなたの前に」と言いたいのにちがいありません。「ここ」とは呼びかけをなさる神です。「ここ」とはあの方の前にいることで、あの方の存在そのものです。神の前こそが私の人生の場所であり、世界の場所です。なぜなら、あの方によって命とすべてを受けているのですから。

したがって、「ここにいます」と言ったアブラハムも、「あなたの前にいます」と言いたかったにちがいありません。人生には多くの時と場所があり、聖書の多くの時と場所を再現していますが、すべての「場所」がその方、私たちを訪れる神に集約されます。ある聖詠（詩編）は「何も理解できない獣のようにみ前にいます」（聖詠72、詩編73・22）と言います。神の前でこのように祈れるのは、すばらしいことです。この祈りを唱える人にとって神はすべてなのですから。

（9）イイススへの誘惑はもう一つのことを教えます。サタンは仮面をかぶってやって来ることです。

最初の仮面は人間的なものです。サタンは人の口を通して、熱心すぎるあまり非人間的に見える生き方から私たちを遠ざけようとします。多くの恐ろしい誘惑を退けたエジプトのアントニオスの元に、ある日、修道士の姿をしたサタンがやって来ました。そして「あなたも人間ですから」と言って食べ物を差し出しました。これはいわゆる「サタンの真実」で、真理を目指すものではなく、神への道を塞ぐものです。

この誘惑は世俗の生活への未練を断ち切れない人に忍び寄ります。表面には宗教的な色が塗られていますが、あちこちがはげて元の色が見えています。では、どうすればよいのでしょうか。信仰生活への呼びかけを再確認し、教会の長老や司祭と話をして生活様式を検討しましょう。喜びを生み出すような清い生活を目指すこと。自分の熱意と弱さが共存できるバランスのよい生活を保てるように、日々の規則を決めるのもよいでしょう。

二番目は宗教的な仮面です。サタン（または知らないうちにサタンに仕える人）は、熱心すぎる宗教生活へと人を駆り立てます。人を極限まで思い上がらせ、ついには人間的な助けも神的な助けも見つけられないところまで導きたいのです。そのためにサタンは教会の伝統、聖書や聖人たちの伝記さえ用います。このような罠から逃れることができるのは、長老や司祭の助言を謙遜に求める人だけです。この誘惑に陥りやすいのは、心に深い傷を負っていたり他人と「うまくやってゆく」のが苦手で、いらだちや劣等感に苦しむ人たちです。こうした人の熱心さには、緊張感や隠れた怒り、自分は向上できるのかといった不安、自分の弱さへの落胆などが伴います。意志が強く、感性を遮断しているために安定している人もいますが、このような人には自己破滅の危険性があります。感情の浮き沈みの激しい人もいます。このような人の方が多いかもしれません。これらの人に必要なのはただ一つ、長老や司祭と、自分の問題について話すことでしょう。

最後には仮面ははずされ、サタンのまさに「サタン性」が露わになります。彼は直接、権力や富、出世、楽しみを約束します。教会のみならず、あらゆる宗教が人間にとって良くないと見なすものを約束するのです。サタンは、悪に固執して生きる人に対してこのような露骨な誘惑をしかけます。サタンはイイススの前に自分の真の姿をさらけ出した時、すでに負けを意識していたに違いありません。最初の二つの誘惑を淡々と退けた方にはまったく勝ち目はないとよくわかっていました。しかしイイススに見破られても退くに引けず、傷ついたプライドに執着して強がってみせるしかありませんでした。そして時が熟したらまた戻って来ると捨てゼリフを残して立ち去ったのです。

この誘惑は、聖書の中で「神を畏れぬ者」とされている人々の心を迷わせます。彼は頑なで冷笑的で、宗教も犠牲も禁欲も馬鹿にします。このような人は社会の中では人道主義者や自由主義者のふりをして、自分は現実主義者だと主張しますが、それは結局、神のない自分の生き方を守るための言葉や態度にすぎません。権力にまみれた自分の世界が崩壊した時に初めて救われるでしょう。涙が彼の救いの入り口になるのです。

(10)　聖師父たちは「誘惑なしには救いはない」と言っています。

・**「試みられなければ、誰も天の国に入ることはできない。実は、試みを取り去ってしまうと誰も救われないのだ」**（エジプトのアントニオス）

・**「誘惑の中に入らない人は聖神《せいしん》（聖霊）の知恵を得ることができない」**（ニネベ〈シリア〉のイサク）

その他、多くの似た言葉が聖師父たちから伝えられています。いくつかあげてみましょう。

・誘惑とは、まず自由の試みと実践であり、それを発展させるよい機会である。自由は愛と同じ生地でできていて、愛は自由とともに大きくなる。
・誘惑とは、自分を知ることができる場、謙遜を形作る工房、神の愛を発見するために必要な下地である。
・誘惑は罪に落ちる場であるが「罪が多いところには、恩寵はさらに多い」のだ。なぜなら、罪はハリストスとの出会いの場だから。
・誘惑は忍耐の場である。「あなた方の忍耐によってあなた方の魂は救われるであろう」。

人への誘惑は負け戦に終わることが多いのに、サタンはなぜ続けるのでしょうか。サタンはずる賢くて鋭い勘を持っていますが、神の計画を読めないからです。神の業には蛇にはつかめない何かがあるのです。サタンは神の愛を信じません。信じたくもなく信じることもできません。信じれば涙が止まらなくなり、サタンがサタンでなくなってしまいます。

神の愛を信じることは人間にとっても簡単ではありません。みことばの藉身（受肉）が必要でした。イイススの死と復活、聖神《せいしん》（聖霊）降臨、イイスス・ハリストスの福音を伝える教会の成立が必要でした。

神は人を誘惑しないが、試みることはあると聖書には書かれています。（ギリシャ語では、ある一つの言葉が「誘惑」と「試み」の二つの意味を持つので、気にせずに使います。七〇人訳22・1参照）。それは人を陥れるためのものではなく、思いがけない大きな恵みを与えるものだと聖師父は言います。「神はアブラハムを試みた」と創世記にありますが、神は人が自分に従うかどうかを試しているわけではありません。人間は神の命令や人への恵みが時として理解できません。そんなときには、神の誘いや命令は人には試練となるのです。しかしその試練のおかげで、人は自分の意志にではなく神の思いに従うというすばらしい機会に出会えるのです。

　アブラハムに対する最初の神の誘いはカルデアのウルから出ることでした。何十年もの間、神は何度もアブラハムにご自分の忠実さと愛を示し、その後、彼に愛する子、イサクの生贄を要求しました。初めの内、神の導きは人間の自然な望みに沿っていて、ほとんどが従いやすいものです。このことは福音にも見られます。弟子たちは最初、ガリラアのティベリア湖のほとりで喜んで先生に従っていました。しかしその後、神はもう少し難しいことを要求します。人間の世界の岸を離れるのです。過越の時です。この世から約束の神の国へ渡って行く時です。福音に見られる通りです。エルサレムの過越へ果敢に向かう先生に、弟子たちは恐れおののきながらついて行きます。私たちにとってこの過越はこの世から去る時だけではありません。日常の中にも小さな死はあります。小さくても毎日のことなので、決してささいなものではありません。平凡に見える生活の中にも決して平凡でない生き方があるのです。
（11）蛇が話し始めます。「園のどの木からも食べてはいけない、などと神は言われたのか」と事実に反したことを言って、答を誘導しようとします。
　質問の中にすでに根本的なうそが仕込まれています。神のイメージはゆがめられ、まるで自分勝手な主人であるかのようです。園の美しさは特に木々や実にありますが、蛇は、神がこの美しさを人に禁じているとほのめかすのです。イスラエルのラビの説教用の物語（ミドラシュ　ハッガダイ）は、蛇の科白をこのように変えました。「まさか、神がこの木々の実を食べてはいけないと言ったとは信じがたい！　楽しむためでなければ、何のために神はそれを創ったのか」。ラビは「この論じ方は、まさに人間の心に潜んでいる悪への傾きの典型的なものだ」と続けます。「楽しみは楽しむためにあるのだ。ハシェーム（神）がそれを禁じていると思うのは人間の愚かさだ」。

　神が人に木の実を禁止していると疑うのは、神を侮辱するだけでなく、人にも大変に害のあることです。こんな独裁者の下で生きなければならないかと感じてしまうからです。残念なことに今日でも、表面的な宗教教育しか受けていない人の中には、このゆがんだ神のイメージが存在します。

人によっては神を自分のライバルだと思ったり、厳しい父親のイメージに重ねたりします。「神や教会の言うことを聞いていたら生きていられない」と思う人もいます。西洋文化は、（無神論的な流れが）この厄介なものの存在を否定したり、個人の良心の内や宗教に凝っている小さなグループの中に追いやったりします。しかし神のイメージのゆがみの根本的な理由は、イイスス・ハリストスを知らないことにあるのです。

２節　女は蛇に答えた。「わたしたちは園の木の果実を食べてもよいのです。

危険を察知できない女は小学生のように答えます。女の答えがこれだけで終わっていたなら、蛇は別のきっかけを探さなければならなかったでしょう。しかし、余分な言葉を加えることなく答えられるのは、節度を守り要点のみを言う人だけです。こういう人はそれほど多くありません。

３節　でも園の中央に生えている木の果実だけは、食べてはいけない、触れてもいけない、死んではいけないから、と神様はおっしゃいました。」

そこで女は話し続けます。この「田舎者の動物」に教えるのはどこか気持ちのいいものだったのです。教えたがること。知っていること、経験したことを見せびらかさずにはいられないこと。霊的経験に恵まれた人がいますが、中には誰にでも話したがって無駄にそれを消耗する人もいます。心の宝は人に与えるべきですが、ふさわしい時に、それを望み聴く耳を持った人に限ります。しかしふさわしい時と望む人を見出だすには節度が必要です。それは、注意深さや控えめさ、平和を伴ったある種の心の静けさです。

このような人は状況がそうさせるなら、口数少なく一人でいられます。脇に追いやられても心を乱すことはありません。しかし必要な時には話し、落ち着いて丁寧に自分の霊的な宝を出します。また必要だと感じたなら、みなが黙っている真実でもハッキリと言えます。しかしエヴァをそのような人間ではないという理由で責められません。姿は大人でも、必然的に少女の心を持っていたのです。

女の答えの中には、神が言われなかった余分な言葉があります。エヴァは「食べてはいけない」に「触ってはいけない」という言葉を付け加えました。「死んではいけないから」というエヴァの言い方から考えると、彼女は食べるとすぐに死がやって来ると思っているようでした。女の答えには神の禁止と死に対する無理解があることが読み取れます。それが蛇に女を誘惑するチャンスを与えたのです。

ここから主の戒めをよく理解することの重要性がわかります。戒めは律法の形で表わされていますが、実は道なのです。実際にこの道を歩くなら、最終的には失っていたもの、つまり私たちの起源にたどり着きます。マクシモスは「人は自分の起源を後ろに置き忘れるが、自分の道の終わりでそれに出会う」と言っています。

人が後ろに置き忘れた起源とは自分についての真理です。目的に近づき自分の起源の真理を見た時には、目的も起源も知らなかった道の始まりでさえ、命に支えられ導かれていたことがわかります。ハリストスは言いました。「私は道であり、真理であり、命である」。道を知るだけで満足しましょう。あの小道、守るのはそれほど難しくない小さな戒めは、ハリストスについて行くのに十分なのです。

4節　蛇は女に言った。「決して死ぬことはない。

「決して死ぬことはない」と蛇は言います。そう言いながら、（ミドラシュによると）エヴァを押して木に触らせたのです。そして「木を触っても死ななかったのだから、食べても死ぬことはないだろう」と加えました。聖書のことわざにあるように、主の言葉には何も加えてはなりません。さもないと、サタンに誘惑の機会を与えてしまいます。蛇は女の言う「死」を故意に、毒を飲んだ時のように肉体的にすぐに死ぬという意味として受け取ります。その意味ではウソはありません。死なないでしょう。しかし神は人とその創造主の間の愛の関係のことを言っているのです。死ぬとは、この関係が損なわれたことにより人は死を体験し、もはやその恐れの中で生きるしかなくなることです。死とは肉体的なものだけではなく、精神的なものでもあります。

サタンは分けてはならないものを分けることによって偽ります。部分的な真理はもはや真理ではありません。全体から離れて嘘よりたちの悪いものになります。部分的な真理という罠に気を付けましょう。

蛇は堂々とした態度で「そんなことはない」と言います。「神は嘘つきで、自分に都合のいいことだけを話し、それ以外は言わない」と言わんばかりです。死に至る罠を仕掛けています。イイススはこう言います。「元始からの人殺しだ」（イオアン８・44）。

５節　それを食べると、目が開け、神のように善悪を知るものとなることを神はご存じなのだ。」

「神は自分に従わせるために、人の発展を妨げようとしている」とサタンは断言します。恐るべき疑惑です。部下は時に上司をこのような疑いの目で見ます。現代人はこういったことにとても敏感に反応します。

少し脱線しますが、解放への情熱とは本来、個人を超えて一つの民族や階級、グループが共有するものです。

何世紀にもわたって迫害され、自己のアイデンティティーを取り上げられ、自立が妨げられた民族などが共通して持つエネルギーです。人間に支配された人は神による解放の対象となります。人間を虐げる人は神の裁きの対象となります。それは聖書の重要なテーマです。なぜなら、神のみが王なのですから。しかし、今はその話題を発展させて語る時ではありません。アダムとエヴァは決して虐げられていないからです。

（1）むしろ、上司が自分の活動や自己実現を阻んでいるという疑いを膨らませて苦しむ人について考えてみます。こうした疑いは人を意気消沈させ、抑圧された怒りを生み出します。そのために上司の悪口を言ったり理解者を求めたりします。ちっぽけな証拠で疑いは確信となります。するとこの思いは心と環境を荒らします。この人にとって自分の情念（怒りであれ意気消沈であれ）によって受ける害は、上司から受ける損害よりはるかに大きいのです。まずその情念から解放されることが先決です。そのような思いは心の癌です。泣き寝入りするべきだとは言いませんが、「上司の問題」それ自体は二次的なものです。

聖師父は「他人の問題はその人に任せて、あなたは自分の問題に取り組みなさい」と重ねて言います。自分の本当の問題を見出だすのは決して簡単ではありません。先ほどの人に彼らの問題は何なのかをたずねたなら、おそらく上司の権力に抑圧され思い通りにやれないことだと言うでしょう。人間としての発展を外面的にしかとらえないので、むしろこうした制限や妨げこそが真の内面的な成熟への入り口だということがわからないのです。

聖師父の倫理は「否定的」に感じられます。ある意味ではそうです。現代人のメンタリティーとは正反対です。東方教会の聖師父は肯定的な道より否定的な道を通る方がより神に近づけると確信しています。肯定的な道はその肯定性によって限定されるのに対して、否定的な道は無限だからです。また後でこの二つの道について話す機会があるでしょう。

今は落ち込んだり、怒っている人の問題に戻りましょう。どうしたら落胆や怒りを乗り越えられるでしょうか。

私は自分の体験に基づく一つの方法しか知りませんが、参考になるかもしれません。

自分自身に戻らねばなりません。静かに座る自分の体に、または戸惑いと畏れに揺らぐ自分の心に。そして波打ち際に忘れられたおもちゃが波にさらわれて浜辺から離れていくように、思い込まれた「自己実現」が自分から離れていくのを心の目で見るのです。内面のイメージが客観的になった時に福音を読み、思い巡らせ、祈り始めることができます。教会の言葉（聖詠など）を使っても自分の言葉を使ってもかまいません。毎日少しずつそれを行えば、必ず自分の情念から解放されるでしょう。

（2）「神はご存知なのだ」とささやく蛇は、まるで隠された真実を暴くかのようです。その様子は蛇の言葉に一層の真実味を与えます。真実よりも真実らしく思わせることができるのも蛇のずる賢さの一つです。

「それを食べると、目が開ける」というのは、その通りです。でも一体何を見るためでしょうか。神との関係から外れた物事を見るためなのです。しかし神との関係の外に物事を見ても見るとは言えません。この部分的な真実は錯覚よりたちの悪いものです。一部分の真実性が全体も真実だと思わせてしまうからです。神はあらゆるものを多様性に富み他のものと交わりを結ぶものとして創造しました。この交わりを成り立たせている一つの全体としての真実こそが、それぞれを内側から照らす光なのです。

アダムとエヴァの「魔法を解かれた」目は交わりの外にすべてのものを見て、恥やみじめさを見出だすでしょう。この恥やみじめさは物事の中にはなかったものです。そのように物事を見る人の心の内にあるのです。

（3）「目を開けなさい」とは愛する人や自分自身が持つ悪を直視するのを拒んで錯覚の中で生きる人への言葉です。盲目的だったり、お人好しだったりするのは決して褒められることではありません。しかし見えていなかった悪を見るように目を開かせたとしても、新しいバランスを見つけることができる精神の場を与えないならば、その人をつまずかせてしまいます。このような目の開かせ方は、まさにサタンのやり方です。サタンの役割も意味も「検察官」です。

サタンは人の目を塞いで、情念に満ちたものが良いものだと人に信じさせます。長い時間をかけて悪いことや恥ずべきことを行うまでそそのかし続けます。その後、人がどれほど悪く恥ずべきことを行ったのかを明らかにして、徹底的に責め立てるのです。時にはこの不幸な人が自分を軽蔑するように仕向けてあざ笑います。このようにして人の反応をうかがうのです。

その人がパニックになり、他人に自分の悪を隠したいと望むなら、サタンはすぐに助けを申し出て、彼のために全力を尽くします。そのために人は悪に慣れ頑なになっていきます。ここには、しばしば偽善と、明敏であっても倒錯した知恵が伴います。このような人は偽りの器に閉じ込められたサタンの囚われ人です。しかしまだ逃げ出せます。ある出来事によって偽りの器が壊れれば、中にいた人は裸で出て来ます。その時には逃げても隠れてもいけません。自尊心を取り戻し、光に照らされるまま言い訳をせず、誰も責めず、真理の前に立つべきなのです。そうすれば真理とは誰も裁くことなくすべてを照らすということを、驚きとともに発見するでしょう。

この時サタンは人を取り逃がし、せっかくの努力は水泡に帰すことでしょう。

（4）しかし概して、サタンは人々に各々の中にある悪を発見させたくありません。人に自分の悪を発見させることは、サタンにとって危ない賭けです。人がその罪を認識する時こそ、ハリストスとの出会いの場となり得るのですから。

サタンにとっては、人が錯覚の中にいる方が望ましいのです。自分はなかなかの善人であるとか、それほど悪人ではないと人に錯覚させて虚栄心を満足させ、いくらかの小さな癖があるのは仕方のないことだと思わせたいのです。そこでサタンは、人がほどほどの状態でいて、危機感を持たず、大きな罪を犯さないように仕向けます。

そして死の直前や深い鬱状態にいる時に突然、その人の悪を見せるのです。人が絶望の淵に陥るように。

サタンが人の目を開かせたいのは、他人の罪と欠点がよく見えるようにさせたいからです。おなじみのやり口です。サタンはそうやって不満や争い、憎しみ、劣等感と優越感、裁きなどを人の間にまき散らすのです。数人が集まって自分の正しさを少しも疑わずに他人を議しているとき、そこにはサタンもいます。

蛇はアダムとエヴァの目を開かせたいのではなく塞ぎたいのです。そのために歪んだ神のイメージを二人の心にそっと忍び込ませます。罠に落ちると、すべてのものを神との交わりの外に見ることになります。すると、たとえば罪は見えるのに赦しは見えなくなってしまうのです。反対に神は人の目を開かせたいのですが、時を待ちます。ハリストスの前で、人が赦された罪人である自分を見出だす時です。

聖神《せいしん》（聖霊）に対する罪以外に赦されない罪はありません（マトフェイ（マタイ）12・32）。聖神に対する罪とは、まさに罪と赦しを同時に照らす真理の光を拒むことです。

蛇は「それを食べると、目が開け」と、また嘘を言います。「それを食べると、目が塞がれ」と言うべきでした。

（5）状況が複雑に絡み合うと、時には人が自らの間違いを認識することもあります。この時、人はその精神性の度合いによって二つの異なった台本を書きます。

精神的に未熟な人は、簡単に楽な生活に戻ってしまいます。自己弁護したり、他人を非難したり、中には自分も他人も責める人もいます。サタンはすぐにそんな人たちに便乗し、彼らの周りに弁解と非難の蜘蛛の巣を張ります。

精神的に成熟した人は弁解も非難もしません。サタンが付け入る隙を簡単には与えません。静かに自分のうぬぼれを脱ぎ捨てます。そして貧しい巡礼者の精神で自分の道を歩み続けます。その道を捨てるのではなく歩み続けるのです。彼はすでにハリストスと出会っているかもしれませんし、必ず再び出会うでしょう。貧しい巡礼者として、自分の小ささから離れないならば。険しい近道を進んだ後に、再び多くの先達たちが開いた確実な大通りに戻ったとしても、自分の小ささを友として歩み続けるべきです。

ハリストスを知れば知るほど自分の小ささを知るようになります。しかしその時、人は自分の小ささばかりではなくハリストスをも見ています。

（6）アダムとエヴァ、彼らは神の手から出たばかりの最初の男と女です。神は彼らを創造した後、全体を見まわして「すべてがとても良い」と言いました。すべてが大変良いなら、二人はどうやって善悪を知ることができるのでしょうか。

悪は神が創造した世界には存在しません。以前に引用したディアドコスの格言を思い出します。「悪自体には本質はない。神によって創造されたものではないからだ。人が悪を自分の意志で思い描き、望んでそれを行った時に存在し始めるが、本質としてではなく、神の被造物に加えられる実害として存在する」。

したがって悪を知るということは、自由意志を曲解して悪をあり得る選択肢だとか、望ましいものだとか考えたり、また悪を行うことにほかなりません。悪が思いの中で養われて望まれると、それだけで望む人に害を与えます。行われてしまえば、外部に広まって環境を汚染します。

（7）「善悪を知る」とは、蛇のもう一つの嘘です。善と悪の二つは同じレベルに置くことも、同じ方法で知ることもできません。

善と悪は闘い合う二つの原理であると主張する異端がありました。サタンはそう信じさせたいのですが、それは間違いです。サタンは神と対立する別の世界の主でありたいのです。しかし神にライバルはいません。

善と悪の関係をどのように考えればよいのでしょうか。創られざる善は神です。神だけが良いお方なのですから。創られた良いものは神ではないので、その内には「善ではない」あり方もあります。「善ではない」あり方とは悪ではありません。最初に瞑想したように、創られたものの存在に含まれる「非存在」にすぎません。

しかし人が神に与えられたものを取り除いて捨ててしまい、創造されたものにあるはずの良さが失われた結果生じる「良さの欠如」は「悪」だと聖師父は言います。

「約束された良きもの」の場合は、その実体がまだ存在しないのは当然のことですが、希望としてすでに人の心にあります。この「約束された良きもの」の欠如は悪ではなく、むしろ最良のものです。神の「贈りもの」が約束されたという啓示であり、約束の実現への信仰と希望です。パウェルは「信仰は希望されるものの実体である」（ヘブライ11・1）と言っています。つまり希望の対象はまだありませんが、信仰によってその本質はすでにあるのです。「約束された良きもの」の欠如を悪だと思うことこそが大きな悪です。不信仰です。この不信仰のために人は神の時と方法を待つことなく、自らの手で神の贈りものを取ろうとします。このようにして取られたものはもはや神の贈りものではなく略奪物となります。神の贈りものが無きものとされます。人は価値のない略奪物を手にし、神の贈りものを失うのです。

（８）イスラエルのラビはこう教えます。神は人間が悪と接触するのを望みませんでした。なぜなら人が思っている善と悪は、天使の知っているそれとは異なるからです。

つまり人間は天使とは違って、悪いものを良いものだと誤って判断することもあります。マクシモスもこのように言い表しています。「人は、楽しみを与えてくれるものが善で、苦しみをもたらすものは悪だという間違った判断をしがちだ」。彼の言い方をまねるなら、人間は神的なものから肉体的なものへと視線を移したのです。

デウツのルペルト（一一〜一二世紀のスコラ神学者。デウツの大修道院長。）は言います。「善悪を知ること！　女は最高の知恵だと想像し、蛇はみじめさの経験だと知っていた」。

フォン・ラート（二〇世紀ドイツの旧約学者。）は言います。「蛇は判断の自立を約束する。それによって、人は何が役にたち、何が害になるかを自分で決めることができる」。

確かに人間にはある程度の自立があります。しかし善悪に関しては自立を持ちません。理由は単純です。神だけが自分が創造したものの良さを知っているのです。「……そして見て、とても良かった」という判断は、神のみのものです。したがって、神だけが被造物に与えた良さを損なう悪の深刻さをわかっています。人の目には小さな悪に見えるものでも神には大きなものかもしれないのです。人から偉大なもの、美しいものを奪うからです。そのため人はその偉大さも美しさも見出だせないでいます。あるいは人の目には悪と映るものが、神には良いものかもしれません。人の心から恩寵の妨げとなるものを取り去るのですから。

人には良心があり、それに従うべきです。しかし良心も完全に自立しているわけではありません。良心が善悪を判断する時（この判断からは逃げられません）、自分より偉大な方に従うべきです。例えば個人の良心は生まれようとする子の生死を決められません。現代の多くのキリスト教徒のリベラルな個人主義には用心しましょう。

(9)「神のようになる」と蛇は女をそそのかします。女の前には輝くえさがあります。ガバラのセヴェリアン（四〇〇年頃活躍。アンティオキア学派の聖書釈義家。）は言います。「神は人を創造し、彼の中にご自分への望みを吹き入れた。悪魔は彼らの中にその望みの炎を見て、それを誘惑するためのえさとした。そして『神のようになる』と言ったのだ」。

誘惑者の口でなされたこの約束はもう一つの嘘です。誘惑者は神がどんな方かをわかっていないのですから。しかしその誘惑自体が大きな真理を期せずして表わしています。人は神を知り、愛し、同じようになりたいという望みを持っているのです。この望みこそが創世記の基本的な真理の一つです。誘惑がその真理を裏付けています。私たちは恥じるべきです。ハリストス、教会、聖神《せいしん》（聖霊）に養われ、導かれているにもかかわらず、神への望みはきわめて小さいのです。この望みが一グラムでもあるなら、多くのものや人に囲まれていたとしても、絶えず神へ向かうでしょう。

一グラムさえないとは何と恥ずかしいことでしょう。私たちの兄弟であるムスリムは、祈りの時間にはどこにいようとも、すべてに優先して神に向かいます。私たちの中には、祈る彼らを見てもそこにある神への渇きに共感しない人が少なくありません。その中で最も頭のよい人（つまり最もおしゃべりで軽薄な人）は「どんな時でもそれは祈りの時間であり、いつでも心の中で神に向かうことができる。わざわざ行動で示すことはない」と言います。そう言って神を慕う心がないことを証明します。少しでも慕う心があるなら、心がちくりと痛んで黙っているでしょう。

アダムとその妻はまだ損なわれていない人でした。サタンは誘惑できる唯一の可能性を求めて、ただ一つ人に欠けていたものを利用しようと全力を尽くしたのでしょう。

（10）神のようになること。しかし、神とはどのようなお方なのでしょうか。蛇はこの言葉を口にする前から、すでに創造主のイメージをゆがめていました。このゆがめられた姿（像）を正すためには、神の真のイメージ（vera icona）であるイイスス・ハリストスを知る必要があります。福音をゆっくりと読むことの重要性。福音を読み、思い巡らせることは、ハリストスに浸かり、洗礼を再認識し、聖体を心でいただくのと同じです。知らず知らずの内にハリストスになじみ、恩寵と真理、あわれみと謙遜に触れるのです。イイススは「永遠の命とは父なる神を知ることだ」、また「私を見た人は父なる神を見たのだ」と言います。主は「父なる神のように完全で、あわれみ深い者となるように」と言うのです。主イイススは、父なる神のようになることのできる実です。十字架は命の木です。

（11）上記の内容をより正確にするために一言付け加えます。神の言葉を瞑想することで、人が神の似姿になるのではありません。聖神《せいしん》（聖霊）のみが人間にこの変化をもたらすのです。祈りなくしてはあり得ない変化であり、聖神なくしてはあり得ない祈りです。

（パウェル（パウロ）が言うように）聖神が一人一人の心の中でうめきます（ロマ書8・26）。そのうめきが人の祈りも、学者も、多くの自由時間がある人も、生き延びるためにきつい労働をせざるを得ない人も、となります。誰でも祈ることができます。キリスト教徒であろうとなかろうと、良い人も悪い人も、無学の人も、学者も、多くの自由時間がある人も、生き延びるためにきつい労働をせざるを得ない人も。

祈りとは私たちの神化《テオシス》を望む聖神のうめきであり、救いがないと感じる人の叫び、宝を見つけた（ハリストスに出会った）人の喜びです。祈りは各人に固有なパーソナルなものですが、個人主義的なものではありません。各人に固有な祈りがハリストスの祈りであり、ハリストスの祈りが教会の祈りです。教会はハリストスの体です。では教会の外には祈りがないのでしょうか。いいえ、あります。聖神は自由な方です。すべてを包んでくださるその方には外も内もありません。聖神は父なる神からそよぎ出て、父なる神へとそよいで行きます。しかし父なる神がどこにいるかは誰も知りません。聖神は町を生かし、楽しませる川のようだと黙示録は言います（黙示録22・1以下参照）。その川の岸に沿ってキリスト教徒が住んでいます。生かされるのです。みことばの宣言、洗礼、傅膏、聖体と、他のミステリオン（機密・秘蹟）があります。年間を通して奉神礼《おつとめ》と信仰を示す伝統的なしきたりがあります。教会全体が多くのミステリオンを含んだ大きなミステリオンです。ミステリオンによって人が神化します。その中で神のエネルギーが働くのですから。

ここで教会用語に不慣れな人のために、機密（ギリシャ語のミステリオン）について簡単な説明をしたいと思います。今まで忍耐強く読み進めてきたなら、ここでやめないでください。

病で長年、出血が止まらない女がいました。女がハリストスのマントの房に触れると、そのとたんに病が治りました。目に見えない、触れることもできない神に触れたのです。それがミステリオンです。すべてのミステリオンを含む大きなミステリオンは、神が人として生まれたことです（藉身《せきしん》、受肉 Incarnation）。イイススの体、声、言葉、触れる手、視線などのすべてがミステリオンです。それによって私たちは神を見、聴き、触り、彼に触ってもらいます。それは人を見たり聞いたり触ったりするのと同じです。信仰がなければミステリオンに触れることはできません。ミステリオンの中で父なる神、御子イイスス・ハリストス、そして聖神《せいしん》（聖霊）がそれぞれの働き（またはエネルギー）を持ちながら一つとなって私たちに触れてくれます。神のたくさんのエネルギーが私たちを変化させ神の似姿にします（神化《テオシス》）。私たちは神のエネルギーに浴します。真赤に燃えた金属が火のエネルギーに浴するようにと聖師父は言います。教会はハリストスの体であり、ミステリオンの場です。

教会の最も大切なミステリオンの一つである聖体礼儀で中心となるのは、エピクレシスというパンとぶどう酒がハリストスの体と血となる聖神への祈りです。カバシラス（一四世紀ビザンティンの聖師父　聖体礼儀の注解の他に「ハリストスにあるいのち」というミステリオンを論じた著作で名高い。）は聖体礼儀の解説の初めでこう書いています。「聖なるミステリオンが行われる時に基本となるのは、パンとぶどう酒がハリストスの体と血に変化する祈りである。その意義は信者たちの聖化である」。

瞑想の場はその中のどこにあるでしょうか。瞑想は祈りの準備ではなく、むしろその結果です。祈る人は神を味わい、望み、神の中に逃れたり、喜んだりします。祈りを呼び起こすこの聖神の働きが、祈る人の内に具体的な跡を残すのです。そして、好みや思いの流れ、喜ぶ理由も変化します。つまり、生活の仕方に大きな影響を与えるのです。このような生活の背骨となるのが瞑想です。

瞑想、すなわち聖書に日々親しみ、そこに思いをめぐらせることとは時間の使い方のことです。瞑想する人は、たとえば時間の使い方に気を配ったり、読むもの、見るものや会話を選択します。自分の心の動きを注意深く見張り、神の言葉をより味わうために反芻し、出来事と出会いを読み取り、神のメッセージを聴きます。この生活の中心となるのは、聖書や聖師父の言葉をゆっくりと読む時間です。

(12) どのように祈り、どのように瞑想するのでしょうか。

祈りとは教えるものではなく、教わるものです。聖神は教会の伝統という場の中で祈りを呼び起こします。教会の伝統は祈りの師です。預言者エリシャが死んだ青年の上に横たわって、自分の手を彼の手に、目を目に、口を口に置くと、青年が生き返りました。エリシャと同じことを、教会は私たちに対してするのです。私たちの目にはイコンを、耳には歌を、口には聖書の言葉や歌を、心にはその意味を、傷の上には「主、憐れめよ」の繰り返しを、そして食べ物と飲み物としてハリストスの体と血を授けます。教会に通わねばなりません。そして家に帰れば、自分の住居の戸を閉じて一人で祈ることも必要です。

どのようにでしょうか。自分に可能な方法でしたいように祈ります。大切なのは神の前に自分を置くことです。人の心を見通すお方が祈り方を教えてくださるでしょう。祈る時には（一人でも、共同体の中でも）宇宙を支える神の愛の流れに入ります。そして、できるだけ固定したイメージを抱かないで祈ります。

祈りについてはそれ以上のことは言えません。たとえ何か言えると思ったにしても、私は言わないでしょう。父がシチリアの古い諺を方言で話していたのを思い出します。「’A megghiu parola e chidda ca ’un si dici.（一番良い言葉は言われない言葉だ）」（大陸の言葉では聞いたことのない、シチリア人の東方的な魂を表す諺です）したがって、沈黙で祈りを讃えることにします。

どうやって瞑想すればよいのでしょう。第一に必要なのは神への思いを保つことです。神を忘れて生活する者は、愚かさの中にとどまります。忘却は私たちを片手で倒すことのできる強い巨人だと修道士マルコ（5世紀の修道師父）は言います。神への畏れが忘却に打ち勝ち、神への思いを呼び覚まします。畏れるとは怖がることではなく、神が私たちの生活の中心にいると認識することです。

神への思いは愛情を含んでいます。イタリア語では「記憶を撫でる」と言います。それは理性にかないます。神への思いなくして何かをしたり計画したりするのは、砂の上に書くほど愚かなことですから。また知性にもかないます。過去と未来を読み、人に安定した方向を示してくれます。

神への思いを保つ人には内面の分裂がありません。感情の温かさ、理性の具体性、知性の安定した先見の明が心の部屋にあるからです。このように集中している人はたとえ座って静かに瞑想していない時でも、働き、運転し、人と話している時でも、心が大きく乱れることはありません。

このような人は一日の内に聖書や聖師父を読む時間を求め、その時間を見つけるでしょう。隠修士フェオファン（1815~1894. ロシアの一九世紀の正教霊性復興の担い手の一人。）によれば朝は聖書を、午後には聖人の伝記、夕方か夜には聖師父を読むのがよいそうです。しかし今日の複雑な生活の中では一日に三回を読む時間を持つのは難しいかもしれません。二、三〇分の時間なら見つけられるでしょう。そして寝る直前にもう一度、十分ほど読めるでしょう。何を読めばいいのでしょうか。聖詠の一つ、福音の一、二ページをゆっくりと読むことを勧めます。

読むところを適当に選ぶのではなく、毎日続きを読み進めるのです。読む人の息が「神へのため息」になればよいとフェオファンは言います。福音の読みを二年間毎日続けた後、聖書の別の箇所か聖師父の本に移ります。

今まで「瞑想」と言ってきましたが「ゆっくりと読むこと」と言った方がよいかもしれません。それにはいろいろな理由があります。

まず、日本語で「瞑想」と言えば、静かな心で座禅を組むことなどが頭に浮かぶからです。聖書をゆっくりと読む場合には姿勢は自由ですが、座禅よりもっと徹底的に心が空になります。人の思いや言葉をすべて脇に置き、代わりに神の思いと言葉を読んだり、反芻したりすることで努力や緊張なく、心に空と静寂が生まれます。

第二に、読み書きさえできれば十分だからです。ユダヤ教の伝統を受け継いで、教会の聖師父たちにとっても瞑想とは神の言葉をゆっくり読んで忍耐強く繰り返すことであり、反芻して味わうことです。省察ではありません。省察できる人はしても構いませんが、何よりも読むことが基本です。したがって省察を抑制して神の言葉に戻らねばなりません。

第三に、聖書を注意深く反芻して朗読すると意味の宝庫に至るからです。

最初の意味は文字通りに読むことから現れます。もちろん前後関係の中で読みますが、文章の語る意味です（ヘブライ語で pshat と言います）。意味がわかったからといって次に進むわけにはいきません。実はわかっていないのですから。繰り返し繰り返し読むのです。

言葉を繰り返し読み、反芻していると、合図をしているような暗示の言葉に出会います。聖書の別の箇所にある言葉やできごとをほのめかしているかのようです（ヘブライ語で reme'z と言います）。この暗示は自由に想像してよいものではなく、文章の中に書かれていて、ある意味を付け加えるものです。例えばルカ福音書ではベツレヘムでイイススが生まれようとする時、母マリアとヨセフは「カタリマ」という泊まるための場所を見つけられなかったとあります。カタリマとは「安息の場」を意味するギリシャ語で「宿屋」と訳されますが、ルカ福音書とマルコ福音書では暗示的に最後の晩餐の間を「カタリマ」と呼んでいます。この関連に気付けばベツレヘムのカタリマの意味が大きく広がり、読む人は思いがけない霊的な糧を発見することになります。

反芻し続けると時には文章からある問いが突然湧いてくることがあります。文章に何かが足りないように思え、その問いの答えも文章の中にはありません。ルカ福音書（15・4）には迷える子羊のたとえ話があります。羊飼いは九九匹の羊を砂漠に残したまま迷った一匹を探しに行きます。子羊を見つけた羊飼いは肩にのせて大喜びで家に帰り、近所の人々を招いて祝います。私たちの心にここで突然「砂漠に残された九九匹はどうなったのか」という問いが生まれます。

答えはなく探さねばなりません（この探究をヘブライ語で drash と言います）。無理に暗示や問いを探してはいけません。基本は文章にしっかりとどまってゆっくりと文脈の中で読むことです。読み返しているうちに突然、何かが見えてくることがあります。この何かを注意深く観察して少し掘るのです。イスラエルの先生は聖書の吟味においてまさに先生であり、多くの解説や mi-drash（drash に答えるための物語）を残しました。聖師父はイスラエルの先生の導きでみことばを読んだり吟味したりしました。しかしユダヤ教の先生とは違い教会の師父は、イイスス・ハリストスについての何千もの暗示を見つけたり、何百もの問いを発見しました。

この問いの答えは提灯の明かりようなものです。この光がイイスス・ハリストスです。

聖書を読み、繰り返し、反芻し、吟味する人が、三〇分の読みを終えると、心には恋の視線のような暗示や神への愛の矢のような問いが残るでしょう。本を閉じた後も、可能な限り心の中で吟味し続けるでしょう。

(13)この生き方は「祈りの生活」と呼ぶことができます。「祈りの生活」とは生活が祈りそのものであるからでも、祈りの準備でもなく、祈りの結果です。祈らなければこの生き方は少しずつ消えていきます。祈りの恵みをいただいた人も、神を味わい、神に自分をゆだねた人も、注意しなければ神を忘却することになりかねません。

忘れてしまいます。またたとえ味わったもの、いただいた恵みを忘れることはなくても、過去のものとなってしまいます。過去に残して「記憶する」ことを忘れます。たとえ祈りの経験は過去のものだとしても神は常に今いるのです。絶えず神に戻り、再度ハリストスに回心し、主とともに生き、その言葉を吟味し、共同体の祈りに通うこと。その意味において「ゆっくりと読むこと」は祈りの準備にもなります。しかし聖神《せいしん》（聖霊）が祈りをくださる時にはすべてを置いて神に向かうのです。

聖師父のみことばの吟味の仕方はかなりの聖書の知識を前提としています。知識のない人のためにはもっと直接的な読み方があります。

東方教会の礼拝の場に祈りの体験に恵まれた若者がいました（今ではもう若くはありませんが）。彼は半年ほど毎日、九月の生神女誕生祭の祝いまで教会に通いました。ラテン教会に属していた彼はその後、イグナティウス・ロヨラ（Ignacio López de Loyola, or Inigo Oinaz Loiola, 1491-1556. カトリック教会の修道会であるイエズス会の創立者の一人にして初代総長。）による瞑想の方法を学びました。そして六年間毎日実践しましたがほとんど瞑想することができませんでした。この方法は想像力と感情を使うことを勧めます。たとえば福音を読むなら場と登場人物を想像して、その中に入り込み、神への思いや愛を呼び起こしたり、自分に必要な実りや心を養うものをいただいて、生活を見直す決心をすることが勧められるのです。

彼は想像力も感情も呼び起こすことはできませんでした。七年目に彼の生活環境が変わり、肉体労働と祈りという大変単純なものになりました。そこで自然に彼に合った瞑想の仕方を発見したのです。彼は福音のエピソードをゆっくりと二、三回読んだ後、言葉を一つ一つ、表現を一つ一つ拾い始めたそうです。焚き火をする前には薪を並べるように言葉を拾っては輪に並べました。そしてじっと言葉や表現を見つめていました、真中に炎が上がるまで。炎が上がればそれを見つめながら体を温めるだけでした、まるで暖炉の炎を見ているかのように。炎が上がらなければ何もせず、上がったならノートに書き付けました。聖書を十分には知らない、直感的で何にでも受動的な彼に合ったやり方でした。しかし彼が苦手とした聖イグナティウスによるやり方で瞑想を何年も続けなかったなら、つまり途中で止めていたら、自分に合った方法を発見できなかったでしょう。

人が何らかの方法で「ゆっくりと読むこと」をするなら、独自の思いにこだわってはいけません。教会の教え、礼拝と聖師父の伝統の中にとどまることが大切です。教会が聖書を書いたのですから教会しか解説できないのです。独立した読み方もなければ、独自の、科学的な、個人的な読み方もありません。そういう読み方をするなら、もはや聖書を読むとは言えないのです。最もお勧めする方法は、日曜日の礼拝以外にも共同体で「ゆっくりと読むこと」をし、その後自分でもそれをなぞって毎日の読みを実行することです。

6節　女が見るとその木はいかにもおいしそうで、目を引き付け、賢くなるように唆していた。女は実を取って食べ、一緒にいた男にも渡したので、彼も食べた。

（1）女は木とその実を見ました。今まで何回も見ていましたが今回は違う目で見たのです。蛇から得た情報によって木への見方が変わっていたのです。偽りを経験したことのない彼女はたちまち信じてしまいました。ちょっとした言葉や巧妙な嘘の混じった情報が素直に受け入れられると、思いの流れも物事の見方も変わります。そこでエヴァは初めて見るかのように木を見ます。「食べるに良く、見るに楽しく、知識を得るに望ましい」ものとして見ます。「良い」と思うのではなく「食べるに良い」（新共同訳「おいしそう」）と思うのです。

創造に際して神は「すべてが良い」と言いました。アダムとその女にとってもすべてのものが創造主との関係の中で良いものだったのです。今やエヴァは「食べるに良い」と思い、その木の良さを自分との関係の中で見ています。未熟な彼女の自由意志が脱線して、神が禁じた実を食べることが可能で望ましいことに思わせているのです。ここに、マクシモスが「神的なものから、肉体的なものへの視線の移り変わり」と言っている（微妙で深刻な）変化の現場が押さえられます。創造主との関係の中で自然を見るとは神的なものを仰ぎ見るということです。自然は神ではありませんが、その美しさと良さが神を示します。ところが人が自分との関係の中で自然を見ると消費、開発、利用といった隠れた欲望が現れてくるのです。

実が「見るに楽しい」（目を引き付け）とは「食べるとおいしそう」に近い表現でしょう。東方の文化では、食べ物の味と同様にその見栄えも重要視されます。日本では特にそうです。以前は美しさに見とれていただけの目が、食べる前に味わっています。見方が変わりました。

「知識を得るに望ましい」（賢くなるように）。神が禁じたものさえ望ましくて可能なものだと人に思わせる知識とはいったい何なのでしょうか。神から来るものではないはずです。

「知識」と訳される言葉は、ギリシャ語では明確な識別（katanoeo）を示し、ラテン語では知性による現実の鋭い読み（ad intelligendum）を示します。もちろんアダムたちには知性がありました。知性を持つ彼らは、自然の中で神を仰ぎ見ても神を理解することはできませんでしたが、知りたいと強く望んでいました。人は坂の上の雲に向かうように神に向かい、その言葉と啓示を待っていたのです。（すでにハリストスを待っていたと言えるでしょう）。人と神の間には、飛び越えなくてはならない段差がありましたが、すでにアダムは神の訪れという約束を楽しみに待っていたのです。もはやエヴァの目には待つ気配がありません。待望の知識が望ましい実とともに手の届くところにあるのです。アダムたちが神を待っていた段差に蛇が待ち伏せていたのです。

人間は観想的知性のレベルから落ちました。自然を観想しながら神のみ業と知恵を読んでいた時には、神を知る望みも訪れへの期待も養われていました。今、人は理性のレベルまで降りて可能で望ましい行動をすることによって、待ち望む結果が得られると計算するようになったのです。神への望みによって動かされるのではなく自立して神のように自分で善悪を判断したいと望むのです。人は自分を動かすものとなり、迷宮に迷い込み自立しようともがく囚われ人となります。

エヴァは知識を得る好ましい手段として木の実を見ている内に、だんだんと神を望まなくなり、訪れを楽しみに待つこともなくなりました。彼女を取り巻く世界が変わりました。単調になったか、虚ろになったか、何かが足りませんが、それは何なのでしょうか。

「どうしたんだい、エヴァ。何が足りないの」。

「いいえ、足りないものはないのよ。何でもあるわ。でも、すべてがとても虚しいの！」

エヴァの視線にはすでにこの悲劇がありますが、まだ意識していません。神がお創りになった自然に反する動きが始まったことにも、惰性で続いていくことにも気付いていないのです。実を取って食べました。

（2）実を取って食べました。神の贈り物を亡きものとしたのです。「いただく」代わりに「取った」ものはもはや贈り物ではなく略奪物です。神の贈り物とは知識の木の実のことではなく、神のイメージと似姿に創られたことです。（イイスス・ハリストスこそが神の贈り物です）。神のようになろうと木の実を取って贈り物を無にします。取って食べました。「私たちとともにいる神」であるナザレのイイススが、永遠から準備された「安息の場」で、弟子たちに「取って食べなさい。これはあなたたちへ渡される私の体です」と言う前にエヴァが取って食べました。渡された（裏切りが行われた）まさにその夜、父なる神が人の手に渡したハリストスと言われるナザレのイイススは、父なる神と心を一つにして「取って食べなさい」とご自分を人々に渡されたのです。

「取って食べなさい」という言葉のおかげで、神の贈り物が略奪品のように取られて無きものとされても、まだ神の贈り物であり続けます。むしろ「命の贈り物」という性格がより明確に（思いがけない形で）啓示されました。「安息の場」である最後の晩餐の間で人間は初めて善悪を知りました。悪とは神の贈り物を無きものとすること、善とは神の贈り物を神からいただいて食べることです。

（3）ここでは、蛇の言葉に潜むもう一つの死に至る罠が見えるような気がします。それは教会の最初から存在していた最も古い異端で、今日でも形を変えて存続しています。ハリストスについて行こうとする弟子のかかとを狙う蛇です。グノーシス（Gnosticism 古代ギリシア語で認識・知識を意味する言葉であり、グノーシス主義は自己の本質と真の神についての認識に到達することを求める思想傾向を有する。）です。「目が開け、神のように善悪を知るものとなる」と蛇は言い、知識が救いへの道だと思わせるのです。それは啓示に基づかない知恵的な宗教が古くから持っている考え方です。その教えの多くは奥深い伝統を持ち、霊的な経験に満ち、偉大な指導者によって伝えられてきました。したがってこの宗教の悪口を言うわけにはいきません。ここではただ聖書の言葉に耳を傾けるだけです。人間は神を知らないが知る望みがあり、生まれながらに信仰への適性があると師父は言います。それゆえ人は神の言葉（啓示）を待ち、それを信じたいと思うのです。

エバグリオス（345~399. エジプトの砂漠の師父。）はアレクサンドリアのクレメンス（ca.150~ca.215. 神学者。）とともにこのように言います。「信仰とは内在的に備わった良きもので、神をまだ信じていない人たちにも生まれながらに与えられています。」

内在的な信仰はまだ可能態であり、アブラハムに見られるような積極的な信仰ではありません。「この出来事の後、幻の中でアブラハムに次の言葉がかけられた。『アブラハムよ、恐れてはならない。私はあなたの盾である』。彼は主を信じた。そのために彼は義とされた」。そしてアブラハムの信仰が実現しました。また聖書は言います。「信仰とは、望んでいる事柄の本質であり、見えない事実を語ることです。」

つまり、信仰は神によって約束され、私たちが待ち望んでいるこの約束の本質です。信仰とは見えないもの、すなわち理解することも計ることもできないものを確信を持って語ることです。

エバグリオスに詳しい現代の隠者（G.Bunge）は書き記しています。

「神を知ることが信仰における救いの約束の実りである。ところが古代から現代に至るグノーシスの教えの中では知識が救いへの道であるとされる。しかし実際は、生活の中で神の言葉を心から受け入れ、その言葉を実行することによって神との友情が育まれる。そして神と友になった時、真に神を知ることになる。永遠の命とは神を知ることである」。

神を信仰し愛するに到る「神を知る」過程の前提に神の救いの業《わざ》があります。その救いの業の中で神はご自分を現します。天地創造、アブラハムへの呼びかけ、出エジプト、ハリストスの福音、そして私たちの生活の中での神の訪れが、すべての過程の前提にあるのです。

エヴァは神がご自分を現すのを待つことなく、神のようになるために実を取って食べました。グノーシス的なアプローチが創造主と人の出会いという関係に忍び込み、その出会いをなきものにします。

知恵による接近が問題なのではなく、二つ（グノーシスと啓示）の組み合わせに問題があります。啓示を知らない非キリスト教徒でも、知恵のある人は、宇宙が神の愛に基づいているものだと悟ることができます。しかし彼は神の愛をあくまでも宇宙をつなぐ構造として悟るにとどまるでしょう。自由にご自分を現し、それによって人間と愛の関係を結ぶことを望むお方であると悟るには至らないでしょう。

ところが聖書の啓示においては知恵のないもの、むしろ罪人、奴隷や逃亡者が、自分を愛してくださる神に出会い知り始めます。その最終的な啓示がイイスス・ハリストスです。賢者にならなくてもいいのです。愚かさの中でハリストスに出会うなら、はるかにすばらしい知恵を得ることができます。愛であられる神と顔を合わせたことを認識するからです。キリスト教徒が神との出会いを脇に置いて知恵に接近するなら、自分を現す方を拒み、自分の知恵を選ぶことになるのです。蛇にそそのかされたエヴァはまさにそうしたのです。

初代教会の人々は自分の共同体の中にグノーシスが近付くのを発見した時、その中にサタンの陰を見てグノーシスを追い払いました。家に忍び込んだ蛇を追い出すように。

ここでグル（ヒンズー教系の宗教での「導師」。）と霊における父の違いが見えてきます。グルは知恵と体験を伝えるので大きな権威を持っています。霊における父とは権威を持つというより聖神《せいしん》（聖霊）に仕えるしもべです。自分の意志を捨てて神に従うため、彼はキリスト教徒の内に働く聖神の業を理解し答える手助けができるのです。自分の霊的な生き方を伝えようとはしませんが自然と伝わって行くのです。

（４）異端ではない、実践的とも言えるグノーシスがあります。例えば、霊的な本を何冊も興味深く味わって読む内に、自分が本に書かれている徳やカリスマ性を持っていると思い込んでしまいます。特に今日では、観念的に宗教をとらえる人の中によく見られる傾向です。このような人は霊的な本ではなく聖書を読み、裏切るユダ、イイススを否定するペトル、逃げるヨナ、殺すカインなどの立場に身を置いた方がよいでしょう。もう一つ現代的なグノーシスがあります。聖書の救いのできごとを（例えば出エジプト、天使のマリアへのお告げ、童貞女であること、主の復活までも）「できごと」としてではなく、ある価値観の「象徴」として受け止めるのです。ところが神の言葉とは文字で書かれる前からすでに救いのできごととして存在するのです。四つの福音書が書かれたのは紀元六五年から九五年でしたが、使徒によって証明されたできごととして教会はすでに福音を身ごもっていたのです。

（5）エヴァについて言えることは、すぐ近くにいたアダムについても言えます。蛇に対するエヴァの弱さはエヴァに対するアダムの弱さに当たります。聖師父によると罪は創造のすぐ後にありました。同じ日だったとラビは言います。実は罪を抜きにしてアダムとエヴァについて考えるのは不可能と言っていいのです。同じく、シナイの砂漠での長い滞在とバビロンへの連行を抜きにしてイスラエルを語ることはできません。

砂漠での四〇年間の滞在は、パランの砂漠のカデシュでの神への反発と不信の結果でしたが、この罰はイスラエルと神の婚約の時期としてイスラエルの思い出に残っています。預言者はそのような意味を与えています。イスラエルの夫である神が彼女を砂漠に連れて行きその心に語ったと預言者は書いています。

同様にバビロンでの七〇年間の放浪生活はイスラエルの王たちの偶像礼拝の結果でしたが、イスラエルのラビの伝統が始まるきっかけとなりました。そこから口述で伝えられる律法の解釈や聖書の霊的な理解や復活の信仰が発展し、それは間違いなく福音の準備となりました。

同じように、自分の罪を抜きにして自分を考えることは不可能です。若い時には、自分の欠点や個々の悪い行いばかりが目に付きます。自分の主な欠点を突き止め努力すれば改善することができると考えます。年を経るにつれて、自分の人生と性格に密接にからむ深い罪の根に気付きます。自分の最も深い罪（または病）の根を発見する時、ハリストスと自分の出会いの場を発見します。

7節　二人の目は開け、自分たちが裸であることを知り、二人はいちじくの葉をつづり合わせ、腰を覆うものとした。

広島では、大きな光（ピカ）が見えるとすぐにドンと大きな音が聞こえました。そして激しい風が吹き、次の瞬間、町には何も残ってはいませんでした。なんとか生き延びた人が痛む目で見ることができたのは、原爆により荒れ果てて砂漠のようになった世界だけでした。

アダムとエヴァの場合には光も音も風もありませんでしたが、罪を犯した瞬間に世界は変わり果ててしまいました。美しくも楽しくもなく、灰色になり、壊れて、危険の気配がありました。裸だと感じました。裸だと気付いたのです。目で見て裸だと悟ったというより心で感じたのです。壊れてしまったような弱い自分を感じたのです。見たところ以前と何も変わっていませんでしたがすべてが変わっていました。人は内面で外部の世界を察知します。その内面が壊れているなら必然的に外部の世界も壊れるでしょう。

8節　その日、風の吹くころ、主なる神が園の中を歩く音が聞こえてきた。アダムと女が、主なる神の顔を避けて、園の木の間に隠れると、

自分の裸を隠すとは自分の弱さを隠すことです。自分の弱さを隠すのは怖いからでしょう。

夕方の涼しい風に吹かれて散歩する神の足音を聞いて、身を隠すのはなぜでしょう。神を怖がっているのでしょうか。そうなのです。結局、神がどんな方であるかを知らないのです。目が開いた今、彼らは自分たちが裸だと知り、神がその善良さの裏に何か危険なものを隠しているかもしれないと邪推するのです。そうに違いないと肌で感じるのです。この恐怖は、もはや彼らは死の支配下に入ってしまっていることを証明しています。エヴァが考え蛇が忍び込ませたような種類の死ではありません。以前と同様に息をし動いています。しかし神が言わんとしていた死で死んだのです。この恐怖、不安、内面的な不和と暗闇は、創造主と被造物の間の和がなくなった印です。存在の上での関係は続いています。神は被造物を支え続けます。神は一度与えた贈り物を取り上げたりはしません。しかし人の最もすばらしいところ、つまり知る力と愛する力が神に向かっていたところに亀裂が入りました。人の最も繊細なところ、ようするに神のイメージと似姿に創られたところに分裂が生じたのです。

なぜ痛みもなく見ても気付かないほどのもので世界が変わり得るのでしょうか。あり得ます。まさにそこが神が創られた世界の要なのですから。

(1)西洋の諸教会は「原罪」を人間の本質に伴う罪として語ります。そのため、生まれたばかりの子も「本来のとが(macula originalis)」を持っていると説きます。東方教会では昔から違う考え方をしてきました。世界が腐敗したのは死に屈したからです。サタンが死の恐怖を用いて世を支配しています。罪はそこから来ています。いわゆる「原罪」は一つのとがではなく逃れられない人生の状況なのです。聖師父によるとアダムが犯した罪の結果として死が、つまり創造主と被造物の間の愛の絆に分裂が生じました。死の君臨が罪というトロイの馬のせいで世に入ったのです。

サルディスの主教メリト(St. Melito of Sardis, ~ca. 180 二世紀の小アジアの主教。多くの著作(ほとんど残っていないが)によりキリスト教を皇帝や社会に対し弁護した「護教家」の一人として知られる。)は復活祭の説教(一八〇年)で「罪は死の協力者(synergos)として勝利を収めた。そして死が人々の魂の中に入るための道を開いた」と言いました。メリトにとって支配者は死であり、罪は単なるしもべであるのは明らかです。罪が死のために行う仕事は、最初は人の心にほんの小さなひびを入れ、次は隙間を作り、最終的には道を開くことなのです。

モプスエスティアのテオドロス（Theodore of Mopsuestia, ca. 350~428 アンティオケ学派の神学者、聖書釈義家。）は「死の餌となった私たちはより強く罪へ傾くこととなった」と言います。**アレクサンドリアの聖キュリロス**（Cyril of Alexandri, ca.376~444, マリアをテオトコス（生神女・神の母）と呼ぶことに反対したネストリオストその一派と戦い、エフェス公会議（四三一年）でついに彼らを異端宣告した。）は「人間が腐敗という病気にかかった」と言います。腐敗という言葉（PhThora）は死のまたの名です。

アダムの罪は宇宙的な災いでした。パウェルに「最後の敵」と言われる死は最初の敵でもあります。人を支配することによって宇宙全体を支配しています。ハリストスはご自分の死をもって死を滅ぼし、私たちにご自分の栄光の体と、聖神《せいしん》（聖霊）と父なる神の交わりと、命を与えました。

（2）神の足音を聞いて隠れるとは何と恐ろしい生き方でしょう。命ではなく死です。人間として創られたアダムがネズミやモグラのように生きることになりました。神が彼をエデンから追放したのは当然です。アダムが光から逃げ回るドブネズミのようになることを許しませんでした。神は自分から離れたなら、いっそ遠くへ行くがよい、そうすれば離れたことに苦しんで我に返り、「何もわからない獣のように御前にいます」（聖詠72、詩編73・22）と言って戻ってくる、と期待したことでしょう。その時、アダムは真の隠れ場とは神だと悟るに違いありません。「神よ、私の逃れ場、私の力」（聖詠45、詩編46・1）または、あるラビが「私は神から逃げて、神へと逃れるのです」と語ったように。

（3）**盲目のディデュモス**（ca. 313~ca. 398 盲目の信徒・神学者 聖大アタナシオスによってアレクサンドリアの教理学校校長に任じられた。）は「御顔から隠れることは神を知ることの拒みである。御顔は御子ハリストスである……彼らは神のイメージに照らされる機会を失ったのだ」と言います。

デウツのルペルトは「主は言った。『悪を行うものは誰でも光を憎み、光に来ない、その行いが裁かれることを恐れて』。これこそまさに『御顔から身を隠す』ことだ」と言います。

イスラエルの先生（Radak）は「Hashem（神）がご自分の足音を人に聞かせたのは、失敗して恥ずかしく思っている人の前に突然、姿を現さないためだった。彼らに葉で腰を覆い隠れる時間を与えたのである。私たちも失敗した人をじっと見つめたり驚かせてはいけない。人に時間を与えるべきである。神は理解ある優しい控えめな父である」と言います。

（4）死の恐怖が人を支配しています。人の中にさまざまな悪い草をはびこらせる根です。ある人は攻撃的になり、ある人は自分を守るために引きこもります。人のエネルギーや愛を吸い取るばかりで何も与えない人もいます。または何も要求せずに人のために尽くす人もいます。

この最後の例は他のものより良さそうに思えますが、そうでない場合もあります。意識的に自分を犠牲にするほど寛大ですが、心の奥底では、特に無意識のレベルでは、自分を他人に開かず人を信用しようとしません。人の愛に自分をゆだねられないのです。傷つけられたり、苦しむことを恐れているのです。しかしその恐れを意識しておらず、格好をつけて毅然としています。何も受け取らず与えるばかりです。実際は多くの人から感謝や賞賛を受けていて、それに養われています。しかし心の奥の扉が閉じられているのです。病気や老いのために人に尽くせなくなり、他人の世話にならざるを得なくなると、稀にその心が開かれるという奇跡が起こります。しかし多くの場合、命令したり、不安に負けて心配性になったり、孤独の中に閉じこもって早く衰えてしまうのです。

死の恐怖がどのような悪い草を生むかは一言では言えません。各々の事情に依ります。

私たちはこの失敗、あの罪を気にしますが、目に見えない根について意識することはありません。しかし時がたてば、心の奥底を観察するようになるかもしれません。すると行動や言葉や思いの源が見えてきます。源は死の恐怖です。たとえば孤独、失敗、不名誉、不自由への恐怖です。

神がくれる薬は神ご自身です。いつも待っていてくれる父として、絶えず訪れてくれる神の子イイスス・ハリストスとして、いつも心を喜ばせ力を与えてくれる聖神《せいしん》（聖霊）としてご自分をくれるのです。神の薬をいただいて飲んだ人は聖神によって神の子となります。大切なのは神に自分の魂の奥底まで開くことです。喜びをもって神を思い、その愛の業を思い出すことです。

（5）母親をたいそう愛しながらも、幼い時から心を閉ざしていたある若者を知っています（今ではもう若くありませんが）。三、四歳の頃から母に甘えようとはしなくなりました。父親に関しては恐れて尊敬していましたが愛してはいませんでした。とても従順でおとなしい子供でした。母に似て大変信仰心が強く、十字架を担う主イイススの姿に惹かれていました。夜中に目が覚めると十字架を運んで歩くイイススを思って静かに泣き、「ついて来なさい」とイイススに語りかけられているように感じました。

彼の信仰心は自己犠牲に満ちていました。たとえば、喧嘩で妹を泣かせて母に叱られると、隠れて自分を厳しく罰していました。

思春期の初め頃、夏休みに海へ行き、ある若者のグループに加わりました。その中の一人の少女に彼の目は奪われ、彼女をうっとりと見つめ続けました。彼は若者たちのおしゃべりについていけなかったので、笑われていました。彼女も含めて皆に笑われていると気付いた時、このようなグループに二度と入らないと決心しました。そして読書に耽りました。その夏はトルストイの「戦争と平和」を読んでいました。同じ時期にキリスト教から離れました。その時まで彼を支え続けてきた信仰心の中に、息が詰まるような今まで同様には続けられない何かが漂っているのを感じたのです。

その頃から二〇歳までの間、大好きな勉強と読書に明け暮れました。好きな本を何回も読み返しました。最も繰り返し読んだのはドストエフスキーの「白痴」でした。大人になるにつれて彼は暗鬱な青年になっていきました。一八歳から二〇歳まで軍隊に行きました。父の意向に従って職業軍人になるため、国から兵役への召集が来る前に陸軍士官学校へ入りました。しかし本当は彼は何をすればよいのかわからなかったのです。大人になったら何になるのかわからなかったばかりか、考えることさえできませんでした。社会に出ることにも結婚して家族を作ることにも気が進まず、そのまま家にとどまりたくもありませんでした。八方塞がりの状態でした。軍隊生活の中で彼はますます暗くなっていきました。兵役義務期間に達した時、ついに職業軍人になるのをあきらめて家へ帰りました。帰ったのは三月頃でした。母の優しい気遣いにも、父の問うような視線にも耐え切れず、何冊かの本を持って一日中ローマの町を歩き回っていました。本までもが退屈になり始めていました。聖マリア・マッジョーレ広場を横切り、ヴィットリオ広場に向かって左側の古い建物に沿って歩いていると、台形の階段の上から歌声が切れ切れに聞こえてきました。目を上げると、半開きになっているドアがあり、香のかすかな香りが風に運ばれて彼のもとに漂ってきました。彼は階段を上がって中に入りました。

教会内は広く、高い天井の中央にはシャンデリアがぶら下がっていました。明るい日差しを浴びながら外を歩いていたので初めのうち、香がたちこめる暗い内部はよく見えませんでした。

どこか風変わりな教会でした。椅子もない広い空間がまさに空《から》のようでした。ゆったりとした長くて黒い服を着た男たちがいました。長髪で髭も長く、あちこちでじっと立っていました。しかし軍人のような立ち姿ではありませんでした。もっと不動な雰囲気でありながら緊張感はなく腕を柔らかく体に添わせていました。

時々お辞儀をしながら、流れるようなしぐさで十字を切っていました。彼は男たちの立ち姿をまねました。元軍人で、軍人の息子だった彼は、正しい姿勢をとることに慣れていました。足を平行に並べ、小さな足場に立ちました。バランスを保つためには体の軸をその足場の上に置かなければなりませんでした。バランスがとれると、体は意外なほど軽くなりました。奥にいたコーラス隊が古いスラブ語で歌い出し、聖体礼儀が始まろうとしていましたが、彼にはそれが何なのかよくわかりませんでした。

不動の立ち姿に慣れようという意識を最後に、無我の状態になりました。みなが帰り始めた時、「もう終わってしまったのか」と気付いて時計を見ました。驚いたことに二時間近く過ぎていました。十分ほど前に入ったばかりだと感じていたのです。目と顔にかゆみを感じたので触ってみると涙の跡がありました。たくさんの涙を流したようでした。出る前にもう一度、静かになってきた教会を見ました。すると長く青いチュニックを着た青年が、ゆっくりとイコンを回ってろうそくの火を消していました。彼は「天使かな」と思ったそうです。教会を出て、無意識に以前のように歩き始めました。歩いているのではなく飛んでいるのだと気付きました。立ち止まれば天に昇り、歩けば飛び、胸はボイラーがあるかのように熱く燃え、勢いよく炎が上がっていました。帰宅した彼を見た母親が見違えるほどでした。この話はここまでにします。彼の人生を語るつもりはありませんから。

言いたいのはこれです。神はこの若者に癒しの恵みを与え、そして彼は一瞬にして治ったのです。治ったとはいえ、社会や家族に自分を開き、社交的で親しみやすくなったわけではありません。むしろ意を決して（彼にとっては最終的な決意として）世間や社会や家族に背を向けて、神のためだけに生きることにしました。彼の愛情、興味、思いのすべてを神のみに向けたのです。少し人を愛するようになるまでに一〇年かかりました。彼の宗教心が犠牲的なものからアガペ的（婚礼的）なものに変わるまでには三〇年かかりました。それでも彼は基本的に一瞬にして治ったのです。その後もショックを受けたり、引き裂かれるような思いをしたり、長い鬱に悩まされたりしましたが、三月のあの日の力と喜びが損なわれることはありませんでした。その日のできごとは過去のものとはならず、夜の暗闇の中でもいつもポラリス（北極星）のように輝いていました。

青春期の始まりまで彼を支えていた信仰が形を変えて、東方教会の形をもって戻ってきました。彼のノートには、戻ってきた信仰が「大きな愛の交わり」として書き記されています。

死の恐怖から私たちを救うただ一つの薬は、神に対して自分を開くことです。神の友人となり、喜びをもってこの方を思うことです。まだ罪が残っているにしても、この友情の温かさによって少しずつ罪の根は弱くなっていくのです。

（6）アダムは怖くなって隠れました。救いのない人類の先祖です。聖詠の言葉とイスラエルと教会の祈りの言葉はこの救いのない人類の言葉です。どれほど救いから離れているかを感じることが救いの始まりです。自分の滅びを外部に出し始めるからです。その時が心に語られる聖詠の言葉をゆっくりと繰り返す時なのです。

「私の逃れ場，私の神よ、どうして私を見捨てられるのか、どうして敵に虐げられ、嘆きの内に歩むのか。あなたの真とあなたの光を送って、あなたの聖なる山、あなたの住まいに私を導いてください」（聖詠42・2、3／詩編43・2、3）。救いのない人々の言葉を自分の言葉にすること。神を求める人々の言葉です。そのおかげで神を見つけるでしょう。

（7）神は夕方の風に吹かれながら園を散歩します。なぜ夕方なのでしょうか。夕方は散歩にふさわしい時刻です。夕方の散歩は地中海世界の人々の生活に根付いていました。今でもそうです。

しかし聖師父はより深く読みます。例えば**ガバラのセヴィリアン**はこう言います。「聖なる神よ、あなたは『夕方』にアダムを訪れ、『夕方』に十字架上で人間を訪問なさいました。……神は言われました。『あなたはあなたより大きなものを望みました。私は私より小さなものを受け入れます。』……『私はあなたたちとこの過越を食べるのを切に望みます。』」

このようにセヴィリアンは「夕方」という言葉の中に十字架のできごとと、特に最後の晩餐を見たのです。

シリアのエフレムは「悔い改めたかったのなら、その時間はあったでしょう。父なる神はしばらくしてから彼らの所へ行ったのですから」と書いています。

なぜ夕方なのでしょうか。夕方とは晩年のことです。人は六〇歳を過ぎるとものごとがよくわかるようになり、自分を縛っていた錯覚から解放されます。晩年に神は私たちを訪問なさるのです。

（8）神から隠れることはできません。神には何も隠すことができないのです。ところが人には理解し得ないものがたくさんあり、それを探し求めます。しかし本当の意味での隠れた（理解し得ない）お方は神なのです。イザヤが「イスラエルの神よ、あなたは本当に隠れたお方です」と言うように。

神から逃げるために隠れた人は偽りの世界、つまり神に創られたのではなく人の過ちで生まれた世界の単なる歯車になってしまいます。アダムはこの世界に見透かされ、計算され、制御されてしまいます。実際に「俗世間」に支配されます。これが神から自立したがっている世界の状況です。人の自立はわずかな選択の余地しかない狭い監獄のようです。座ったり、横になったり、狭い空間を歩き回ったり、立ったり、外を眺めたりはできますが、それだけです。自立を自称する人は多かれ少なかれ俗世間の歯車になるよう組み込まれているのです。

しかしこの囚人は、逃げたいのならまだ逃げられます。俗世間から逃げ神へ逃れるのです。神に生きることは自由で無限の生き方です。しかしどうやって逃げればよいのでしょうか。砂漠や修道院に行くべきでしょうか。砂漠や修道院や山へ行く必要はありません。またそれだけでは十分ではないのです。「俗世間」の監獄から逃れるために、世界には見えない通路があります。

アンチオキアの主教聖イグナティウス（Antioch,ca. 35~ca.107 一世紀の殉教者。死刑のためローマに護送される旅路で各地の教会に七通の書簡を送っている。）が言うように、サタンには見えない隠された三つのできごとがありました。童貞女マリアの純潔と、イイスス・ハリストスの誕生とその死です。イグナティウスは「エフェスへの手紙」の中で、「教会が宣言した三つのできごとは神の救いの業の沈黙の中で起こった。この世の支配者であるサタンは童貞女マリアの純潔と、イイスス・ハリストスの誕生と、その死に気付くことができなかった」と言います。

この世のものではない命の種、神の言葉を胸に受け入れる時、人は童貞女マリアの純潔に属します。みことばを受け入れます。信仰は俗世間における決定的な勝利です。サタンは神の言葉が受胎するのを見ることができません。キリスト教徒が聖神《せいしん》（聖霊）の光に導かれて、イイススの足跡の上をよろめきながら歩み始める時こそが、貧しい服に包まれて飼い葉桶に置かれるイイススの誕生の時なのです。サタンも俗世間もこの小さな取るに足らない誕生に気付きません。

イイススの死は俗世間からの脱出です。復活はすでに後の世界に属しています。それに対してイイススの死は完全にこの世に属しています。サタンにとって主の死は「終わり」でしかないので、彼にはその真の姿が見えませんでした。この方の死は神へ逃れるキリスト教徒の目には見えない脱出の場です。知恵の書はこう言います。「神に従う人の魂は神の手で守られ、もはやいかなる責め苦も受けることはない。愚か者たちの目には彼らは死んだ者と映り、この世からの旅立ちは災い、自分たちからの離別は破滅に見えた。ところが彼らは平和の内にいる」（3・1～3）。

福音書を信じる人は毎日少しずつ可能な限り福音書に従い、世俗の命に対して死にます。神の招きに従う人は神へ逃れているのです。パウェルはその人について「あなたがたの命は、ハリストスと共に神の内に隠されているのです。あなたがたの命であるハリストスが現れるとき、あなたがたも、ハリストスと共に栄光に包まれて現れるでしょう」（コロサイ3・3、4）と言います。

ここで、インドのベンガル州の詩人タゴール（Rabindranath Tagore, 18611941 インドの詩人・思想家）の短い詩を思い出します。「思い上がった者は貧しい人、疎外された人々の間を歩むお方に近づくことはできない」。

今日において「神に隠れている生活」という言葉は、昔より強い響きを持っています。一九三七年にレニングラードで射殺されたパウェル・フロレンスキー（正教会の司祭であり、数学者、物理学者。Pavel Alexandrovich Florensky,

1882–1937）は、彼の霊的父であったイシドール神父（一九〇八年二月四日、聖人という名声に包まれながら死去）の伝記の最終章でこう書いています。

「ある日、一人の兄弟がカレグラードのニフォント兄弟に次のような質問をした。『世の終わりの時にも、今日のように世界中に多くの聖人がいるでしょうか』。聖ニフォントは答えました。『子よ、世の終わりまで主なる神の預言者が足りなくなることはないでしょう。同じく、サタンに仕える者もいることでしょう。いずれにせよ終りの時には、真をもって神に仕える人は目立たないように振舞うにちがいありません。今とは違い預言も言わず、奇跡も行わず、むしろ謙遜の内に生活するでしょう。彼らは天の国で多くのしるしを行って名を高めた私たちの父より偉大でしょう』。カレグラードの聖人はこのような預言をした。イシドール神父を思い出し、『終りの時には、聖人たちは人の目から隠れて生きるでしょう』という古い預言がひらめいた。イシドール神父は次の言葉をよく口にしていた。『終りの時は近く、すぐそこまで来ています。まもなくキリスト教徒たちが再び地下に隠れなければならないほどの迫害が起きるでしょう』。実際にイシドール神父は、天の知恵に満ちた彼特有の単純さのおがげで、世俗の人々の目だけではなく、他の修道士や共同体の目からも上手に隠れていたのだ。そうだ、イシドールバトシカ（バトシカは神父への親しみを込めた尊称）には特別なところはなかった。しかし、特に目立つところがなかったこと、これこそが特別なのだ」。

だれでもハリストスとともに神に逃れる生き方ができます。しかし、かまどの灰の下の火を守る必要があります。灰の下でひっそりと寄り添って燃えている真赤な炭が散り散りにならないような生活の仕方も大切です。散り散りになったなら、火はたちまち消えてしまいますから。

9節　主なる神はアダムを呼ばれた。「どこにいるのか。」

「どこにいるのか」

神はもちろんアダムのいる場所をご存知ですが、「どこにいるのか」と呼びかけます。この問いを自分自身への問いと思うこと。「どこにいるのか」と繰り返し、思い巡らすこと。私を探している神の言葉でありながら、私が神から離れてしまったことを悟らせてくれる言葉でもあります。この問いに答えられますか。どう答えますか。この問いによって神がご自分の愛を啓示していると理解すること。父性的でもあり、母性的でもある愛です。母性愛は慈悲の子宮で私を探し、父性愛は迷っている私を自覚させてくれます。

アブラハムのように「ここにいます」、言い換えれば「御前にいます」と答えられるでしょうか。神さま、あなたが「どこにいるのか」と呼んでくれなかったら、私は自分のいる場所を知ることはできなかったでしょう。自分がなぜここにいるかわからないでしょう。すべてが流れ過ぎていく中で、その流れに流されていくでしょう。「私はここにいます」と答えられたとしても、自分の声が響く場所からはすでに流されて離れたところにいるでしょう、ものごとが流れていく中で。

あなたの呼びかけがなければ、私はどこにいるでしょうか。考えたくありません。存在しない恐ろしいことを想像してはなりません。あなたに呼ばれています、ゆえに私がいます、あなたの前に。

シリアの聖エフレムは言います。「『どこにいるのか。蛇があなたに約束した神性の中にいるのか、私が警告した死の中にいるのか』。

デウツのルペルトは言います。「アダムに対してこのように尋ねるのは当然だ。アダムは動いてしまって、もう自分の場所にはいないのだ。人の場所は神である。探してくれるお方の愛は次のことを目指していた。探されている人が自分を見つけるように、そしてどれほど大きなものを失ったかを悟るように」。**ルター**は言います。『私が見ていないとでも思うのか』と言わんばかりだ。隠れていても神の目から隠れることはできず、神から逃げていても神の手の中にいることをアダムに悟らせたいのだ。そして神に戻るより逃げた方が自分にとってよいと思うのは、最高に愚かなことだと理解させたいのだ。しかしながら、神が薬を与えて人を呼ばない限り、罪人の心は神に戻れず、どうしても神から逃げ続けるのだ」。

10節　彼は答えた。「あなたの足音が園の中に聞こえたので、恐ろしくなり、隠れております。わたしは裸ですから。」

アダムは「ここにいます」とは言いません。神の前では役に立たない隠れ場から出て来ますが、言葉で身を隠し続けます。隠れたのは神の足音を聞いたからです（ギリシャ語の聖書とラテン語のヴルガタでは「あなたの声」となっています）。裸だったので怖くなったと言うのです。神の前に出ますが、目をそらします。神を信用して話しているわけではないようです。心を閉ざしています。心の中ではまだ逃げているのです。

自分が裸であることや、自分が抱く恐怖心という自分の一部だけしか見ません。自分自身をよく見れば、自分が犯した過ちと神の愛に気付いたに違いありません。しかし、自分自身を見ようとはせず、生存本能からひたすらに自分を守ろうとします。動物の生存本能とは違います。動物は生存本能に従うことによって命へ向かっているのに対して、アダムは死へ向かうおかしな本能に従っているのです。アダムは不自然な、化け物のような「生存本能」に動かされています。死の協力者である罪について行き、罪に導かれてこの世の独裁者である死に向かっているのです。

（1）七〇人訳ギリシャ語聖書（LXX）とヴルガタ（ラテン語）には、アダムが「あなたの声を聞いた」とあります。七〇人訳聖書は教会の始まりから用いられてきただけではなく、すでに紀元前二百年にカノン（正典）と見なされ、ギリシャ語を話すユダヤ人の共同体でも使われていました。したがって、その訳を重んじるべきです。ヘブライ語に基づく現代の聖書の「あなたの音」や「足音」より、「あなたの声」を大切にしたいと思います。

オリゲネスはマトフェイ（マタイ）の福音書の解説の中で、声と言葉を区別しています。声が言葉より先にやって来るのです。声はまだ不明瞭で、言葉ほどきちんと発音されないかもしれません。人の耳に先に届くのは声です。その後、人は言葉に耳を傾けます。

洗礼者イオアン（ヨハネ）は「何者か」と尋ねられた時、「砂漠で叫ぶ声です」と答えました。そして、「私の後に私より大きな方がいらっしゃいます。その方は偉大で、私にはそのサンダルの紐を解く資格さえありません」と言いました。このより大きな方とは、ナザレのイイスス、ハリストス、つまり人となった神のことばなのです。

アダムは神の言葉を聴くことができませんでしたが、その声を聞くことはできたのです。聞きましたが、耳を傾けませんでした。以前に書いた箇所を思い出します。アダムは創造された世界の中で坂の上の雲を眺めているような状態にいました。彼にとって美しく整った世界はすでに神の声のようなもので、さらに神がご自分を現して言葉をかけてくれるのを待っていました。人と友情を結びたかった神は、人の心にも同じ友情への望みを植えたからです。もはや人はこの神の声さえ望まず、むしろ恐ろしいものだと思っています。まして御言葉《みことば》を聴こうとはしません。創造された世界の決定的な打撃です。なんと残念なことでしょう。アダムとエヴァはあんなに恵まれていて、世界はあれほど美しかったというのに。あの蛇がいなかったなら（あのおしゃべりな女がいなかったなら）……間違いを犯した人はこのように悔しがり、気を落します。「どうしてあんなことを言ってしまったのか」

「どうしてあの人と別れてしまったのか」「どうしてあの学校、あの会社を辞めてしまったのか」、こうした後悔にとらわれてはいけません。それは自分や他人に対する怒りであったり、存在しないものに対するしつこい執着であったりします。

この失意が「ここにいます」と神に答えることを妨げるのです。回心を不可能にします。キリスト教の回心とは、生きる力をむしばむこのような消極的な気持ちではなく、各々が歩むべき救いの小道を準備してくれている神へと向かう動きです。自分の過ちや困難な状況を受け入れることには、常に苦い味が伴います。すべてが違っていたはずだと思いがちですから。その時に、神の業にも不思議な自己無化（ケノシス）、つまり不思議なへりくだりと苦悩があることを驚きとともに発見することこそが、おそらく役に立つでしょう。

ノアの箱舟の物語には、神が人間を創ったことを後悔したとあります。神が一瞬の弱気のために人間を創るという過ちを犯し、そのために気を落としたかのように書かれています。しかし（シリアのイサクが言うように）、聖書は人間の言い方を借りて語りますが、私たちは聖神《せいしん》（聖霊）の言葉として霊的に受け取るべきなのです。

イサクは言います。「創世記には『神が地上で人間を創ったことを後悔して悲しんだ』と書いてある。まるで神が人の出来の悪さに驚いたかのような表現だが、もちろん創造する前からご存知だったのだ。『世界のすべてのことが創造主の心にある』と書かれているように」。この文章の初めの部分でイサクはこう言います。「人に病いと弱さがなかったなら、どのように私たちは神の慈しみに気付くことができただろうか」。文章の半ばではこう言います。「ところがすべての物事の真の原因は神のもとにあって隠れている」。

神のもとには、私たちには想像の及ばないような謙遜があります。私たちには想像もできませんが、ハリストスに目を向ければ見えてきます。ハリストスに見えるものは永遠から神の内にあったものだと私たちは信じているのです。すべてのものを言葉によって創造なさった方が「ただの声」になったと読み取れた時、この神の謙遜が見えてきます。声が呼びました。「どこにいる」。そして答えはありませんでした。
私たちは神の謙遜という神秘を理解しようとするより、ハリストスを信じて拝むべきであり、自分のつらい状況を受け入れることによって実践すべきです。神の謙遜まで自分の視野を広げることは、生きてゆく力となるでしょう。そして、ふさわしいときに私たちを喜びで満たしてくれるでしょう。
(2)**ガバラのセヴィリアン**は言います。「あなたの声を聞きました。愛しているあなたの声を、すべてをくださったみ声を。今では、わたしがどれほど偉大な声を軽視してしまったかがわかります」。
ルペルトは言います。「アダムは『ここにいます』とは言わなかった。神の前にはおらず、そして従順に前に立ちたくなかったからだ」。
盲目のディデュモスは言います。「自分の恐れの原因は裸であることだと言う。神的な服である徳を失ったことから来た裸だ。そこでパウェルはこう勧めてくれる。『光の武装をしなさい』と。そして『慈愛の心を身に着けなさい』と。」
ルターは言います。「人は神に、自分が裸であることを面と向かって非難する。あたかも恥ずべきものを創造したと責めているかのようだ。裸の栄光を創造主への侮辱の理由にしてしまうほど、罪によって知性を失ったのだ」。

11節　神は言われた。「お前が裸であることを誰が告げたのか。取って食べるなと命じた木から食べたのか。」

「誰が告げたのか」。
ガザのプロコピオス（ca. 475～ca. 538. 聖書注解者。）は言います。「なんと柔和な叱責だろう。『このようにあなたを創った私はそんなことを教えていない。自分が創ったものを恥ずかしいとは思わないし、あなた自身の内に恥ずかしいものを見ることも教えたこともない』」。

ルペルトは言います。「神はこう言っているかのようだ。『自分が裸であると意識すること自体が悪いことだ。盗みの産物だから。良心がとがめ、欲望に心を乱し、裸であることにもはや我慢できなくなるほどにあなたの目が開いたのは、いったいどうしてなのか』」。

恥の倫理は神から来るものではありません。しかし名誉や不名誉という感覚は、矛盾に満ちた世界の中で生きるのに役立ちます。恥はよい役割を果たすこともあります。地中海の国々には存在しませんが、日本では恥が気高い心を表すことがあります。

たとえば第二次世界大戦後、仲間の大部分が死んでいるのにもかかわらず、自分だけが生き延びたことを恥じる兵隊がいました。嘘をついたり、逃げたり、自分の利益ばかりを求めることへの恥ずかしさは尊い心から来ます。しかし社会の圧力や偏見から生じるなら恥は堕落します。これはよくあることです。

神はアダムの自発的な告白を望みました。しかし告白しなかったので、禁じられた木の実を食べたのかと聞きました。尋ねることによって人が告白しやすくしてくれたのです。アダムはうなずいて「そうです」と言うだけで十分でした。そうやって創造主の手に自分を渡すことができたのですから。

12節　アダムは答えた。「あなたがわたしと共にいるようにしてくださった女が、木から取って与えたので、食べました。」

ところが人は女のせいにして、結局は神のせいにすることで、自己弁護しようとします。

「罪人たちは自分の過ちをすぐに告白せず、まず他人のせいにして、それから自分の言い訳をする」（**ガザのプロコピオス**）。

「……女を創造して自分に押し付けたのは神である……」（**ルペルト**）。

「……私に妻を与えた神様のせいだ……」（**ルター**）。

「この言葉は、一方では神を責めている。人は（自己弁護をして）、起こった一連のできごとの最終的な責任は神にある　と言おうとしている。またこれは、人と人との交わりがなくなったしるしでもある」（フォン・ラート）。

（1）アダムは「これはわたしの骨の骨、わたしの肉の肉」と言った時の喜びを忘れました。謎めいた形でハリストスと教会の神秘を語るこの預言的な言葉は、否定されてはいませんが、完全に忘れられています。

全宇宙を照らすあれほど大きな神秘が簡単に忘れられて、物やできごと、無益な言葉や感情で覆われて見えなくなってしまいました。

アダムは自分が悪いというより、被害者であると感じています。その声は泣いているようですが、態度は頑なです。人のせいにするという棘《とげ》が出てきました。自分の過ちを認めたくない人の上に暗い雲が降りてきて、もはやすべてがはっきりと見えなくなっています。少し自分に同情し、少し人を責め、その後、できごとを順に思い起こして分析しようとします。その分析による結論は精神状態によって刻々と変わっていきます。ある時は自分が悪いと認め、ある時は人のせいにします。絶えず自分のことを考えて落ち着くことができないのです。

（2）砂漠の聖師父は、人が自分の罪を認める時こそが平和の門の前に立ち、自己弁護の沼から抜け出して、みこころの安定した土地の上を歩み始める時であると言います。

「師父ヨアンネスは語った。『我々は軽い荷、つまり自己非難を捨てることによって、重い荷、つまり自己弁解を担う』」（**ヨアンネス・コロボス**）。

「自分の罪を告白することで救いが始まる」（**エヴァグリオス**）。

「師父へサイアスは師父マカリオスに求めた。『お言葉をください』。長老は彼に言った。『人間を避けよ』。すると、師父へサイアスは『人間を避けるとはどういう意味ですか。』と尋ねた。長老は『自分の修屋に座って、自分の罪を嘆くことである』と語った」（**マカリオス**）。

「師父ポイメンは語った。『使徒が〈清い者にとってはすべて清い〉と言っている段階に近づくほど、人は自分がすべての被造物に劣っていると考える』。すると兄弟が言った。『どうして私が人殺しよりも劣っていると考えられるのでしょうか』。長老は語った。『この言葉が表現している点に達した人が人殺しを見ると、この者はただ一つの罪を犯すだけであるが、自分は毎日人を殺している、と言うだろう』」。「この兄弟は師父ポイメンが語ったことに従って、同じ言葉について師父アヌープに尋ねた。すると師父アヌープは語った。『この言葉が告げるところにまで達した人は、兄弟の過ちを見ると、兄弟の過ちを自分の義で包んでしまう』。兄弟は尋ねた。『彼の義とは何ですか。』長老は答えた。『常に自分を責めることである』」（**ポイメン**）。

「実際に人がたくさんのよい行いをしたとしても、自分の罪を認めるこの道をしっかりとした足取りで歩まなければ、いつまでも人を苦しめ、自分も苦しみ、ついにはその努力が無駄になってしまう」（**ガザのドロテオス**）。

13節　主なる神は女に向かって言われた。「何ということをしたのか」。女は答えた。「蛇がだましたので、食べてしまいました」。

「神が彼らを尋問したのは知るためではなく、自分の罪を悟らせて回心に導くためだった」（**シリアのイシオダッ**

ド)。

パレスチナのタルグムは女の科白《せりふ》に次の言葉を付け加えました。「蛇が狡猾に私をだまし、悪意をもって私を惑わした」。

「彼女も自分の罪を認めず、人のせいにした。にもかかわらず、彼らから彼らを真似なかったダビデが生まれた。ダビデは多くの罪に苦しんでこう言った。『主よ、私を憐れんでください、あなたに罪を犯した私の魂を癒してください』」(**アウグスティヌス**)。

「アダムと同じく女も素直に『食べました』とは言わず、『蛇にだまされた』と言い訳をした。しかし神は、誰にそそのかされたのかではなく、なぜそうしたのかを尋ねただけだった」(**ルペルト**)。

『あなたが創造して園をうろつくのを許したあの蛇が私をだましました』。この言葉は神への責任転嫁にほかならない。罪はいつでもどこでも同じように働く。つまり罪は罪でありたくないし、罪だと思われたくない。自分を正当化する。正当化できない時は神のせいにして、罪を戒める神を不当だとする。こうして人間的な弱さから来る罪は悪霊的な強さを持った罪となり、不信仰は冒瀆となり、不従順は創造主への侮辱となる」(**ルター**)。

(1) 聖師父というより現代人に近いルターは「罪は罪でありたくない」と的を射たことを言いました。私たち現代人は、罪人とされたり思われたりすることに耐えられません。このため、ある人々は堕胎はほとんど権利だと思っています。同性間の交わりも同様です。実際しばしば、社会は虐げたり差別する人の罪を裁きながら、もっと大きな自分の罪に気付きません。しかし偽善的な社会は責められるにせよ、罪は罪であり、正当化できません。私たち現代人は罪の所在と責任に法廷での審問のような対応をしがちです。裁判では罪の軽重をさまざまな視点で審議して慎重に決めなければなりません。さもなければ間違いを犯した不幸な者に責任のすべてを負わせてしまい、背後に潜むもっと罪の重い者や、彼に罪を犯させた原因が問われないままになります。

しかし神の前に立つことは裁判官の前に立つのとはまったく異なります。問題は私たち現代人の、神の存在への意識の薄さにあります。罪人が神の前に立つ時、問題になるのは責任の多少ではなく、神に戻るかどうかです。神に立ち帰れば十分です。罪人にとって神にしがみつき神に抱かれる以外の関心事はあり得ないはずです。理由は簡単です。神は裁判官ではなく父だからです。神の前に立つとは法廷ではなく我が家の玄関に立つということです。したがって人がアダムのように自己弁護するならば、明らかに彼は神の前にはいません。できれば隠れていたい、遠くへ逃げたいのです。

神は確かに「裁き人」でもありますが「父」という名のほうがはるかに重要です。罪人にとって神は父です。しかし罪人でない人がいるでしょうか。だから神はすべての人の父なのです。イイススは「主の祈り」を、天にいます「私たちを裁くお方」ではなく「私たちの父」への祈りとして教えてくれました。では神が裁くお方なら、神は誰を裁くのでしょうか。神が裁くのはまちがいなく「正しい者」です。より正確には聖書にあるように「正しい人はいない」ので、神は自分を正当化する人を裁くお方です。

人が神の前で自己弁護するなら、人は神を父ではなく判事だと見なすことになり、ならば当然、彼は被告人として裁かれるでしょう。放蕩息子が家に戻り、父の前にひれ伏し「お父さん、あなたに罪を犯したので、もう子と呼ばれる資格はありません。あなたのしもべの一人として私を……」と用意した科白を言おうとしますが、父は最後まで言わせません。父親が彼の口を塞ぐのです。息子が今までの過ちの上に、より大きな過ちを重ねようとしているのですから。息子は自分の罪を自分で罰することで子の立場から降りようとしています。ならば父親はもはや父親ではありません。

そこで父親はしもべたちに「すぐに一番よい服を持ってきなさい」「主人の子であると証明する指輪を持ってきなさい」「宴会の準備をしなさい。戻ってきた子を祝おう」と急いで命じました。神は人が自分自身を罰することを望みません。自分を正当化する方法にすぎないのですから。そうすることで、人は裁判官の前で巧みに自己弁護できると思い込んでいるだけです。

(2) しかし神は裁くお方でもあります。どんな意味で?

聖詠にはこうあります。「神よ、私をお裁きください。しかし過酷にはなさらないでください……」(聖詠37・2、詩編38・1)

神は虐げられた人を裁く時には彼らを解放します。虐げる人を裁く時には彼らを滅ぼします。ともに救いのための裁きです。虐げる人の救いは滅びを通して実現します。悪しき者が神に戻る唯一の方法です。サウロもパウェル(パウロ)と呼ばれるようになる前に、神に裁かれました。教会を迫害していたからです。倒され、目が見えなくなり、人に手を引かれてダマスカスに入りました。異教の民への使徒になるための多くの恵みの始まりでした。倒され、目が見えない彼は、そのときすでに神から特別な恵みを受けていたのです。

パウェルはキプロス島で福音宣教を妨げようとした魔法使いのエリマを「悪霊の子……見よ、しばらくの間、目が見えなくなるだろう……」と叱責しました。これがエリマに福音を告げる唯一の方法でした。エリマはこの試練を通してパウェル自身の経験にならい、真理に達するでしょう。

神は罰することで治療します。オリゲネスはこう言います。「頑なな心で一〇回もヘブライ人を解放しなかったエジプトの王パロは、その都度、異なる災いに襲われたが、実は彼は罰せられていたのではなく、治療されていたのだ。医者が患者の体内にある病いを外に出して治すのと同じく、神もパロの内から一〇回も悪を出したのである」。パロが葦の海に沈んだ様は洗礼のようだと、オリゲネスは述べます。聖師父たちのオリゲネスへの評価は微妙ですが、この点については誰もオリゲネスを批判しません。

罰はそのほとんどが過ちへの自然界や社会の当然の反応です。高速道路で制限速度をはるかに超えるスピードを出す人は、少なくとも自分の神経をすり減らすでしょう。節度ある運転をする人より高い確率で大きな事故にあうでしょう。警察官に捕まればかなりの罰金を払うことになります。身勝手な運転で自分や他人の命を危険に晒したことをきちんと悟るように。自然界、または社会から罰せられた時、神の前に立つことを忘れてはいけません。無謀さは命に対する罪であり、神の摂理への挑戦だとわかります。役所に行ってわずかな罰金を払うことを恥じる人はわずかですが、神の前ではその罪は小さくありません。

もう一つ例をあげましょう。神との和解を望み、赦された人がいたとします。彼の問題は解決しました。彼は神に戻ることができました。しかし彼が犯した過ちに対する自然界や社会からの反応（罰）が免除されるわけではありません。罰金を払い、人に与えた損失を可能な限り償うことになるでしょう。これは当然の結果です。しかし神に戻った人なら自分の罰を熱心に受け取るでしょう。イイススを自分の家に迎えた不正な徴税人ザクヘイ（ザアカイ）のように、だまし取ったお金を自ら進んで四倍にして返します。その行為は彼の癒しとなります。これが罰の意味するところです。自分で自分の罪にけじめを付けるというよりも、神の腕に抱かれる道です。

（3）イスラム教徒は多くのキリスト教徒（特に西洋の教会）が失いかけている、神の存在が中心にある意識をまだ持っています。たとえば、あるテレビ番組で、イギリス人旅行者たちが、エジプトのある地方都市で二〇一一年の選挙の結果について話していました。イギリス人女性が「選挙でムスリム党が大勝した今、盗人の手を切り落とすことを要求する『シャリア』（イスラム法）は採用されるでしょうか」と尋ねました。エジプト人は「もちろん、それが正しいことですから」と答えました。罰が厳しすぎることは別にして、エジプト人の話しぶりには神の存在への強い確信を感じられました。なぜなら、イイススも言うように「両手があるままゲヘンナに投げ入れられるより、片手で命に入る方がよい」（マトフェイ（マタイ）５・30）のです。一方イギリス人の話し方には偏見、軽蔑、優越感と……神の不在を感じました。

（４）ここでキリスト教の伝統の中で言われる「罪の意識」と、日本で一般的にいわれる「罪の意識」との違いを明確にしておきましょう。多くの現代人は宗教的な畏れとは無縁な、ある種の「罪の意識」に苦しんでいます。日本人は特にその傾向が強いと感じます。では、その「罪の意識」とは何でしょうか。一種のコンプレックス劣等感ではないでしょうか。周囲の人々が期待する自分のこうあるべきあり方を生きていない、または、周りからすべきとされていることを自分はきちんとできてないと思う時に生じる感情でしょう。叱られてばかりで褒められない子供は「親の期待に応えられず、先生にも評価されず、仲間内でも影が薄い、そんな自分は駄目な人間だ」と漠然と思いながら育ちます。社会に出たり結婚して夫の家に入ってからも同様に会社や姑の期待に応えられないと、この自己否定の思いは悪化します。このような「罪の意識」には神の存在はありません。傷つき立ち上がることのできない自尊心や不幸なエゴイズムがあるだけでしょう。このような思いはうつ病につながりかねません。それほど悪化しなくても、人を息苦しい「自意識」の砦の中に閉じこめてしまいます。

キリスト教でいう「罪の意識」はまったく異なります。罪の意識は「自意識の砦」のなかにではなく「神の存在の意識」のうちに解き放たれています。その時、人の意識の中心には自分の力不足も応えられない要求もありません。その中心にはご自分の愛を示す神がいます。言い換えれば十字架と福音があります。私たち正教徒は告解に際し司祭に告白した後、ひれ伏し、そして立ち上がって十字架と福音書に接吻するではありませんか。

私たちは生活の中でさしだされた十字架を拒否して、自分の意志と楽しみを選びました。福音の喜びの言葉を、自分たちのみじめでちっぽけなもので覆ってしまいました。司祭から赦しの祈りを受け、十字架に接吻し、福音書に接吻することで私たちの罪が消えます。私たちの生活に十字架と福音が残ります。それこそが神の存在で、「まことの幸い」です。もちろん神の愛に十分に応えることはできません。それはよくわかっていますが、主の愛は中心に残っています。だから「幸い」です。一方に応えたくても応えられないという悲しみもありますが、それはもはや幸いな悲しみです。聖師父は聖神《せいしん》（聖霊）の贈り物だと言います。

この悲しみを保ち大切にすると罪の支配力が弱くなります。しかし消えるわけではありません。やはり生きている限り罪人です。そして罪への悲しみはますます強くなります。世の罪を自分の罪であるかのように感じるからです。こうして罪の根が弱まり、罪の意識と悲しみが強くなるのです。これは決して逆説的ではありません。罪に慣れてしまった人には、当然ながら罪の意識も悲しみもありません。

残念ながら私たちキリスト教徒の中には、良い「罪の意識」と良くない「自己否定」とが入り混じった感情があります。一般の人々に「罪の意識」を呼び起こし、自意識の砦に閉じこめる「周囲の人」が「神」に置き換わっただけということになりかねません。私たちは福音を応えられない要求と感じ、他の様々な応えられない要求と同列に置きます。さらに教会の中のいわゆる「立派な信者」の存在がこの勘違いを助長させます。このような「できのいい信者」が共同体の周辺に散らばっているだけならよいのですが、中心で活動したり、話したり、物事を進めたり、裁いたりすると……「役にたたない自分」という感情が繰り返し起ってきて苦しめます。教会的な「罪の意識」の色をしていますが、決して真の「罪の意識」ではありません。そこから抜け出してきたはずの「周囲の人」が、教会の中で出会う「周囲の人」に置き換わってしまっただけです。

聖師父が言うように、自分の罪を見た人は、他人を裁いたり、ライバル意識を持って比較することをやめます。言い換えるなら、真の「罪の意識」（どれほど神に愛され、どれほどその愛に応えきれないでいるかを認識すること）が、私たちを偽りの「罪の意識」から解放し、インフェリオリティ・コンプレックス（inferiority complex）＝劣等感から脱出させてくれるのです。

キリスト教徒としての歩みの初期段階では罪を強調するより、神の愛を重ねて語った方がよいでしょう。人は簡単には神の愛を理解しません。教会の説教を聴いても、聖書を読んでもなかなかわかりません。自分の弱さを通して、少しずつ理解していくのです。先に紹介したイサクの言葉にはこうあります。「人に病いと弱さがなかったなら、どのように神の慈しみが現れるだろうか」。しかし最初から罪の話をしすぎると、新しい信者が福音を「律法」のようだと勘違いして、真の「罪の意識」に達するのが難しくなるかもしれません。

14節　主なる神は、蛇に向かって言われた。「このようなことをしたお前は、あらゆる家畜、あらゆる野の獣の中で呪われるものとなった。お前は、生涯這いまわり、塵を食らう。

主は蛇に「なぜこんなことをしたのか」とは尋ねません。神が会話するのは人だけです。人が罪人であってもです。神は対話をして交わるために人を創られたのですから。

神と話ができる！　何と偉大な、驚くべきことでしょう。なぜ他に話し相手を探す必要があるでしょうか。友人がいないことに苦しんで、独り言ばかり言っている人もいるようです。そんな人は神と話し始めればよいのです。たとえ神を信じていなくても、そこにいるかのように話しかけるのです。そうすればやがて神の存在だけではなく、神は聴き、答えてくれることを身をもって知るでしょう。このような体験が人生の問題を基本的に解決します。

シリアのエフレムは言います。「『すると……』神は二人に尋ね、回心がないと見ると、次に第一の責任がある蛇を罰することにした……」エフレムの言い方からは、「神は、二人に回心の動きがあると見たなら、彼らばかりでなく蛇も罰しなかった」、そう読み取ることができます。これは回心しない人には、自分自身に対する責任を超えて、さらに大きな責任があると教えています。

セビリアンは「胸の上と腹の上」（「胸と腹の上を進む」七〇人訳ギリシャ語聖書訳　蛇の「這いまわる」姿を巧みに表現している）という言葉を「心を惑わせ、腹に食べ物を味わせたから」と解説します。

ベダ（673-735 英国の修道士、聖書釈義家、教会史家。）も似たことを言います。「蛇にそそのかされて人が世俗的な思いを持つ時、蛇は胸の上を這う。同じく食欲に負け、そして官能の情熱を湧き上がらせる時、蛇は腹の上を這う」。

ルペルトは預言者イザヤの言葉を引用して解説しています。「お前は『雲の最も高いところに登り、エリオン（いと高きお方）と等しいものになる』と言ったが、お前こそ深い淵に落とされたのだ……」「蛇の姿を通して悪魔自身が罰せられたのだ。思い上がった末にエリオンと同じものになりたがった彼は、被造物の中で最も下等なものと等しくなった」。

ルペルトはまた言います。「神は怒りをもって『呪いあれ』とは言わず、ただ『呪われるものとなった』と宣言する。すべてを良いものとして創ったので、どの被造物に対しても、呪って悪いものにすることはないだろう」。

塵を食らう。イスラエルのラビ（教師）は言います。「一見したところ罰には見えない。蛇は食べ物を探さなくてもいつでも食べられるようになったからだ。しかし実は、ハシェム（「その名」という意味で、直接神の名を言うことを憚って用いるユダヤ人たちの呼び方）にその日の糧を願う必要がないという以上の罰はない」。

ラビの解説にはいつも驚かされます。掘りおこして読むと、隠された意味が見つかることもあります。先の言葉を逆にすると、ハシェムにその日の糧を願わない人は、たとえ毎日おいしいものを食べていても塵しか食べていないことになります。祈ることもせず、神を思い起こしもしない人々の姿です。昔ならこのような人は恐れられたでしょう。今日ではどこにでもいるので、何とも思われません。聖書の視点から見ると、彼らは胸と腹で地面を這い塵で自分を養っているのです。しかし神が蛇に言ったように「生涯這いまわる」ことになるとは限りません。いつか頭を上げて神を仰ぎ見るでしょう。それがハリストスの再臨の時であったとしても。その日には頭を上げ胸を叩き、そして間一髪で救われます。

15節　お前と女、お前の子孫と女の子孫の間に、わたしは敵意を置く。
彼はお前の頭を砕き、お前は彼のかかとを砕く。」

パレスチナのタルグーム（ヘブライ語で書かれていた旧約聖書をアラマイ語の散文で注解した本。イイススの時代に一般的に使われていた。）は、次のように神が言ったとしています。「彼（人間）はお前（蛇）が彼に対して最初に行ったことを覚えているだろう。そしてお前は彼を最後の時に襲うだろう……女の末裔たちが律法の戒めを守る時、お前の頭を打つだろう。律法を忘れて守らなくなった時、お前は彼らを襲ってかかとを噛むだろう。しかし彼らには薬があるが、お前にはない。そして最後の時、メシア王の日々に、彼らは平和に入るだろう」。

長い間メシアを待ち望むイスラエルに対して神はついに応えないままでしょうか。私はこう思います。そんなことはありません。最後には来るでしょう。イスラエルのメシアとして、神しか知り得ない方法で、イスラエルしか見抜けない方法で。神とイスラエルの間には特別なものがあるからです。特別な印、私たちには見えない印が。

主の到来を待ち望む人は幸いです。

「**盲目者**」**ディデュモス**は「子孫」を「種」と言い換えて言います。教会の古くからの伝統です。「真理を曲げてくねくねと進む思いを『蛇の種』と言い、教会の象徴である彼女から来る徳のある思いを『女の種』と言う」。また言います。「女の種は生神女《しょうしんじょ》（神の母を意味するテオトコスの日本正教会訳。）の操《みさお》を示す。なぜなら人はすべて男の種から生まれるが、ハリストスのみは女の種から生まれたのだから」。

ガザのプロコピオスは言います。「この言葉のおかげで、神が悪霊を私たちの下に置かれたことがはっきりと理解できる。主は言う。『見よ、蛇とサソリの上を歩く力をあなたたちに与えたことを』。主はかかとの痛みも取り除いてくれた。死と罪を決定的に滅ぼしたのだ」。

ベダは言います。「女が蛇の頭を砕くとは、教会は、悪霊が罠を仕掛け毒のある助言をするとすぐにそれを見破り、踏みつぶすかのように無に戻すということだ」。

（1）ベダのこの言葉は、四世紀ごろにエジプトの砂漠から全教会に広まった禁欲的で霊的な生活の伝統の一つの側面を言い表しています。「反撃」の伝統です。聖なる怒りがすばやく働くことです。そのため人は自分の心に不信な思いを感じ取ると、すぐさまそれを追い出します。家に入り込もうとする野良猫を追い払うように。不信な思いとは思い上がり、人への裁き、嫉妬、肉欲、怒り、疑い、怠惰、投げやりな態度、言い訳などです。多くの聖師父はもっと長い例を挙げて、読む人がその中から自分に襲いかかることの多い思いを選べるようにしています。

この「反撃」の実践は東方教会でよく知られるもう一つの伝統「心の見張り」(phylake) を前提としています。「心の見張り」は、「注意（prosoche）」とも「節制（nepsis）」とも言われます。これらの言葉（phylake・prosoche・nepsis）は東方教会の信者と修道者の間ではよく知られている専門用語ですが、一般にはあまりなじみがないので、現代人Ｐ・アダムスの文章を借りて紹介した後、聖師父の言葉に耳を傾けたいと思います。

「動詞ネフェインと名詞ネプシスが意味するのは、酔いや興奮、眠気などの対極にある状態である。専門用語としてのネプシスははっきりと覚醒している魂の状態を指す。人は自己を意識しながら神の存在も意識することによって、「ロギスモイ」つまり悪い余計な思いを人の心に忍び込ませようとたくらむサタンに不意打ちされないように用心する。情念に満ちた思いを持って近付いて来るのを察知して、すぐさま退けるのである。この態度は『注意』、『心の見張り』と呼ばれる」。

これらの言葉は新約聖書に多く見られますが、ラテン教会で寝る前の祈り（compieta）として用いられている「ペトル（ペトロ）の手紙」に美しい文章があります。「Fratres, sobrii estote（ネプサテ）et vigilate quia adversarius vester diabolus tamquam leo rugiens circuit quaerens quem devoret……」「兄弟よ、目を覚まして用心しなさい。あなたたちの敵である悪霊が、吼えるライオンのように、獲物を探しながらうろついている……」（ペトル前書5・8）。

カッパドキアの聖大バシリウスは「申命記」の「自分に用心せよ」という言葉について説教してこう言います。「動物には本能的にできることを、私たちは用心をして思いを見張ることによって行わなければならない」。

バシリウスは動物たちの見事な警戒ぶりを見習うべきだと言います。動物は自分の命の危険をすぐに察知します。説教はこう続きます。「二つの用心がある。肉体の目で見えるものを見つめることと、魂の知性で目に見えないものを眺めることである」。彼はこう言いたいのでしょう。「人は何に注意ぶかくあるべきだろうか。まずそれをよく知る必要がある。人間の命とは何であって、命の危険とは何であるかを知らねばならない」。続きます。「神の家（生ける神の教会）には、家を建てる人、羊飼い、地を耕す人、兵士などがいる。家を建てる人は建て方に注意を払いなさい。しっかりとした基礎を作るべきだ。羊飼いよ、お前は自分のどんな仕事も怠けてはならない。この仕事とは何だろうか。羊が迷えば探し、傷を負えば手当てをし、病になれば癒す。地を耕すお前は実をつけないいちじくの木の周りを耕し、肥料を与えなさい。兵士よ、福音のために自分に課せられた労苦を引き受けなさい。悪霊に対しては神のよろいのすべてを身につけて良い戦いを挑みなさい。俗世間の商売に手を出してはならない。お前を雇った方に気に入られるように……」。

どんな職業であれ自分の仕事を愛する人は、何に注意深くあるべきかを知っています。教会にも社会にも多くの仕事がありますが、共通するのは仕事への愛です。愛は『道』であり、目的です。

バシリウスは言いたいことを簡潔で力強い二文にまとめます。「自分自身を注意深く見つめるだけで、まるで導かれてゆくかのように神を知るに至る」「自分に注意をしなさい。神に気付くことができるように」。

つまり自分のすぐ身の回りにある具体的な愛に注意するなら、神の愛に気付き、それに応えるようになります。愛に応えるのは難しいことです。常に妨害があります。この妨害は、まず思いとイメージによって私たちの内に入り込もうとします。その備えとして人の心の門には霊的な戦いの場があり、心の見張りという伝統ができました。

バシリウスの説教には豊かな含みがあります。彼は動物と職人に教わるべきだと教えて宗教的な注意とは、自然界と人間社会に見られる注意と同じものだと気づかせます。

しかし聖師父が言うように、心の見張り（注意、節制）という徳を身につけるには人間の努力だけではなく、第一に神の恵みが必要なのはなぜでしょうか。**フォティケのディアドコス**（五世紀のエピロス（現在のギリシャとアルバニアの間にある地方）のフォティケの主教。その著「霊的な完成のための百章」で名高い。）の言葉を聴きましょう。

「人が『注意』をして『この世』に対する執着から来る無分別（失明）を減らすなら、小さな罪も大きなものとして認め、多くの涙と感謝の念で神に絶えず祈る」。

ディアドコスとバシリウスはこう言いたいのでしょう。人は自分の命が神と結ばれていることを知り、パンだけではなく神から来る一つひとつの言葉によって養われていることを知ると、自分の命を愛し神を愛するようになります。このような人は虚飾に満ちた「この世」の、「目くらませ」にはだんだんと惹かれなくなり（節制）、たとえやむを得ず「この世」に近付かなければならない場合でも、野生動物のように細心の警戒を怠りません。しかし人のこの知恵は信仰から来ていて、祈りと瞑想に養われています。明らかにそれは神の恵みにほかなりません。それに人がそれぞれの苦労を重ねて自由に応えるのです。

シナイ山の修道院の霊的父である**バトスのヘーシュキオス**（五世紀のエルサレムの主教。バトス（燃える柴）修道院の修道士だったことからバトスのヘシュキオスと呼ばれる。）は、ネプシスとプロソケ、心の見張りをキリスト教徒の生活の中心に置きます。ここでバトスのヘーシュキオスの文章をいくつか紹介します（番号は「フィロカリア」所載の『覚醒と徳』について断章」の章番号）。

①ネプシスとは、神の助けと安定した実践によって、情念に汚染された思いや言葉、行いから私たちを解放する一つの霊的生活の方法である。

②モーセは申命記でこう言う。「あなたの心の中に秘めた言葉が生まれないように気を付けなさい」。秘めた言葉とは、神によって愛されることのない思いのことだ。聖師父たちはそれを「攻撃」、つまり刺激と呼ぶ。悪霊から与えられたこの刺激に惹きつけられた私たちの思いが、これと一種の関係を結び始めるのだ。

⑤注意とはあらゆる思いを覆う心の静けさ（沈黙）である。この沈黙は息を吸うたびごとに「イイスス・ハリストス、神の子よ」と呼び求める。

⑥「ネプシス」は心の門で絶え間なく思いを見張る。盗人のようにやって来る思いを見張り、その言葉を聞き、悪霊たちがどんなイメージを用いて人の知性を惑わそうとするのかを記憶する。この活動が霊的戦いの経験を与えてくれるのだ。

⑦悪い思いが心に入り込まないように注意する人の精神には、次の三点によって安定した注意が生まれる。一つ目は二重のおそれ(神罰をおそれ、神の愛に応えないおそれ)である。二つ目は神に捨てられるおそれである。

三つ目は私たちを正しくてくれる人生の思いがけない試練である。
⑳心の戦場で戦う人には次の四点、謙遜、最大の注意、反撃と祈りが必要である。謙遜が必要なのは思い上がった者と戦うためだ。そして傲慢な者を忌み嫌う神の助けをいただくためである。戦いの間はどんな思いにも、たとえ良い思いにでも、邪魔されないように注意を払う必要がある。反撃は悪霊を見抜くやいなや、その邪悪なものを追い出すために必要だ。そして祈りは反撃の直後に言葉にならないうめきによって神を呼び求めるために必要だ。すると戦う人は、風に吹き飛ばされたちりのように敵が消え去るのを見るだろう。

（２）女の種　ルペルトも「子孫」を種と言い換えて言います。「敵意は女の直接的な動作からではなく、彼女の種からやって来る……最後の勝利まで。ここで言う種とは間違いなくハリストスを指す。ハリストスだけは男の種ではなく、女の種から生まれた。ハリストスこそ力強く蛇と戦い、どんな妥協もしなかったのだ……脇に剣を差し、力に満ち、美しく輝いて勝利へと進み王国を手にした。敵を足元に引きずり、踏みつけ、剣で打った。聖詠はこう言っている。『あなたは思い上がった者を土の上に倒されました。あなたの腕の力で』（聖詠88・11、詩編89・10）。その時、女に預言されたことが、女の種というお方によって実現されたのだ」。
ルペルトは一二世紀のドイツの修道者ですが、死と復活にあるハリストスの勝利を、軍事的な勝利にたとえて表現しすぎるところが気になります。十字軍初期の時代でした。当時の人が彼の話を聞いたなら、おそらく勝利者たるハリストスの姿を、馬に乗り、剣を脇に差して東方への出発港であるブリンディシ市へ向かっている十字軍の騎兵に重ねたことでしょう。数十年後の一三世紀の初め、十字軍はコンスタンチノープルを略奪し、ビザンティン世界にラテン勢力の支配を広げました。その歴史はまだ正教徒の心に生々しく残っています。何世紀もの間、西洋諸国が十字軍の顔をした侵略者を解放と文明をもたらす者だと錯覚していたのは仕方がないかもしれません。しかし今日でも、なお他の国を引き従わせ、支配しようとする思惑が見え隠れしています。

西洋世界の土足で相手を踏みにじるようなやり方は、何世紀にも渡って東方世界との間に深い溝を作り、今も作り続けています。さいわいにもルペルトの文章には、他の彼の文全体を見れば明らかですが、こういった独善的な勝利者意識がありません。彼が言う勝利はあくまで神秘的なものです。オリゲネスをはじめ、聖師父の伝統に従って聖書を読んでいます。

一二世紀までは西洋世界でも聖師父の伝統が重んじられていたのです。

ルターも教会の伝統によって「子孫」を「種」と言い換えます。「ノアの洪水まで、そしてその後のマリアまで、女たちは子を産んだ。しかし彼女たちの種は『女の種』とは言えなかった。むしろ『男の種』と呼ばれていた。ところがマリアから生まれた方が聖神《せいしん》（聖霊）によって形作られた。この方こそ真の女の種である」。

また言います。「『お前の頭を砕く』という表現には、律法からの解放、罪と死からの解放が含まれている。体が復活し、この世での人生の後、永遠の命を得る希望がはっきりと現れている。もし蛇の頭を砕くなら、死も消えることになる。死が消えたなら、死をもたらすもの、罪も消えることになるであろう。そして罪が消えたなら、律法の必要性もなくなる。それだけではなく、失われていた従順も戻ってくる。これらすべてのことはあの女の種の力の上に約束されていた。そのため、人間は罪の後に自分の力で罪を取り除くことができず、罪の結果である死も避けられず、従順も取り戻せなかったのは明確なことだ」。

この15節は初代教会の時代から「福音以前の福音」と思われていました。救いの約束なので、すでに「良い知らせ」（福音）です。キリスト教徒たちは聖書のすべての言葉をハリストスのできごとの光に照らして読んでいました。そしてルターも聖師父の伝統に従って聖書を読んでいました。ルターにとっては「女の種」のテーマが創世記におけるテーマであり、聖書全体の主なテーマの一つでもあります。

（３）蛇に襲われた「かかと」がその頭を砕きます。それはハリストス（キリスト）の十字架を示しています。ハリストスは一度、死に敗北したように思われましたが、復活によって死を滅ぼしました。正教会が復活祭で歌うように「死をもって死を滅ぼした」のです。

私たちにも、これと同じことが言えます。私たちはハリストスの十字架で、つまり私たちの弱さで「かかと」を襲う死や罪と戦うべきです。パウェル（パウロ）が言うように私たちは弱い時こそ強いのです。自分の弱さで死と戦うとはどういうことでしょうか。自分を知り、ハリストスを知るということです。私たちがあの方に出会ったのはまさに自分の弱さの内であって、自分の強さの内ではありませんでした。私たちの弱さの中に信仰は根をはり、あの方との出会いの思い出があるのです。

地面を踏みしめて立ち、腰を落とし、相手をよく見て相撲をとる力士はなかなか負けません。私たちは無理に筋肉をつけた屈強な者が強いと錯覚しがちです。しかしそのような力に頼れば、気がつかない内に地面に倒れることになります。

自分の弱さをもって死とその家来である罪と戦うことは、相手の弱さを知ることでもあります。敵の弱いところは、まさに彼が自分の力だと思い込んでいるもの、つまり思い上がりです。彼は思い上がることしかできず、実は弱いのです。その頭を砕くとはそういう意味ではないでしょうか。

多くの人が偽の謙遜と馬鹿げた思い上がりの間を行き来するようです。自分自身を実際以上に見下げる時、彼の謙遜は不安定で、本物ではありません。自分が偉大だという小さな証拠にしがみつくのは馬鹿げた思い上がりです。蛇は偽の謙遜や馬鹿な思い上がりを使って人の「かかと」を襲います。ハリストスとの出会いの中で節度ある自己評価を行うことが真の謙遜である。そう聖師父たちは教えます。

16節　神は女に向かって言われた。「お前のはらみの苦しみを大きなものにする。お前は、苦しんで子を産む。お前は男を求め、彼はお前を支配する。」

呪いではありません。「産めよ、増えよ」という創造の時の祝福がとり消されたわけではありません。ただ苦しみを伴った祝福です。「多くの苦労をもって天の国へ入らなければならない」（使徒14・22）という言葉通りです。どの聖人もその道を通りました。

ヨアンネス・クリュソストモス（金口）は言います。「創造の初めに二人は同じ誉れを受けたが、エヴァは過ちによって自分の地位を失い奴隷となった」。これがなぜ女にしか言われないのか疑問を感じます。しかしその疑問はしばらくおいて、ともかくあと二人の聖師父の話を聞きましょう。

ガバラのセベリアノは言います。「女は罰として悲しみにうめき、支配される状態になった。それはハリストスが私たちへの愛のため女から産まれ、この呪いを取り除くまで続いた。天使がまずマリアに『喜びなさい』と挨拶をして悲しみを追い払い、その挨拶の理由を告げた。『主はあなたとともにいらっしゃいます』。

ディデュモスは言います。「教会も苦労の内に子を生む。そしてその夫であり主であるハリストスの方へ自分の望みを向ける……」

（1）アレクサンドリアのディデュモスはこの16節を彼らしく霊的に読み、教会に当てはめました。しかし誤解されないように附言しておきますが、多くの師父は当時女性が置かれていた大変厳しい状況を目の当たりにしつつ、それを是認していたわけではありません。女性の低い地位は創造主の意図したものではありません。聖師父たちもそれを正当化しようとはせず、目に余る状況だと認識していました。今日に至るまで女性解放運動は百年以上の歴史がありますが、残念ながらまだ満足のいく状況にはありません。女性解放運動は大いに必要でしょう。しかしここでは創世記に思いを巡らせ、よりテキストに添った、より霊的な読み方をしたいと思います。

女が取って食べ、アダムもそうしました。したことは同じです。それなのになぜ女は夫に望みを向けて、彼に支配されることになったのでしょうか。その気になれば神の贈り物でさえ、与えられる前にふんだくって「取って食べる」ことのできる世界では、神の「贈り物」としての性はいとも簡単に踏みにじられ、男は女より有利な立場を占めます。

肉体的な力の優劣によるのではないでしょう。男より強い女もいます。畑を耕したり、羊を飼ったり、狩りをするのに女性であることで不利にならない人は昔からいました。この節のポイントは性の違いです。女性にそのつもりがなくても（またはその段階でなくても）、大変残酷なことですが男性は性的に「取って食べる」ことができます。一方、女性は男性に自分の望みを向けても、彼に同じ望みが起きないとできません。攻撃的な世の中で女性は受け身の立場を強いられている、そう聖書が言っているのだと思います。「性」というものはいろいろな分野に影響を及ぼします。福音的になった世の中でのみ、女性の解放とともに男性のまことの解放も実現します。女性も女性特有のやり方で男性を支配しようとするのなら、やはり男性も女性も解放されません。どんな解放運動も支配者のやり方をまねるかぎり、真の解放を実現できません。支配する者もされる者も怯えています。しかし福音的な世界にあるのは支配ではなく贈り物です。支配されている者が怖さから解放されれば、支配者が持つ恐怖も必ず弱くなるでしょう。こうして解放への過程が始まります。

言うのは簡単ですが大変難しいことです。ユートピアにすぎないのかもしれません。しかしながらガンジーや、彼のような人を思うと、このユートピアが現実になるかもしれないと感じます。

（２）ディデュモスはこの16節は教会のことも語っていると理解しました。教会は自分の主であるイイススに望みを向けます。イイススは教会の主、その頭であって、教会はイイスス（イエス）の体です。これはもちろん男女の関係についても言えるものではありません。男性は女性の主ではありません。男性も女性も、結婚により結ばれていたとしても、各々は独立していて、各自がイイススを自分の主として仰ぎ見ます。

自分の主を求めて仰ぎ見る教会は主によって自由になります。この教会は信者をも自由にします。主以外のものを求めると世界に支配されることになります。福音を生きようとする夫婦がともに主を求めて仰ぎ見れば、カップルとしても個人としても解放されます。福音的に生きようとしないなら多くの場合、支配・被支配関係が立ち現れます。それでも支配下にいる人がもし主を仰ぎ見るなら、解放されます。支配下にいても彼は自由です。

ディデュモスが私たちに示した読み方を続けます。主に向かい求める教会の動きは共同体的です。それは日曜日の聖体礼儀でも、学びと祈りの集会でも、カップルでも、一個人の場合でもそうです。この動きは唯一の主であるハリストスに向かう命の絆です。この絆のおかげで誰も一人ではありません。ハリストスに心を向けるなら男性も女性も、家でも職場でも、たとえ一人でいるときでも一人ではなく、大きな共同体のメンバーです。主に向かうことは解放への動きです。すでに私たちの内にある復活の王国に入ることですから。私たちを縛っていた鎖がはずれて自由の身となります。しかし、もう縛られていないのに逃げません。真に自由な人は逃げません。

使徒行伝はパウェル（パウロ）とシラ（シラス）がピリピで牢に入れられた時の奇蹟を伝えています。夜、足枷に繋がれた二人は聖詠を歌って神を賛美していました。すると地震が起こって足枷がはずれました。門が開きました。灯りを持って走って来た牢の看守は、戸が開いているのを見て囚人が逃げたと思い、上司に責任を問われるのを恐れて自殺しようとしました。しかし、パウェルと他の囚人たちは全員、そこの暗闇の中にいました。鎖ははずれていましたが、逃げはしなかったのです。パウェルは看守を呼んで、誰も逃げていないから自殺などしないようにと言いました。このように看守もパウェルから福音を伝えられ、それを信じ、主イイススの方を向いて回心したのです。彼も見えない自分の鎖から解放され、自由な心で自分の仕事を続けました。しかし人は人に希望を託したり組織に頼ったりするなら、不自由な身となります。

教会が自分の主に向いて希望を託すのは、主とともに世界に命を与えようと苦しむためです。ディデュモスは女の罪がもたらした苦しい結果を語る16節を霊的に解釈し、女の男に対する動きの中にハリストスに向かう教会の動きを見て、命を産む女の苦しみの中にハリストスとともに世に命を与える教会の苦しみを見ました。一見こじつけのように思えますが、ディデュモスの解釈は勝手なものではありません。むしろ、私たちの日常の現実を語っているのです。私たちはハリストスの死と復活、昇天と聖神《せいしん》（聖霊）降臨、そして教会の成立の後には、もはや罪と罰の鎖には縛られていません。この世を牢獄のように閉ざしていた、かんぬきのかかった鉄格子の扉はもはや開いています。しかし私たちは逃げません。すでに自由なので逃げる必要はありません。私たちは新しい心で、罪（自分の、または他人の罪でしょう）による苦しい結果を背負いながらでも、生き生きと生きるだけではなく、その生き方が世に命を与える道となることを発見します。

このように私たちは多くのことに縛られ、自分の心の底にある望みに対して無力であっても、主イイススに魂を向けます。魂を向けるという私たちの動きはすでに勝利であり解放です。この動きは私たちの死さえ含み、すでに死は超えられています。主イイススに心を向けながら死ぬとはなんと美しいことでしょうか。主に心を向けながら生きるのも、死ぬのも美しいことです。この「主に心を向ける」ことは命も死も包み込む網です。漁師が網を引いた時（復活の日）、さまざまな貝が網に残っているように、苦しいことも楽しいことも残るのです。

日曜日ごとに「ハリストス」に心も声も向ける教会は、日常生活の中で（生きるにせよ死ぬにせよ）主イイススに心を向ける信者一人ひとりの中で具体化します。教会共同体は祈る一人ひとりの信者に実体を持っています。そして同時に、各々の信者は教会のメンバーとしてしか実現しません。ペトルが言うように、教会は生きた石で形作られています。一つ一つの生きた石の内に教会が生きています。それぞれの石が他の生きた石とつながっています。そうでなければ生きているとは言えません。しかしその命は建物から石に注がれるのではありません。命は一つ一つの石の内から湧いてくるのです。命を与えるのは聖神です。ここでも、女に罰を与える言葉の中にさえハリストス、教会、聖神と世の救いの神秘が語られていることに驚かされます。

17節　神はアダムに向かって言われた。「お前は女の声に従い、取って食べるなと命じた木から食べた。お前のゆえに、土は呪われるものとなった。お前は生涯食べ物を得ようと苦しむ。

どの声に耳を傾け、どの波長に自分を同調させるべきでしょうか。この選択は大変重要です。しかし私たちはそれをやり過ごすことがあります。アダムがとがめられたのは女の声を聞いたからではありません。日本では多くの女性が、夫が話を聞いてくれないと愚痴をこぼします。この夫たちの態度は神に褒められるものではありません。私たちに向けられる声を聞くこと、子供や自然、動物の声を注意深く聞くことで私たちは柔和になり、忙しさや心配も和らぎます。そんなふうに小さなものの声を聞く時には選択は強いられません。すばらしい安らぎが得られるだけです。ところが大人、有力者、人、政治家、マスメディアの声や宣伝などを聞く時には、選択のために自分の識別力を働かせる必要があります。アダムはこの点でとがめられたのです。惑わされないように注意を払わなかったからです。私たち現代人、特に西洋化した社会に生きる私たちは個人として責任を持って選択すべきです。自由な社会は市場で受け入れられることにしか関心を持たず、責任ある価値判断はしません。あらゆる声を同じレベルに置こうとします。

不必要なものが勧められ、最も必要なものが無視されたり忘れられたりしています。霊的生活に必要なもの、例えば休み時間、バランスのとれた生活、節制した生き方の美しさ、信仰教育、「勝ち組と負け組」といった考え方の無意味さなどが取り上げられたとしても、霊的な伝統から来る重みや神の前で初めて意味を持つその価値は剥ぎ取られ、「科学」の装いが施され、人間にどう役立つかばかりが強調されて、結局私たちの気持ちに任されてしまいます。霊的な価値観を市場経済に取り入れるためにそうするからです。

女がだまされ、アダムが背中を押されたことは二人の過ちを軽くはしません。語りかけられた言葉を自分の良心の内で識別しなければなりませんでした。善悪の知識の木の実を禁じていた神の声が、新しい声が嘘で根拠のないものだとわからなかったのです。師父たちは、アダムとエヴァの心に巣くった情念に満ちた思いが罪の元であり、この思いが外から来た新しい声を大きく響かせた、そう見ています。

（１）禁断の木の実を食べたことを神がとがめたのは二次的なことです。人間の法では唯一罪となるこの行いが神にとって二の次なのは、それは結果にすぎないからです。原因があって結果が生じるのです。問題は結果にあるというより原因にあります。

修道士マルコはまさにその点を語っています。「私たちは無意識の内に生まれてくる悪い思いのことで悩むが、実はその思いの原因を好んでいる。そのために思いがやって来る。悪い思いが自分の意志で養われる時、明らかに私たちは行為も好む」。

嫉妬や競争心、肉欲や暴力などの思いに悩む人がいます。自分の内にあるこのような思いと情念を嫌悪して苦しむのです。例えば、上流社会の人々と付き合いたい人は虚栄心や嫉妬心にさいなまれるでしょう。そのような人々と張り合うべきではないという常識を持っていてもです。こういう人はマルコの言うように外的で目に見える原因から離れる必要があります。そうすれば情念はかき立てられず養われることなく弱っていきます。そしてその情念は獲物を探すために裸で陰から出ざるを得なくなります。こうして上流社会とのつきあいをやめた人は奥底に隠れていた欲望の原因を見つけ、自分をよりよく知り、真理に照らされることになります。

マルコの最もすばらしい言葉の一つを紹介します。「次のことを言ってはならない。『何をなすべきかを知らないので、なすべきことをしなくても悪くはない』。まずは知っていることをしたなら、結果として他のことも示されるだろう。まるである小部屋から他の小部屋が次々と少しだけ見える時のように。自分がいる部屋ですべきことをしないで次の部屋にあるものを知っても役にはたたない。なぜなら、知識は怠慢のせいで人を思い上がらせるが、愛はすべてを耐えるがゆえに創造的だ」。

マルコの言葉は多くのクリスチャンの状況にあてはまります。まだ情念から解放されていない彼らは、それに流されないように闘うと同時に、情念に悩むこと自体が汚れたものだと思ってしまいます。板ばさみになり、二重の苦しみを体験します。するとある人々は疲れたり、教会につまずいたり、集会に出るのをやめたりします。そうすれば苦しい状況から抜け出せると思っているのです。マルコはこのような人にわかりやすく助言します。まず情念に最も近い原因を祈りの力をもって除くのです。簡単ではありませんが、そうすれば少々苦しみが和らぎます。次に、できることをした後、自分を神にゆだねるのです。すぐに平安が得られると思ってはいけません。ものごとにはそれぞれふさわしい時があります。むしろマルコは自分の苦しみを神を愛する良心の証として受け入れるように勧めます。悪で心をかたくなにしている人は苦しみません。癌にかかっていても痛みを感じない人のように自分の悪に気付かないからです。

教会の霊的伝統は神の愛（聖神《せいしん》）をいただくことだけを目的としています。神の賜物ですから「いただく」と言います。しかしマルコを読み進んでいくと、むしろ伝統は「いただく」ためにはまず、情念と戦うこと、徳を得て実行すること、心の見張りと祈りが先決だと常に強調していることに気づきます。もちろんそれは「取引条件」ではなく、差し出されているものを受け入れるための、いわば条件整備です。神の恩寵とともに私たちの中に少しずつ沁み込んでくる神の愛は聖師父たちによって「静けさ」（聖階梯者イオアンネス聖イオアンネス・クリマコス。六世紀のシナイ半島の聖エカテリナ修道院の修道院長。東方教会で読み継がれる『天国への階梯』の著者。）または「アパーティア」（表信者聖マクシモス六〜七世紀のビザンティンの神学者など）と呼ばれています。「アパーティア」は情念がないことを示しますが、西ヨーロッパ語ではapatia（伊語）、apathy（英語）は「無気力」という意味になってしまいました。師父の言葉と西洋の現代語の間には五〇〇年間の無理解と誤解が横たわっています。ルネサンスからロマン派の時代にかけて西洋人の意識が枝分かれしました。しかし霊的伝統は一つです。西洋世界においても修道院の中では伝えられ続けたと言えるでしょう。ところが、一般の信者やますます世俗化していく社会の中では、その影響はほとんどなくなっているようです。

五世紀の人である修道士マルコは福音に基づいて自分の魂の畑を耕し、ささやかですが基本となる本を残しました。この本は東方教会で千年の間、若い信者を育てるための霊的生活の入門書として使われました。

（２）地が呪われました。二章４節にある原始の地を思い出します。乾燥した、しかし優しい地。地下の水脈を流れて上って来る水を感じて揺るぎなく待っていた優しくて忍耐強い地。この地、人の創造によって尊いものとなった地は今、人のせいで呪われました。罪深い人は、罪のない母なる地の状態を見て自分の罪の深さを知り、泣くべきだとベダは言います。

地はこのように呪われても、あくまでも優しいのです。忍耐強く、愛に満ちています。もしあなたが世俗の欲求や苦しみに心をかき乱されるなら地に帰って土に触れ、畑を耕したり雑草を抜いたりしてみましょう。かならず忍耐強く優しい母に慰められ、耐える力を得ます。なぜなら神の呪いは神の祝福を消すことはできないからです。祝福は創造と一体の神の業で基本的なものです。いっぽう神の呪いは創造に属するものではなく「救いのオイコノミア（経綸）」と結ばれています。「救いのオイコノミア」とは、人間のさまざまな状況に応じながら、神の救いの計画が時と空間の中で実現することを意味します。したがって呪いは永遠のものではありません。人は救いの「聖なる歴史」（オイコノミア）の流れの中で祝福の永遠の岸へと運ばれていくのです。

ルターもこう言います。「地は無実である。罪を犯さなかったが、余儀なく呪いを背負っている。パウェル（パウロ）が言うように『虚しさに服従せざるを得なかった』のだ（ロマ8・20）、しかし待ち望む最後の日に解放されるだろう」。

ベダは言います。「霊的な意味では、アダムの罪で呪われてしまった地に『肉』を見ることができる。『肉』は私たちを苦しませる棘となり、悩みを生む。なぜなら私たちは『肉』に刺激され、悪へと動かされるからだ」。

十字架上のハリストスの姿に、この罪のない呪われた地を見ることができます。聖書はこう言います。「木にかけられた者はみな呪われている」（ガラティア3・13）。そしてパウェルは、ハリストスが私たちのために呪われたものとなった、と述べています。

しかし、正教会のイコンが描く十字架上の主と十字架から降ろされた主は、苦しそうではあっても限りない柔和と忍耐の表情を浮かべています。なぜなら主は悲しくも柔和な教会に囲まれているのですから。主を囲むイオアン（ヨハネ）、母マリア、他の男女は悲しんでいますが信仰と希望、愛に満ちていて、自分の体内に上ってくる聖神《せいしん》（聖霊）の大きな脈動をすでに感じています。主は安心して眠りについたのです。神はご自分の友、ましてご自分の子の腐敗を見過ごしには（死ぬままには）しません。

（3）毎日、苦しみはもたらされるでしょう。その通りです。主な苦労は、自分や家族のために食べ物などの生活必需品を得ることでしょう。裕福な人でも日々その人なりの苦労があるものです。むしろより大きいかもしれません。裕福な人はその日暮しをせず、自分の生活を計画し、苦労も計算に入れるのです。このような人の計画は不確実な希望や、現実とともに迫りくる恐れと共鳴します。

イイススは言いました。「その日の苦労だけで十分である」。ところが私たちには十分ではないようです。現実に存在しないことを心配するのですから。神が人に与える罰とは日雇い労働者のように生きることです。ただその罰はそんなに重苦しいものではありません。日雇い人にとって、夕方はいつも微笑む友として訪れます。汗は乾き、涼しい風が吹きます。家路につく足取りは少し疲れていても、自由でのびのびとしています。残業はめったにありません。夕方の五時には、またはもっと早い時間に自由になります。

昭和五二年と五三年の二年間ほど、東京の寄場(山谷)で働きました。また平成元年頃の二年間、名古屋の寄場(笹島)でも働きました。多くの仲間の顔は知っていましたが、名前はほとんど知りませんでした。日雇い人の世界には他人に好奇心を持つ人はあまりいませんが、決して無関心ではありません。思いやりもあります。名古屋のあるビルの屋上で冷たい「伊吹おろし」に吹かれて仕事をしていた時のことです。私が「ああ、今日という日も過ぎるでしょう」と大声をあげると、隣にいた人は「そうだ。そう考えなきゃあかん」と、忍耐強く美しい微笑を浮かべて言いました。

このように、神の罰は私たちが思うよりはるかに軽いのです。ところが私たち人間が互いにばかりではなく、むしろ自分に対して与える罰は大変重いのです。

18節　お前に対して、土は茨とあざみを生えいでさせる、野の草を食べようとするお前に。

耕されることのない地からは茨やあざみが生えてきます。罪以前には、地は気配りする母のようにすぐに食べられるものを育んでいました。実母から継母となったのでしょうか。そうではありません。愛情に満ちた母も、我が子に自分の堕落を悟らせるために厳しくなることがあります。パレスチナのタルグームの一つ「ネオフィティ」はこの18節を語る時、次のように神へのアダムの返事を加えます。「アダムは答えて言った。『主よ、あなたのもとにある愛ゆえに祈ります。私たちを野に生える草を食べる動物と同様に思われないように願います。そのために朝早く起き、労働をすることにします。私の手が苦労して得る地の実りを食べることにします。そうすれば、人の子と動物の違いがはっきりしますから』」。

人は労働を余儀なくされることで、母なる地や自分の人生と成熟した関係を結び、自尊心を保つことができます。タルグームが描く人間は、自分自身のために人生でもっとも辛いことを選ぶことで、動物とは一線を画すのです。罰や過ちの苦い結果は、より霊的に成熟するきっかけとなります。ヘブライ語の聖書のアラマイ語訳を読みこんだタルグームがアダムにこう言わせるのは、人はまさに（特に）困難な時にこそ、自分の自尊心を高めることができることを知っているからです。

「ああ、アダムが罪を犯さなかったらよかったのに……」という子供じみたつぶやきとは程遠いのです。

文化の始まりです。文化は西洋の言葉ではカルチャーと言い、畑仕事を指します。雑草を取り除き、土を耕し、種をまき、人に良いものを育てます。生きるため、教育するため、育てるためにするのです。霊的生活も文化です。人の魂に勝手に生える雑草や悪い思いを取り除いて、みことばの種をまくには、まず土を耕し、みことばとともに自分を育てなければなりません。それを自分自身に行わない人は、他人にさせることはできません。

砂漠の聖師父の一人が「修道士とは何ですか」と問われて、「ボノス」と答えました。つまり「苦労」です。魂を実らせる辛い仕事です。「修道士とは何ですか」ではなく、「人間とは何ですか」と問われても答えは同じだったでしょう。人間であるために、ただ「人間」であるために、何と苦労が必要なことでしょうか。『人間の条件』という映画を思い出します。修道的な労働は目的ではなくあくまでも手段ですが、なくてはならないものです。

今日においては特に必要です。

19節　お前は顔に汗を流してパンを得る、土に返るときまで。お前がそこから取られた土に。塵にすぎないお前は塵に返る。」

シリアのエフレムは言います。「あなたは汗とともにパンを食べるだろう。エデンの園で苦労することなく享受することを拒んだのだから」。ようするに汗も苦労も神の本来の計画にはなかったのです。神の贈り物（パン）を苦労することなく楽しめたのです。まさに贈り物であって勝ち取るものではありません。いただくにふさわしい者になる必要もありませんでした。

神の計画も、人間の目的も変わっていません。あくまでも「神からいただいたパンを食べる」ことです。しかし方法が変わりました。「汗と苦労とともに」食べることとなったのです。聖神《せいしん》（聖霊）に動かされようとする時に、「肉」となった魂の抵抗にあわない人はいません。これが汗です、働く人が額にかく汗というよりも。なぜなら額の汗はしばらくすると乾き、どの労働者も夕方になれば涼しいそよ風を楽しむことができますから。

ところが、とげを持つ植物や雑草を生み続ける自分の「肉」となった魂を耕す人の汗は、聖神の微風でしか癒されません。その微風に癒されるのは、自分の無を確認した時と、自分の苦労の無をも確認し、神の贈り物をいただく時です。贈り物なので、自分がいただくに足る者になったわけでも、いつか足る者になるわけでもありません。神の贈り物をいただくにふさわしくなったわけではありません。しかし、その人はやっと神的になったのです。

「土に返るだろう」という言葉の後に、タルグームは「そして土から復活するだろう。大審判の日に、したことの責任が問われるのだ」と付け加えます。

ガバラのセヴェリアンは言います。「神は人に復活の希望を与えるために、『土に返るまで』と言う。土からお前をお創りになったあの方には、再びお前を土で創り直すことが可能なのだ。

また**セヴェリアン**は言います。「『行くでしょう』と言い、『消えるでしょう』とは言わない。つまり、行くならば戻ることになるのだ」。（「返る」と訳された語は、七〇人訳ギリシャ語聖書では「行く」という意味の含まれる語が用いられています）。

戻る（かえる）。聖神をみごもった、希望を生む言葉です。神は言います。「帰れ、イスラエルよ」。また言います。「喜びなさい、イスラエルよ。お前の子が戻るだろう」。神は聖書の何千もの場面でこの救いを約束します。創世記ラッバ（ベレシットラッバ）の一つのミドラーシュはこう語ります。ラケルがベニアミンを産んで死んだ時、そのベツレヘムの地の十字路に葬られました（マクペラにある一族の墓地ではなく）。ヤコブはそこに小さな石柱を立ててマクペラに運ばれるのを拒んだのです。何世紀もの後、イスラエル人が戦いに敗れ、捕虜として外国に連れ去られる時にラケルが彼らのために祈ることができるように。預言者エレミアが言うように、何世紀もの後、連れ去られるイスラエル人の列がベツレヘムの十字路を通った時、自分の子のために泣くラケルの声が聞こえました。ミドラーシュはラケルの祈りの言葉を伝えた後、彼女を慰める神の声を伝えます。「あなたの子は敵地から戻ってくるだろう」。マトフェイ（マタイ）福音書はこのように語ります。産まれたばかりのイスラエルの王、ハリストスを殺そうとしたヘデロ王の命令によって、ベツレヘムで二歳に満たない子供たちが殺された時、再びラケルの嘆きの声がベツレヘムの十字路で聞こえました（2・16～18）。ラケルは自分の子はもういないので慰められたくありませんでした。マトフェイは神が彼女を慰めて、「お前の子は戻るだろう」と約束したとは書いていません。

しかし聴く耳を持つ人に行間から語りかけるのです。聖書の秘められた言葉を聴きましょう。神が聖師父やラビの口を通して語るのです。彼らはそれを聖神の力によって聴き、伝えました。聖書の言葉を全体的に聴く人にとって、聖書は涸れることのない泉になります。

シリアのエフレムは言います。「自分のことを忘れたお前、ただの塵であることを忘れたお前は塵に戻るだろう。地に落とされることによって、自分が何でできているかを知るだろう」。

地に落とされても怒りや苦々しさを持たない人は美しいと思います。神はこのような人を好み、こう言います。「この人で、地に落とされても怒らず苦々しくも思わないこの人で、やっと新しい創造ができるのだ」。

20節　アダムは女をエヴァ（命　エバ：新共同訳）**と名付けた。彼女がすべて命あるものの母となったからである。**

罰を語る前後の文の中で、思いがけないほど明るい節です。この「ハヴァ」（エヴァ）、つまり「命あるものの母」という名前は、先に付けられたイシャー（男からできた）という名と比べると預言的です。この名前を付けたアダムが、目に見えないものを見ていることがわかります。無意識の内にアダムは命あるものの母である教会のことを語っているのです。女はアダムの胸から出た最初の時から教会の姿を示していたのです。

ディデュモスは言います。「女の姿は教会を示すので、ハリストスの内において真の生きるものの母だと言える。ハリストスは『私は命である』と言った。『先に生まれたもの』（ヘブル12・23）と書かれている人がこの命に加わる。ハリストスは彼らの父で、教会は母なのだ」。

ベダは言います。「神のインスピレーションによってアダムが妻にこの名前を付けたのは明らかなことである。この名はまさに教会にふさわしい。なぜなら、唯一であるがゆえにカトリックと呼ばれる教会が、すべての人に信仰の門を開いているのだから」。

八世紀のイギリス人の師父ベダは、「生きるものの母」という名前の中に教会の唯一性とカトリック性の一致を見抜いたのです。カトリックの意味については以前に書きました。「カトリック」という言葉で自らを示すローマ教会は一〇五四年に東方教会から離れました。

ルターは言います。「この箇所から、アダムが聖神《せいしん》（聖霊）を受けてそれに照らされたことがはっきりとわかる。後の命を実感しなかったなら、彼の精神が立ち上がることも、妻にこれほど喜ばしい名前を付けることもできなかっただろう。神の約束を記憶する名前を」。

ラビの著作物の中で**ラープ・ヒールシュ**は次のように書いています。「ハヴァ（エヴァ）に与えられた『生きるものの母』という名が『塵に返る』のすぐ後にくるのは、人間は死ぬ運命にあるが、最後の時、メシアの時代に生きることを示すためである。そのために『生きるもの』と呼ばれる」。

21節　主なる神は、アダムと女に皮の衣を作って着せられた。

皮の衣とは何でしょう。

聖師父によると、この死んだ動物の皮によって人間がもはや死の支配下にあることが示されています。しかしこの皮の衣を作ったのも、二人に着せたのも神ご自身でした。ここから、長い目で見守る神の愛がわかります。人は自分の栄光に包まれていた時には、自分が裸だと認識しておらず、恥じていませんでした。栄光を失った今は裸であることを恥じているので、彼らが自分を恥じることがないよう神は衣を作って着せました。しかし神が作ったこの衣は（神の手から出た他のすべてのものとは違い）ご自分の栄光にふさわしいものではなく、むしろ堕落した人の状況に適したものでした。つまり神のみ手が、死んだ動物の皮のような穢れたものを触り、それで衣を作り二人に着せるのです。「とりあえず」と神が言われるようです。「とりあえず、この死んだ動物の皮の衣を着なさい。そして自分の過ちの結果を受け取るのだ。しかし失った栄光よりも大きな栄光に満ちた服を着る日が来るだろう」。洗礼により人は皮の衣を脱ぎ捨て、ハリストスを身にまといます。私たちの教会で歌われているようにうに（正教会では洗礼を受けた後、「ハリストスによって洗を受けし者、ハリストスを着たり」とガラティア書三・二七を歌う。）。皮の衣は救いの過程（オイコノミア）も示します。なぜなら神は人のために衣を作って着せることによって、罪人となった人と共に歩み始め、人の過ちにご自分を合わせ、過ち自体を救いの手段として使うからです。神の藉身の始まりのようです。そこでは神が人となり、人が神のようになります。このように、皮の衣も無言の救いの約束なのです。

この皮の衣は寒さからも裸の弱さからも人を守ります。同様に、人は自分の無知によって守られます。無知と錯覚に守られている人から、その無知と錯覚を取り上げてはいけません。特に錯覚が葉を茂らせ、花を咲かせている時には。

取り上げたものの代わりに、何を与えることができるでしょうか。「ほんとうのことを言っただけだ」と言ってはいけません。この真実の冷酷な暴露は、人の錯覚よりずっと酷い偽りなのです。あなたが言う「ほんとうのこと」とは、その内にたとえ「ほんとうのこと」がいくつかはあったとしても一面的なもので、真の「ほんとう」ではありません。真理とは違うものとの交わりなのです。神のみが人から無意識の偽りと錯覚を奪う権利を持っています。神がそれをするのです。場合によっては人を高所から落とします。そしてすぐ天使たちに、人の足が石にぶつからないように落ちてくる人を支えなさい、と命じます。

落ちてくる人は暗黒の中を独りぼっちで墜落してゆきます。言いようのない悲しさです。しかし同時に、なぜか身が軽くなったようにも感じています。肩の荷が下りました。常に緊張していた神経から力が抜けました。上を仰ぎ見ます。星をじっくりと見る時間があります。時間はたっぷりとあるのです。悲しさもあります。「こんなふうになってしまった。ただの人、ありふれた夜にいるただの人に……」。そして聖詠の一節を思い出します。「朝に咲いた花が、夕方にはもうしおれた」（聖詠89・6／詩編90・6）。この言葉を小さく口ずさみます。自分の悲しい思いと寄り添うために。この聖書の一節を口にすると、寂しいと思っていた言葉から解放的なエネルギーが伝わってきます。そして驚きをもってこのエネルギーを味わいます。するとその味は、恩寵に触れられた跡として彼の大切な記憶の一つとなります。恩寵の世界から天使がやって来て彼を守ったのです。足が石にぶつからないように。

22節　主なる神は言われた。「人は我々の一人のように、善悪を知る者となった。今は、手を伸ばして命の木からも取って食べ、永遠に生きるものとなるおそれがある。」

「私たちの一人のように……」。ほとんどすべての聖師父がこの「私たち」という言葉に三位一体の啓示を見ます。「私のように」と言われたなら、単に孤独で独裁的な神を感じることでしょう。

アウグスティヌスは言います。「複数形は三位一体を示しているとしか考えられない。すでに言われた『（私たちが）人を創ろう』という言葉も、主がご自分と御父のことを『……わたしたちはその人のもとに行くだろう。そしてその人のもとに宿るだろう』と言った言葉も同じである」。

（１）「私たちの一人のように」に続いて「本質において」とは言わず、「善悪を知るという点において」と言います。ラビであるトロワイエのラーシ（一〇八〇年）の解説が光をもたらします。「ハシェム（神）は別の言葉でこう言う。『アダムは全世界で善悪を知るただ一人の者なので、私が上の世界で唯一であるように、彼も下の世界で唯一の者になるだろう』」。

人間が善悪を知ると、ほぼ自動的に神から自立した下の世界が生まれます。ある程度の法や真理、目的を持った世界です。この自立した世界は相対的で一時的な存在でしかありません。神は一人で、神が創った世界も（見えるものも見えないものも含んで）一つです。しかし神が創造したこの世界の中に、人間が神の代わりとなって排他的で閉鎖的な世界がいくつか生まれます。

例えば世界の権力者や国の指導者がニュースの発信源を握り、イメージや言葉を選んだり削ったりして伝達内容をコントロールしていることは皆さんもご存知でしょう。いわゆる「自由な」国でも新聞やテレビなどがコントロールされて、彼らなりの「善悪の知識」に従って世界のイメージが伝えられます。このようにして「良い国」と「悪い国」があると国際社会に植え付けようとします。「悪い」とされた国が外交関係や経済活動に圧力を加えられたり、軍事力によって「良い国」に苦しめられたりします。これは「善悪の知識」によって生まれる閉鎖的な世界の一つの表れ方ではないでしょうか。もう一つは、たぶんインターネットでしょう。インターネットのおかげでマスメディアによる言論統制の壁が破られることがあるのは事実ですが、反面閉鎖的で自立した世界がもう一つ新たに生まれることもあるでしょう。

（２）私はキリスト教の造形美術史にもう一つの表れを見ることができると思います。イコンの伝統は、完璧だとは言えないまでも基本的にはキリスト教的だった世界で生まれました。

イコンは神から遠く離れたこの世界に突入する神の救いのできごとを描くものなので、遠近法は用いられません。場合によっては、むしろ逆遠近法で描かれます。

神の救いのできごとはあらがい得ない、抑えきれないものであり、その突入は人間の視野全体をふさぐほどです。人はその救いのできごとを受け入れるか、受け入れないかのどちらかです。意見が違うなどと言って反論することはできません。なぜなら、できごとによってやって来る救いとは「神の言葉」であって、論じることのできる人間の言葉とは違います。神の言葉は主体です。人はそれを受け入れ、従い、ついには愛するにいたりますが、反論はできません。

最後の晩餐を描いたある古いイコンを例に取ります。

このイコンの中では、主イエスとその弟子たちが長いテーブルについています。テーブルは台形に描かれていて、その台形の長い方が奥（上）にあり、そこに主と弟子たちが座っています。短い方が私たちの近く（下）にあります。この短い側には弟子は座っていません。私たちのための席なのです。普通の遠近法では逆になります。長い方が私たちの近くに描かれ、短い方が奥にあるでしょう。
このイコンの逆遠近法（写真）は私たちに何を語ろうとしているのでしょうか。
神は人々と食事をし、「自分のパン」と「自分の葡萄酒」を「取って食べなさい、これはあなたたちのために渡される私の体です……」と人々に与えます。

二千年前、ティベリウス皇帝とカイファ大司祭の時代のこのできごとは遠い昔のことではなく今、私たちに向けられている神の「言葉――できごと」です。神には過去も未来もありません。この「言葉――できごと」は今ここにあるものとして私たちと対面します。人は神の言葉との対面を避けることも無視することもできません。天から降ってきたこの小さな隕石がどんどんと大きくなり、避けて通れなくなりました。フィニキア人は西に航路を取り、ジブラルタル海峡を越えてアフリカを回ることができましたが、この隕石を人は避けることはできません。隕石を避けるために東へと歩いても、アジアの大草原をさまようだけです。鷲の翼を借りて空から越えることもできません。この言葉は天の天よりも高いのです。もぐらのようにトンネルを掘りながらくぐり抜けることもできません。マグマの中で迷ってしまいます。人間はこの神の言葉（できごと）に足止めされて行きたいところへ行けなくなりました！

自然の遠近法では眼差しを向ける主体は人であり、人が空間や時間を計り、世界の中心にいます。それに対してイコンの逆遠近法では眼差しを向ける主体は神であり、神が空間と時間の主です。人間の空間は「ここ」という狭い場所に縮み、時間は「今」という瞬間となります。この状態は開拓者、航海者、侵略者だった西洋の勇ましい男たちには窮屈で耐えがたいものでした。そこにレオナルド・ダ・ビンチという天才が現れました。（二百年かかってて実現した中世からルネサンスへの世界観の転換を代表する人物としてレオナルドをあげました）。レオナルドは何をしたでしょうか。簡単なことです。イコンの逆遠近法を反対にしたのです。こうして神の「言葉――できごと」が二千年の「昔のこと」になってしまいました。このできごとは語ったり論じたりできる、結局は自然の空間に置くことができるものになりました。レオナルドの有名な「最後の晩餐」は人間の空間の延長として描かれ、イイススの後ろにある窓からは景色も見えます。世界がほっとしました。世界は再び計ることができるようになり、人間のものさしの対象になりました。あれほど無限で超越した次元ではなく。

美術史ではルネサンスが非常に高く評価されます。しかし失われた伝統の偉大さと重要性はまったく顧みられません。しかしまぎれもなく、美術史という学問もこの世に力をふるうものによってコントロールされた知識という大河の一本の支流にすぎないのです。

（3）バロックの美術と建築とはどのようなものでしょうか。それはルネサンスの遠近法を用いるだけではなく、目の錯覚を利用して実際にはない高さや奥行を作り出すまでに発達しました。ローマのあるバロック様式の教会堂では天井が実際より高く見え、天井に描かれた柱が建物の柱と続いているように見えます。もちろん驚嘆すべきものですが、少なくとも私の好みではありません。

壁画にとどまらず教会堂の構造体そのものも圧倒するような空間を創り出し教会堂が作られた目的（聖体礼儀を行う）から自立しているようです。中央の空間、天井の空間、脇の空間。脇の空間はお互いにつながっていますが、半自立的です。それぞれの空間が祭壇を持っているからです。ローマのバロック様式の教会堂に入る人は、思わず次から次へと現れる空間を探検し始めることになります。歩いていると、司祭が信者の一団を連れて小部屋から出てきて、脇にある祭壇の一つでミサを立て始めます。第二バチカン会議以前には、信者を伴った司祭たちが別々の祭壇で同時にミサを立てているのがよく見られました。

こういった聖体礼儀（カトリックではミサという）のあり方は、君臨する空間に対して偶然で二次的なことのように思われます。聖体礼儀が行われても行われなくても、空間が教会堂を支配します。（第二バチカン会議は、古い伝統に戻るために同時にミサを立てることを禁じ、複数の司祭が同じ祭壇を囲んで立つミサを再びよみがえらせました。しかし空間が教会堂の中心的な存在であるという事実はそのまま残っています）。

それに対して正教の教会堂（わずかな例外を除いて、ほとんどが小さいものです）の空間は、聖体礼儀がない時には冬眠しているかのようにじっとしています。聖体礼儀が行われる時に目覚めるのです。イコンに明かりが灯され、ハリストスや聖人の顔が輝きだします。係りの信者による聖詠の朗読が始まります。イコノスタシスの内で司祭や輔祭が準備の祈りをします。ろうそくやプロスフォラ（捧げものの小さなパン）を持って信者が集まってきます。中央のシャンデリアが灯されます。この空間が自立していないのは明らかで、作られたのも目覚めるのも、ただ聖体礼儀のためなのです。

（４）ルネサンスの遠近法とバロックの空間に話を戻すと、私には答えが見つからない一つの疑問があります。西洋世界でイコンが理解されなくなった原因を作ったルネサンスの遠近法や、教会堂に人がいなくても支配するバロック様式の教会堂の空間は、ローマ・カトリック教会そのものの構造やその自己意識とどんな関係があるでしょうか。そしてその教会の構造と自己意識は、宗教改革や西洋文化の誕生、徐々に進む世俗化とどのような関係があるのでしょうか。イコンの描き方が表そうとする神の「言葉──できごと」は、ただ存在するだけで反論できない不動のものです。ドグマですから、ドグマ的に押し付けたりする必要はありません。権威はありますが権力である必要はありません。聖神《せいしん》（聖霊）の力ですから政治力を持つ必要はありません。神の言葉はただあるだけで人を解放したり、自由について問いかけます。「言葉──できごと」はライバルを持たず、張り合いません。存在するだけで十分なのです。

しかし「言葉──できごと」が人によって人間的視野の中に置かれ、他の自立した世界と相対的になると、単純なドグマがドグマ的なものになり、単純な権威が権力になろうとし、聖神の力が政治力になってしまいがちです。権力を持たなければ対面している世界に侮られ無視され反対されるにちがいない、そう恐れた教会人たちがいました。ところがこの侮りこそ、この無視こそ、この反対こそは、ハリストスの救いのわざに必然的に伴っているものだということを忘れていました。ドストエフスキーなら「これがローマ・カトリックだ」と言うでしょう。私にはそのように言い切る勇気はありません。ただ四〇年以上もの間、私の内にある質問をくり返すだけです。

大きなバロック様式の教会に入り、祭壇の上方に書かれたAd maiorem Dei gloriam（神にもっと大きな栄光を）を読むたびに私は、次のように思いました。「これこそ典型的な西洋の考え方だ。『富や権力、技術、社会的名声などはそれ自体としては良くも悪くもない。良し悪しはその使い方や使う意図による』というのはまさに西洋的だ。確かにそれ自体は良くも悪くもないし、少なくともしばらくの間は良く使われることもあるだろう。しかし富や権力といったものは、ただ存在するだけで、ある重みやまさに世俗的な論理、強い世俗的傾向や悪魔的傾向さえ持つ可能性がある。意図がこの重みを正すことができると思うのは西洋的で近代的な哲学的主張だ。正しい意図はまずある手段を選び、福音的な香りのない手段はあらかじめ視野に入れない」。

もちろん権力や富に心惑わされるのはローマ教会にかぎらず、時にはどの教会もこの誘惑に陥ります。話が横道にそれました。元に戻し、締めくくることにします。

聖神の力は殉教に現れます。殉教は神がその御言葉の単純な真理を宣言するために私たちに要求する証しです。必ずしも血を流す殉教ではありませんが、殉教（証し）です。ロシア正教会は、千年ほどのキリスト教の伝統を持つその地に殉教の恵みを受けました。西洋哲学の影響を受けて、ほとんど神から自立して共産主義国家となったロシア・ソビエトは、まさに証しの地となったのです。ソビエト時代の殉教者の数はローマ帝国のそれをはるかに上回っています。ソビエトの地での殉教者は大部分はロシア人でしたが、他国の人もいました。正教徒が大部分でしたがカトリックもプロテスタントもいました。その殉教は、社会主義だけではなく西洋世界全体に抵抗する聖神の証しです。少なくとも私の見解では、社会主義とそのライバルであり従兄弟でもある資本主義の間にはたいした差はありません。

ビザンチン世界では、教会はキリスト教に基づいた世界をバランスよく表現できましたが、今ではもうその世界は存在しません。しかし、私たちの奉神礼（典礼）と精神の中に生きています。過去を懐かしんだり、キリスト教の信仰に基づく社会を再建する夢を持つのはよいことでしょうか。そうではない気がします。おそらくそのような歴史的な時期は過ぎ去ったのです。主イイススは、弟子の一団を育てたガリラヤを離れ、多くのユダヤ人やサマリア人の敵意の中、決然とエルサレムに向かわれました。その時（エルサレムへ向かうことは、死と復活を意味します）、お供したいと願った人を思いとどまらせるためにこう言いました。「……人の子は頭を置く石一つ持たない」。同じく今の時代も、教会は頭を置く石一つ持たずに、決然とパルシア（天のエルサレム）へ向かうのです。

（5）「手を伸ばして取らないように……」

エメッサのエウセビオス（三五九年ごろ没。シリアのエメッサの主教で聖書釈義家。）は言います（「プロコピウスの鎖」より）。「神がこう言ったのは、人が命を得ることを妬んだからではない。もし人をいつまでも命のないままにしておきたかったのなら、なぜ私たちのもとへハリストスを送られたのだろうか。しかし、人は命のパンを食べるようになるために、罪を死によって無くさねばならなかった。そこで神は、優れた陶工ができの悪い壺を土に戻すように、人を土に戻し、復活によって神の国を受け入れるにふさわしい人を再び創るのである」。

ルペルト（一二世紀のスコラ神学者。）は言います。「こんな状態になったアダムにとって、永遠に生きるとはどんな意味があったのだろうか。永遠の不幸に他ならない。みじめなものとなって永遠に生きるのは悲惨なことでしかなかっただろう……そのために主は怒りながらも、より大きな憐れみを思い起こした」。

ルバビッチのラビ・ヨセルはこう説明します。「神が人に命の木の実を食べるのを禁じたのは、人が悪に侵された後、永遠に生きるのはとても不幸なことだからだ……メシアの時代、悪が滅ぼされる時に人は再び不死のものとなるだろう」。

ラビ・ヨセル（一九三〇年）の説明は聖師父のものに似ていますが、一つ違いがあります。メシアの時代はすでに始まっているのです。

この二本の木、善悪を知る木と命の木はおそらく一本だとマッシモは言います。二本とも人が食べるために創られたものですが、招かれた時に食べるべきものでした。「永遠の命とは」とイオアン（ヨハネ）福音書の中でイイススは言います。「父よ、あなたを知ることです」。本質的な善を知ることが命なのです。本質的な善であられる神に対抗できる本質的な悪はありません。

善悪を同等に並べて知るとは、楽しいことが善で苦しいことが悪だと考えてしまう、人の自我の表れです。神ではなく自分を中心に置く人は、命の木を食べてはいけません。その人はまだ善を持てない状態にもかかわらず、善を持つことになるのですから。

23節　主なる神は、彼をエデンの園から追い出し、彼に、自分がそこから取られた土を耕させることにされた。

エデンの園はもはや人にふさわしい場所ではなくなりました。人は猫から逃げるねずみのように生きねばならなくなったのです。

タルグム（「偽ジョナタン」）は節の終わりにこう付け加えます。「……モリア山に住むようになった」。モリアはアブラハムが息子のイサクを神に捧げた山の名前で、「神が見る」「神が対策をとる」という意味があります。したがって、アダムとその妻は神の摂理を思わせる名を持つ場所に住むことになりました。教会の聖師父の解説とユダヤの伝承は、ともに希望と最後の約束を見つめているという点で共通しています。

なぜ人は自分が取り出された土を耕すのでしょうか。

追放されたアダムは根のない放浪者にはなりませんでした。彼の仕事は自分が取り出された土を耕すことです。つまりアダムの使命は取り消されたのではなく、むしろ新たになったことを意味します。自分が形作られた土を耕すとは、罪を犯した人間にとって自分の存在の根元に降り、神が彼を創られた道のりを再び辿ることなのです。地面に降りることで人は自分自身の無を知った後、神の純粋な恵みとして、神と自分自身を知る道を再び登ります。私たちが形作られた土を耕すことは、まさに砂漠の聖師父が私たちに教えてくれた厳しい修行です。キリスト教徒は誰でもそうする必要があります。自分の罪を認識し始めた人は特にそうです。

24節　こうしてアダムを追放し、命の木に至る道を守るために、エデンの園の東にケルビムと、きらめく剣の炎を置かれた。

七〇人訳ギリシャ語聖書ではエデンの園の「東」ではなく、園の「前」となっています。モプスエスティアのテオドロスはその訳に基づいて、「神はアダムたちを遠いところへ去らせたのではなく、すぐ前に置いた。いつか戻れる日を待ち望むようになって罪から離れるように」と書きます。

エデンの園の門は東に面していたかもしれません。ハリストスも東から来るので、教会の祭壇は東にあり、信者たちは東を向き立って祈ります。教会の門は西に向いていて、信者は西から入り東へ進んでハリストスに向かうのです。ラビ・ラシは、前後の文脈からケルビムとは破壊の天使だと言います。ある翻訳では、手に刃の曲がった剣、または回る炎の剣を持っています。

この剣のイメージは神の聖性を表します。神は私たちの罪を容認しません。自分を罪人だと感じる人は神の慈悲深さに思いをはせます。それほど罪を感じない人や、神への不実さを表す小さな行いや考えを「小さなこと」

として自らに許す人は、回る炎の剣や刃の曲がった剣のどちらかを想像して、おののくべきです。日本では私たち正教徒は、毎回の聖体礼儀でイイススの聖体をいただくために告解をします。司祭の前で自分の番を待ちながら、ケルビムの炎を思い、私たちの魂から発散される焦げたにおいを鼻ではなく心で感じるべきです。毎週日曜日には聖体礼儀へ出掛け、家の内外で真面目に働くキリスト教徒には、司祭に告白すべきことがなかなか見つかりません。しかし心の鼻で焦げたにおいを嗅げば、すぐに見つかります。

ガザのプロコピオスは燃えさかる剣についてこう言います。「エデンの園の周りには炎の壁がある」。この炎は神の愛で、愛のないものをすべて焼き尽くします。地獄と呼ぶこともできます。神を愛したいと願ってこの炎を通る人は幸いです。「苦労なくして神の国に入ることはできない」と書いてありますから。人生の試練の中でケルビムの炎の剣を見出す人は幸いです。

「命の木に至る道を守るために、きらめく剣の炎を置く」。

イイススは「私は道であり、真理であり、命である」と言います。この二つの文を並べると、イイススは命そのものであるご自身へと向かう道でもあることがわかります。すると剣の炎とは、イイススご自身である真理のもう一つの名前なのかもしれません。神の言葉は、たびたびよく切れる剣にたとえられます。それは真理なのですから。真理とはすべての偽りを焼き尽くす炎でもあります。

真理によって切られたり燃やされるにまかせるなら、私たちは命へ至る道を持ち続けることができます。

仏教寺院を思い浮かべます。寺門の左右には、怒りの形相をして戦おうと身構える二体の仁王像があります。

エデンの園は平和と喜びの場でその周りは炎に囲まれています。ケルビムは道を守ります。私たちにエネルギーと必要な意欲を与えてくれるすばらしいイメージです。

最後に全体を振り返ってみたいと思います。

創造の第二の物語は、追放された者の日常の現実にまで私たちを連れて行きました。私たちはエデンの園の思い出をおぼろげながらも持ち続けています。

地から形作られた人の孤独やエヴァと出会った喜び、誘惑に陥り、身を隠して他人を非難することなどを理解するのは、私たちにとって容易なことです。この物語は私たちについて、そして神について語ります。しかし教会と聖なる伝統の中で読み進めていくと、素朴で原始的に見える物語の中に隠された豊かな意味を発見できます。物語はハリストス、死と復活、教会について語ります。私たちとともにいる神と、神と切り離せない私たちの話です。

第二の物語が大変古いものであるのに対して、学者によると、第一の物語はもっと新しく、紀元前五世紀までにしかさかのぼれないとのことです。祭司によって書かれたもので、物語というより暦の形式になっています。暦は順序正しい時間で中断しません。宇宙の構造は礼拝の形の基本となり、その中では始まりと終わりが同一線上にあります。この第一の物語は、いと高きお方の思いという広い世界の中に私たちを置いてくれます。そして聖書の続きを読むにせよ、残りの人生を生きるにせよゆるぎない支えを与えてくれます。

第一の物語で人は最後に、六日目に創られましたが、第二の物語では最初に創られました。このことだけでも、この二つの物語は創造の描写ではなく、語られた神学であることがわかります。イスラエルは神と人を語ります。見えないことを語りますが、出エジプトの中にある救いの体験を瞑想してわかったことを語ります。

物語は二つとも特別な時間軸の中に置かれました。先史時代ではありません。先史時代も歴史の一部ですから。民話でもありません。民話は科学的でない方法で歴史に通じていますから。物語は神学的な時という次元にあります。重みのある言葉で私たちに神と創造物の関係を語ってくれるのです。時間の外にあるのではありません。

フィクションではないのです。始まりでもあり終わりでもある特別な時間です。

現代人は宇宙の構造や起源、物理的法則を数多く発見し、これからも発見してゆくでしょう。そして本能的にその発見を聖書の初めに書かれていることと比較します。

私はそんな必要はないと思います。聖書は物理や天文学を教えたいわけではないのですから。イスラエルの霊的生活の構造、礼拝、祭礼、終末の希望などは天地が創られたイメージに影響を及ぼしています。このイメージは信仰の外見であり、目的ではないと言えるでしょう。

これら二つの物語は、同じ内容が違う表現方法で書かれたものだと言われています。この神学の大筋を短く書くこともできたでしょう。しかし、そうはしませんでした。聖神《せいしん》（聖霊）から霊感を得たそれぞれの言葉や文には、具体的に聖書全体が宿っています。これは私が聖師父に関する瞑想をしながら発見したことです。

私たちが読んできた内容を整理して語ることができたとしても、霊感を得ていない私の言葉は聖書の言葉のエネルギーや含蓄を持っていないので、観念的な説明になるだけです。しかし教会の伝統が持ち続ける聖師父の言葉や典礼の言葉には、聖神のエネルギーが含まれています。そこで、わかりやすい説明を心がけるというより、聖神のエネルギーを含んだ文章を辿りながら、この瞑想をしてきました。

創世記の初めの三章を読んで思い巡らすことは、大きな喜びであり、一種の巡礼であり、体験したり感じたことのまとめでした。なぜなら、何十年もの間毎日続けてきた福音の瞑想と聖師父の著作の「神的読書（lectio divina)」は、ただの勉強ではありませんでしたから。多くの蔵書を持っていないので、常に同じものを読んでいます。日々のパンや水のように。

これら三章の瞑想を終え、一二〇〇年前に師父ベダがしたようにひとまず休息を取ることにします。もし神が私に時間と力をくださるなら、最後まで続けたいと思います。

あとがき

ここまで世界と人間の始まりに思いを馳せてきました。ようやくその目的も見えてきたような気がします。人間が何のために創られ、生まれるのかを知ると、はかり知れない安定と喜びを得られます。そこで若干繰り返しになりますが、その点について最後にもう一言付け加えたいと思います。

ローマ・カトリック教会のトレント会議で作られた教義問答の一つを糸口にして始めます。「人間は何のために生まれるのですか」という問いに対して、「人が生まれるのは、神を知り、愛し、仕えるためであり、来世においても永遠に神の内に喜ぶためです」と答えます。

この答えはコンパクトで思い出しやすく、他の問答とは違って哲学の影響がなく、聖書の言葉を使っているので、とてもよいと思います。しかし掘り下げていくと、決して簡単なことではありません。そこで特に「神を知る」について以下、問答形式で述べ、創世記の最初の三章についての瞑想の締めくくりにしたいと思います。

問い　人間の目的を知るのはすばらしいことですが、神を知るとはどういうことですか。わかりません。愛すること、仕えることなら何とかわかるような気がします。

答え　一言では言えません。私も「わからない」と言いたいほどです。しかし少なくとも、神を知ることは知的な活動にとどまりません。体験です。この体験には人格の全体が係わります。もちろん知性も感性もです。

パウェル（パウロ）はコリント人への第一の手紙で言います。「世は自分の知恵で神を知ることができませんでした。それは神の知恵にかなっています」（1・21）。彼は人間が罪を犯した後の世界について言っていますが、罪を犯す前も人は神を知ることはできませんでした。人はそのための器官を持っていないからです。神はすべてをはるかに超えたお方であり、知る活動の対象にはなり得ません。

しかし神は人間にご自分を知ってもらいたいと望みます。ご自分にかたどって人を創ったのはそのためです。そして人の心の中に、ご自分への憧れとご自分を知りたいという望みを置いたのです。そしてしかるべき時にご自分を顕そうと計画しました。神は啓示によってご自分を顕します。啓示なしには知り得ないお方です。

問い　それなら、キリスト教徒でない人は神を知らないので、人間の目的に達することができないということですか。お釈迦様や仏教界の偉大な人々は神を知らなかったと言うのですか。ひどい話ではないですか。

答え　確かに啓示とはモイセとイスラエルを通してなされたもので、ユダヤ教、キリスト教とイスラム教の人々だけがその恵みにあずかっています。しかし、他の人々が神とどのような関係にあるのかと問うのは、とても大切なことです。

すべての人が神を知りたいという望みを持っています。神がこの望みに応えないはずはありません。この望みは人の根本的な貧しさから来るものです。そのため、人は啓示の中にいても外にいても違いはありません。すべての人が罪のために死の支配下にいて、また目的に外れた物事を望むようになっていることも共通しています。
お釈迦様を例に取りましょう。恵まれた環境に生まれたにもかかわらず、人の病や死を見てこの世の無常を知った時、永遠不変なものを求めて修行の旅に出ました。神が彼の歩みを無視したはずはありません。きっと多くの恵みを与えたと思います。お釈迦様はヒンズー教文化の中で生きていたので、自分の世界観の内に神の恵みを受けて理解したのでしょう。彼が受けた恵みと導きは啓示ではありません。神は隠れたまま彼を愛し、恵みを与えたのです。お釈迦様は神を知ったとは言えませんが、多くの神的なものを知ったでしょう。神は人間を尊重します。自然のままの人間はすばらしいものを持っています。存在するものを見れば神の存在がわかります。しかし神の存在を知っても、神そのものを知ることはできません。世界の美しさと良さを見たなら、神が美しくて良いお方だとわかります。しかし、神そのものの美しさと良さは知ることはできません。自然のままの人々の中で最も純粋な人が、神的なものを求めて徳を得ます。すばらしい道を開き、人にそれを説き、尊い宗教と文化を築きました。神はそれを尊重し、その歩みを妨害しません。

問い　自然のままの人がすばらしいならば、なぜ啓示が必要なのですか。

答え　大いに必要です。人は自分の力では神を知り得ないからです。自分のことも十分には知りません。罪も知らないのです。もちろん、怒りや欲望から来る罪は知っていますが、徳の中に隠れている罪を知らないのです。

問い　なぜ徳の中に罪があるのですか。何の罪ですか。

答え　徳は一つの力です。多ければ多いほど、徳は神への望みを消してゆきかねません。望みは弱さから生まれるからです。神を望まなくなると人は徳を神の代わりにします。それは偶像の罪です。偶像とは彫刻に限らず、人の手で作られたものです、たとえ徳であろうとも。結局、人や国の力が偶像になるのです。日本はとりわけ徳を重んじる国です。キリスト教徒のことを徳のある人だと思い込み、「クリスチャンのくせに」と言う人が少なくありません。

問い　それならば、啓示は罪を示すのですか。

答え　その通りです。啓示にはモーセのものと、イイスス・ハリストスのものがあり、これらは二つの段階として区別しなければなりません。モーセの啓示は罪を示すことを目的にしていると、パウェルは断言します。

問い　啓示がそんなものならば、あまりぱっとしないですね。もっとすばらしいものかと思っていました。

答え　なるほど。昔も多くの異教徒がユダヤ教についてそのように思っていたようです。しかし違います、本当にすばらしいものです。イスラエルは神に選ばれた民として神と契約を結び、約束を受けたのです。世の中に神への信仰と希望がはじめて生まれました。イスラエルは、契約を破り、自分の不忠実さを発見するたびに、神がどれほど畏れ多い方で、どれほど忍耐強く、愛と慈しみのお方であるかを悟り、その赦しにあずかったのです。

イスラエルの歴史はその繰り返しです。まだモーセがシナイ山から降りない時から、すでに不忠実の罪を犯しました。預言者の喩えを引くと、神は妻に裏切られた夫のように、または、いくら手入れをしても実らないぶどう畑を持つ農夫のように、ご自分を顕しました。

イスラエルは自分の罪を知って神を知り、そして神の愛を知れば知るほど自分の罪を知りました。神を知らなければ罪の根を知ることはできないのです。罪の根は（以前に見たように）神の贈り物を無にすることにあります。イスラエルはこの罪を知り、神の恩寵である啓示を、過ぎ越す民としていただきました。

啓示によって神の民が生まれました。神がお釈迦様のようなすぐれた修行者にいくら恵みを与えたとしても、それは啓示ではありませんでした。一人の個人としての歩みを応援したのです。神はこういった人に自然の者としての力を強めたことでしょう。

しかしご自分を顕すならば、必然的に民を創ります。なぜなら人は一人ではあり得ないからです。必ずある民に属するのです。啓示が一人だけのものなら、その人の夢物語にすぎません。シナイ山の麓で神がモーセに律法を与えた時にイスラエルという民が生まれたのです。その頃（紀元前一二〇〇年頃）、世の中にはすばらしい文化を築いた民族がたくさんいました。すぐ近くにはエジプト、メソポタミア、ミケーネ、フェニキアなどがありました。それにインドと中国を加えれば、神がご自分の民としてイスラエルを選択した不思議が解き明かされます。神の民となった人々は民とは言えないような奴隷の群れでした。中にはヤコブ一族の子孫もいましたが、泥まみれで消される寸前のさまざまな人々でした。自分たちの先祖が海の向こうで神と出会い、付き合いがあったというおぼろげな思い出の他に、彼らを結ぶ伝統はありませんでした。申命記はこう言います。「神があなた方を選ばれたのは、他の民より大きいからではなかった……なぜなら、あなた方はどの民よりもちっぽけなものだった……しかし愛のため、そしてあなた方の先祖にした誓いを果たすためだった」（申命記7・7～8）。イスラエルは無に等しい存在だったからこそ選ばれたのです、誰も神のみ前に思い上がることがないように。

イスラエルは神の民であるからこそ、また過ぎ越す民なのです。歩いて紅海を渡った後、足を濡らすことなくヨルダン川を渡りました。年ごとに過ぎ越し祭を祝い、時代ごとに多くの過ぎ越しを行いました。今から七〇年ほど前には、ナチの時代を過ぎ越していきました。

過ぎ越しから過ぎ越しへ。最後の過ぎ越しはこの世から神の国へのものです。したがってどの過ぎ越しも神に渡る過ぎ越しです。過ぎ越しは神の啓示の結果です。すでにアブラハムは神が示される国に行くように言われて旅立ちました。過ぎ越しの始まりです。イスラエルは世の悪と死の支配を（紅海の底のように）踏んで神の国へ行く民です。罪を知り神に従い、それを踏み台にして過ぎ越します。

自然の宗教は心持ち（悟り）を説くことに尽きます。神の啓示をいただいた民はこの世から神の国に過ぎ越します。そう、洗礼は過ぎ越しです。

問い　啓示はすばらしいものだとわかりました。しかし、なぜアブラハムで始まったというのですか。神はすでにアダムとエヴァ、カインとノアなど多くの人と話していました。それは啓示ではなかったのですか。

答え　啓示は歴史の中での出来事です。ある時代にある人、ある出来事が存在したということです。神の言葉は書かれる前に口で伝えられ、口で伝えられる前に出来事としてありました。それは新約聖書の成り立ちを見ればよくわかります。

新約聖書となった書物が書かれたのは、紀元五二年から百年の間でした（もっと遅いものもあります）。しかし聖書として認められたのは、その百年ほど後のことです。多くの書物の中からいくつかが教会によって聖書と認められました。しかし書かれる前にすでに口で伝えられていました。使徒たちがイイススの出来事を証言して宣教したのです。彼らは自分の悟りを伝えたのではなく出来事を伝えたのです。神が行われた救いの業を伝えたのです。するとイイススがガリラヤで活動を始められた時が新約の始まりなのでしょうか。いいえ、もっと以前にガブリエルという天使がナザレのマリアにお告げをした時、そしてマリアが「はい」と答えた時に始まったのです。ルカの初めの部分を読めばわかります。ルカは、出来事を語る前にすべてをよく調べて、証言を聞いてから書いたと、前書きに記しています。

そしてアブラハムは歴史上の人物です。紀元前一八〇〇年という古い時代であっても、歴史です。啓示は歴史の中への神の突入です。おとぎ話ではなく歴史上の出来事です。創世記一一章までは歴史ではありません。すでに述べたように『神学的な時間』、または『次元』です。この最初の一一章で神がアダムやカイン、ノアに言った言葉は彼らに対する啓示ではなく私たちに対しての啓示です。昔のユダヤ人たちも、ノアが神からいただいた戒めは自然界の戒めであると言っていました。律法ではなく、すべての人への戒めであるとラビたちも言いました。ですから聖書は最初から啓示ですが、啓示が啓示を語るのは一二章のアブラハムの話からです。

問い 以前にモーセの啓示とイイスス・ハリストスの啓示を区別しましたね。啓示が二つもあるのですか。

答え 啓示は一つしかありません。神の意図が一つであるように。しかし歴史の中で行われるので段階を踏んでいます。

まずアブラハム、イサクとヤコブの時代があります。下地です。神は一つの家族の三代に渡る伝統を創ります。アブラハム、イサク、ヤコブの神は国を示し約束し、子を約束してその約束を守りました。この神は盾であり導き手です。ヤコブには十二人の男の子がいました。後にイスラエル十二部族の部族長になります。この時代はヤコブの祝福で終わります。

三百年後のモーセの時代。イスラエルの民が誕生します。律法が与えられ、イスラエルの礼拝と生活のしきたりが与えられました。このしきたりはイイススの時代まで、ユダヤ教では今日まで続きます。

ダビデの時代。イスラエルの王の約束、それはメシア・ハリストスのことです。

バビロン捕囚の後。そこでは王制がなくなり、ラビたちが行う大集会によってイスラエルは治められました。

それはイイススの時までのことで、これらすべてはモーセの段階です。

イイススの啓示はそれらすべての成就です。廃止するのではなく、むしろ成就するのです。

問い　主イイススの啓示とは何ですか。あの方の言葉ですか。
答え　主の言葉だけではありません。主イイススその方が啓示なのです。その誕生、ナザレでの私生活、宣教、死と復活、昇天と聖神《せいしん》（聖霊）降臨の出来事自体が啓示であり、またその出来事にともなう主と使徒の言葉が啓示です。

啓示はいつも同じように行われます。まず出来事があり、その出来事の意味を表す預言者の言葉、または主と使徒の言葉があります。イイスス・ハリストスの啓示を「福音」「良い知らせ」と言います。神の最高の贈り物の良い知らせです。この最高の贈り物は神ご自身です。イイススは御父から人の手に渡された贈り物です。イイススがご自分を人の手に渡したのです。神の贈り物の中には三つの啓示が含まれています。最も大きな罪の啓示、最も大きな赦しの啓示、そして最も大きな愛の啓示です。

《最も大きな罪の啓示》

神の贈り物は微笑ましい無防備な子供のようです。生まれたばかりのイイススはそうでした。どんな赤ちゃんでもそうです。受け入れてもらいたいだけです。純粋な贈り物です。こんな子供を受け入れないのは酷いことです。啓示がなくても、誰にでもわかります。ところが、イイススは大人になっても純粋な贈り物のままでした。「この子供を一人受け入れる人は私を受け入れるのだ」とイイススは言いました。

神は微笑ましい無防備な子供のようです。弱いですか。いいえ、弱くはありません。強いですか。いいえ、強くもありません。贈り物ですから、受け入れるか、受け入れないか、二つに一つです。これは人々にとって恐しいことです。選択が恐しく迫って来ます。どうして恐しいのでしょうか。わかりません。私も聞きたいです。神は単純でわかりやすいお方です。人は複雑でわかりにくいのです。私も、もちろんそうです。

啓示された最も大きな罪は神の贈り物を無にすることです。受け入れられなければ贈り物は無にされます。子供はもちろん、病人や刑務所を出た人、飢えている人、旅人、家のない人などは贈り物の性質を持っているので、神の贈り物です。

マトフェイ（マタイ）福音書にはこう書いてあります（25・31～）。

「人の子は、栄光に輝いて天使たちを皆従えて来るとき、その栄光の座に着く。そして、すべての国の民がその前に集められると、羊飼いが羊と山羊を分けるように、彼らをより分け、羊を右に、山羊を左に置く。そこで、王は右側にいる人たちに言う。『さあ、わたしの父に祝福された人たち、天地創造のときからお前たちのために用意されている国を受け継ぎなさい。お前たちは、わたしが飢えていたときに食べさせ、のどが渇いていたときに飲ませ、旅をしていたときに宿を貸し、裸のときに着せ、病気のときに見舞い、牢にいた時に訪ねてくれたからだ。』すると、正しい人たちが王に答える。『主よ、いつわたしたちは、飢えておられるのを見て食べ物を差し上げ、のどが渇いておられるのを見て飲み物を差し上げたでしょうか。いつ、旅をしておられるのを見てお宿を貸し、裸でおられるのを見てお着せしたのでしょうか。いつ、病気をなさったり、牢におられたりするのを見て、お訪ねしたでしょうか。』そこで王は答える。『はっきり言っておく。私の兄弟であるこの最も小さい者の一人にしたのは、わたしにしてくれたことなのである。』

それから、王は左側にいる人たちにも言う。『呪われた者ども、わたしから離れ去り、悪魔とその手先のために用意してある永遠の火に入れ。お前たちは、わたしが飢えているときに食べさせず、のどが渇いたときに飲ませず、旅をしていたときに宿を貸さず、裸のときに着せず、病気のとき、牢にいたときに、訪ねてくれなかったからだ。』すると彼らも答える。『主よ、いつわたしたちは、あなたが飢えたり、渇いたり、旅をしたり、裸であったり、病気であったり、牢におられたりするのを見て、お世話をしなかったでしょうか。』そこで王は答える。『はっきり言っておく。この小さい一人の者にしなかったのは、わたしにしてくれなかったことなのである。』こうして、この者たちは永遠の罰を受け、正しい人たちは永遠の命にあずかるのである。」

ハリストスは十字架に掛けられました。この大きな罪を犯したのは誰ですか。直接にはピラトとその兵でしょう。しかし、主がピラトに言ったように「あなたに私を渡した者はもっと大きな罪を犯した」のです。ピラトは自分の出世のために必死だったので、罪のないこの小さな者を犠牲にしてもやむを得ないと考えました。当然ユダヤ人の罪の方が大きいでしょう。この主のピラトへの言葉は、ユダヤ人に向けられているようにも思えます。「あなた方に私を渡したものはもっと大きな罪を犯した」のです。ユダヤ人は自分たちが生き残るのに必死だったので、イスラエルの民がなきものにされるよりも一人を死に渡した方がよいと思いました。そうであれば、主を死に渡した最も大きな罪は弟子にあるのです。言い直します。主を死に渡した最も大きな罪はすべてのキリスト教徒にあります。明らかなことです。人のせいにしてはいけません。ユダヤ人のせいにしたり、ユダ個人のせいにしてはいけません。そのようにすると、せっかくの「罪の啓示」を受け入れないことになります。そして結局、神の贈り物を受け入れないことになるとも言えます。罪の啓示を受けた人だけが赦しの啓示を受け、それを受けた人だけが最も大きな愛の啓示も受けることになるのですから。罪の啓示は幸いな出来事です。福音の始まりです。教会は、西でも東でも、千何百年の間、常にその時代に生きていたユダヤ人を「神を殺した民」と名付け、見下げてきました。イイススの時代のユダヤ人をイスラエルの代表者として見ていましたが、イイススの弟子であるユダ・イスカリオーテのことを教会の代表者ではなく、個人として理解していたのは、矛盾した虫のいい話です。罪の啓示を神の贈り物として受け取るべきです。

ハリストスを殺したのは私です。ほかならぬ私です。うわべの美しさしかない偽りに満ちたこの世に属し、しかも属し続けたい私です。人を見下げ、裁き、「馬鹿」と言い放つ私。「人に『馬鹿』と言う人は人殺しである」（マトフェイ5・22）と主は言いました。この罪を認めて、心を砕かれる人が激しく泣くなら幸いです。天の国はその人たちのものです。神の贈り物とその啓示を受け始めているのですから。神は心の砕かれた者に近く、その傷を癒し、その人を知るのです。神を知る前に神に知っていただく必要があります。しかし「思い上がる人を神は遠くから見る」と書いてあります（聖詠137・6、詩編138・6）。神に知っていただかなければ、どうして神を知ることができるでしょうか。

マトフェイ（マタイ）福音書はこう言います。

「わたしに向かって『主よ、主よ』と言う者が皆、天の国に入るわけではない。わたしの天の父の御心を行う者だけが入るのである。かの日には、大勢の者がわたしに『主よ、主よ、わたしたちは御名によって預言し、御名によって悪霊を追い出し、御名によって奇跡をいろいろ行ったではありませんか』と言うであろう。そのとき、わたしはきっぱりとこう言おう。『あなたたちのことは全然知らない。不法を働く者ども、わたしから離れ去れ』」（マトフェイ7・21〜23）。

また、ルカ福音書も言います。

「イイススは町や村を巡って教えながら、エルサレムへ向かって進んでおられた。すると、『主よ、救われるものは少ないのでしょうか』と言う人がいた。イイススは一同に言われた。『狭い戸口から入るように努めなさい。言っておくが、入ろうとしても入れない人が多いのだ。家の主人が立ち上がって、戸を閉めてしまってからでは、あなたがたが外に立って戸をたたき、〈ご主人様、開けてください〉と言っても、〈お前たちがどこの者か知らない〉という答えが返ってくるだけである。そのとき、あなたがたは〈ご一緒に食べたり飲んだりしましたし、また、わたしたちの広場でお教えを受けたのです〉と言い出すだろう。しかし、主人は〈お前たちがどこの者か知らない。不義を行う者ども、皆私から立ち去れ〉と言うだろう』」（ルカ13・22〜27）。

人は神に近づくことができません。知らないのですから。神の方から人に近づきます。ご自分を名のらず、知られていないまま近づくのです。弱い者であるかのように近づきます。ご自分を与えるために近づきます。

人は神のこの近づき方に気付きません。追い出してから、馬鹿にしてから、殺してから気付くのです。回心の門です。罪の啓示です。すると人は激しく泣きます。幸いな涙。やっと神の啓示の狭い門を見出したのです。それは洗礼です。洗礼を受けるのは一回だけですが、その実体は一生を通じて成就するのです。

聖師父は「涙のたまもの」について多くのことを語ります。涙を持たずに、徳を積んで神に近づこうとする弟子がいたなら、必ず彼は引き下ろされます。

砂漠の師父の一人が弟子に言いました。「自分はどの人よりも罪深いと思いなさい」。弟子は「なぜ自分のことを人殺しより罪深いと思うことができるのですか」と聞きました。長老は「そう思いなさい。『彼が殺したのは

一度だけだが、私は毎日人を殺しているのです』と言いました。（ポイメン９７）

師父はまさに「罪の啓示」について話していたのです。

問い　驚きました。でも、この罪の啓示が一部の人にしか届かないのは残念に思います。

答え　実はハリストスの啓示は普遍的なものです。すべての人に届きますが、それは終末の時です。マトフェイ（マタイ）福音書に「その時、人の子のしるしが天に現れる。そして、地上のすべての民族は悲しんで自分の罪を認め（自分の胸をたたき）、人の子が大いなる力と栄光を帯びて、天の雲に乗って来るのを見る……」（24・30）とあるように。

主の啓示は終末的です。つまり最後の啓示であり、決定的なものです。しかし二つの段階を経てやって来ます。まず、弱さを帯びてやって来ます。もしそうではなく最初から神的な力を伴って来たなら、拒否されたり、殺されたりはせず、「この世」の罪が現れることもなかったでしょう。贈り物を与えようとする人は敢えて弱い立場に身を置こうとします。そうしなければ、人は贈り物を心から喜んで受け入れるのか、または受け入れざるを得ないだけなのかがわかりません。

しかし最後の時、この世の偽りの力が揺らぎ始め、バラバラになり始める時に主の真の姿が現れ、そのしるしが、十字架が現れます。主が黙示録が語るように屠られた子羊の姿で現れます。

その力と栄光が神の存在と愛です。主を待っていた人々は喜び頭を上げます。主を知らなかったために待っていなかった人々は悲しみ、自分の罪を初めて理解します。彼らは「胸をたたく」と書いてあるように、自分の罪を神の御前に認めます。私たちは彼らがそこで救われると信じます。その時に神の御顔から逃げ、洞穴に身を隠そうとする人がいるでしょうか。いないと思いたいですが、いるとすれば恐ろしいことです。彼は存在しているのに消えたいと望みますが、消えないのです。神の愛が彼にとっては苦しい炎となります。

問い　それから、赦しの啓示もありましたね。
答え　そうです。赦しの啓示に移ります。

主が私たちに現してくださった赦しは、ただ「水に流す」ということでもなければ、忘れることでも、大目に見ることでもありません。

新しい創造です。

ルカが物語るように、主イイススは洗礼を受け、そして砂漠での試みを受けた後にガリラヤに帰り、故郷のナザレへ行きました。

「……安息日になると会堂へお入りになった。朗読するために立ち上がると、係の人からイザヤ預言書の巻き物が渡された。イイススはそれを開き、次の箇所を探して読んだ。『神の霊が私の上にある。貧しい人に福音を告げ知らせるために、主が私に油を注がれたからである。主によって私（イザヤ）が遣わされたのは、囚われ人に解放を、盲目の人に光が見えることを告げるためである。虐げられている人を自由にし、主の恵みの年を告げるためである』。

イイススは巻き物を返し、お座りになった。みながイイススに注目していた。するとイイススは言った。『この聖書の言葉は、今日、あなた方が耳にした時に実現した』」（4・16～21）。

イイススはイザヤ預言書61章の言葉を選んで読みました。このイザヤの預言は神の決定的な（終末的な）「恵みの年」を約束します。「恵みの年」は五〇年ごとに訪れ、その時にはすべての負債が消され、土地が元の所有者に戻ります。イザヤの約束する「恵みの年」は終末の恵みの年で、その時には神の贈り物である土地が再び、最終的に、兄弟の間で分けられるのです。メシアが来る時の「恵みの年」です。

負債が消されること、罪が赦されること、病が治されること、福音が貧しい人に宣言されることは一言でいえば「神の恵みの年」であり、メシアの時を指します。

罪も病も負債もみな同じことです。つまり死の支配にひれ伏している状態です。一般的に「赦す」という動詞は罪や借金ぐらいにしか使いませんが、聖書ではもっと広い視野を持っています。病人を治したり、死んだ人をよみがえらせたりすることは、死から解放される年が訪れた証拠です。

このように福音を読めば、まさに一貫しています。現代人は主の奇跡につまずきますが、「奇跡」と呼んではいけないのです。赦しの年のしるしです。洗礼者イオアン（バプテスマのヨハネ）がヘロデに囚われて牢にいた時、主に尋ねるために人を遣わしました。「来たるべき人（メシア）はあなたですか。または、別の人を待つべきですか。」主が答えました。「行って伝えなさい。目の見えない人が見て、足の不自由な人が歩き、福音が貧しい人に宣言される。私につまずかない人は幸い……」（ルカ7・18〜23）。ようするに、自分のしていることが終末のメシアの恵みの年だと答えたのです。

問い　赦しの啓示は「罪」という道から外れたことに対してだけではないのですか。

答え　死への恐れに支配されることが最高の悪です。その支配の下で人は死や苦しみ、嫌なことから逃れるために嘘を言い、物を奪い、邪悪な人を取り除いたりします。

そして、取り除かれたり、盗まれたり、ごまかされた人は恨んだり、憎んだりし、また被害者であるにもかかわらず心を閉ざして引きこもったり、時には自殺したりします。加害者も被害者も死の支配下にいます。また悪いことをせず、また受けてもいない人も死の下にいます。ある病気の子供が誰も恨むことなく、素直に自分の病を受け入れているとします。彼も死の下にいます。主は死んだ十二歳の女の子、墓に運ばれていた若者、すでに墓に入っていたラザロという友をよみがえらせました。一人一人の責任を問わず、人を死の支配から解放なさいました。

問い 大変罪の重い人も、罪のない人も同じように死の支配から解放されるというのは納得できません。
答え 当然の疑問です。しかし人には様々な違いがあります。赦しの啓示を受けるか受けないかの違いがあります。主は次のようなたとえ話をなさいました（マトフェイ（マタイ）18・23〜34）。

ある偉い人が、莫大な借金を返せなくなった人を家族ともども奴隷にし、その持ち物を売るように命じました。借金を返せない人が必死に勘弁してくださいと頼んだところ、偉い人は借金をすべて免《ゆる》しました。ところが、この免《ゆる》された人は帰り道、自分がわずかなお金を貸した仲間に会い、そのお金を返すように詰め寄りました。しかし彼は返せなかったので役人に引き渡されました。仲間の小さな借金を免《ゆる》さなかったこの男は偉い人に呼び出され、免《ゆる》された借金を再び負うことになりました。

この話からわかるのは次のことでしょう。赦しの啓示を受けるとは「恵みの年」に入ること、「恩寵の世界」に入ることです。人が人を赦すことが人がその年、その世界に入ったというしるしなのです。神が行う赦しが、赦された人によって全世界へ広がっていきます。それが赦しの啓示です。

ある歩くことのできない病人が、仲間たちによって主のいる家へと運ばれました。主はこれらの人の信仰を見て、「子よ、あなたの罪は赦された」と言いました。するとと幾人かがつまずき、心の中で「この人は神を冒涜している。罪を赦せる方は神以外にはいないのだから」と思いました。

主はその思いを見抜き、「どうしてそう思うのか。人に『あなたの罪は赦された』というのと、『立って歩きなさい』と言うのでは、どちらが言いやすいか」と尋ねました。そして病人に向かって「立って担架を担いで家に帰りなさい」と言いました（マトフェイ９・１〜８）。主のすべての癒しは赦しを内包する新しい創造です。新しい世界です。

そうすると「罪の啓示」は古い、滅びるべき、裁かれるべき世界を示していて、一人一人の罪が一つ一つ示されるというより、罪がこの世界に属するものとして啓示されることがわかります。同じく「赦しの啓示」は滅びることのない、裁かれることのない、新しく創られる恩寵の世界の啓示であり、一人一人の罪人への赦しが一つ一つ示されるというより、赦しがこの新しい世界に属するものとして啓示されるのです。回心とは古い世界から出ることだけではなく、新しい世界に入ることでもあります。回心する人は自分を最も悪い罪人として認識しながら「赦しの世界」へ入ります。彼の涙には悲しみと喜びが入り混じっています。

啓示は個人的なものではありません。個人主義的な世界観で理解しようとすると大変ちっぽけなものとなり、たんなる道徳になります。西洋の教会は西洋文化の影響を受けて、少々個人主義的な理解に傾くことがあります。

福音には今まで言ってきたことと反するように思われる言葉があります。「あなたが人を赦さなければ、天の父もあなたを赦しません」、「私たちの罪を赦してください、私たちも人を赦したのですから」などです。

しかし、「人が人を赦す」ことが原因で、「神に赦される」ことが結果なのではありません。むしろ反対なのです。「人を赦していないのなら、それはあなたがまだ赦しの世界に入っていないしるしであって、まだその世界には属していないということだ」。あわてることはありません。この「まだ赦せない」自分が「罪の啓示」を受けていると思うべきです。しっかりと「罪の啓示」を受けなければ、誰も「赦しの啓示」を受けられません。赦せない人はまだ、自分が「ハリストスを殺した最悪の罪人」とは思っていないのです。

「被害者」の苦しみを思うと胸が痛みます。「赦せない」という心のこわばりが一生の間続くこともあります。とても苦しいことです。しかし安心してください。自分の弱さや狭さを「罪の啓示」としてしっかり受け止めながら祈れば、「広いところに自分の足が移される」と言う体験をするに違いありません。

信仰生活には卒業がありません。聖人となった人も、歩み始めた人と同じく「罪の啓示」と「赦しの啓示」を受けとめます。むしろ一生涯受けとめてきたからこそ聖人となったのです。

「赦しの啓示」の時に主の視線に出会うのです。ペトルのように。ユダのように。主は人を見下げたりはしません。いつも見上げます。人はこの視線に創り上げられるのです。「主の世界に自分の場がある。準備されて来たのだ」と理解する時、赦しの啓示を受けるのです。主の視線から目をそらさず、じっと見つめるなら、受けるだけでなく受けとめることとなるのです。

問い　まだ納得しがたいことがあります。たとえば、むごい方法で自分の子供が殺された親は犯人を赦すことなどできるでしょうか。

答え　神しか赦せないのです。人が赦したところで、赦された犯人が創り直されたとは言えません。

子を殺された親が犯人を赦せないままであっても、これが罪にならない可能性もあります。犯人が神の赦しの世界に入るように祈るのです。自分には犯人を赦す力はないが神が赦すように、そして、犯人が神の赦しを受けとめるようにと祈るなら、神が「赦せない」あなたを罪に定めることはありません。赦しは個人的なものではないのです。

気の毒なこの親がこのように祈るなら、すぐには赦せなくても、いつか必ず感情においても赦すようになるでしょう。赦しは感情的なものではありません。赦したいと思って祈れば、感情の上では赦せなくても赦しの世界に入っているのです。

問い 赦しの啓示も思いがけないものでした。そこで、最も大きい愛の啓示はどのくらいのものなのでしょうか。

答え あまり期待しないでください。答えるために口を開いた今でも、何を言えばよいのかわかりません。それでも、女の子がビーズに糸を通すように、言葉に糸を通してみます。

主の生涯全体が愛の啓示です。聖書全体が愛の啓示です。その中には罪の啓示も赦しの啓示もありますが、愛の啓示はこの二つと同等に並べられるようなものではありません。はるかに大きく、罪も赦しも包み込む神の偉大な器です。神は愛です。しかし神を知ることはできません。シリアのイサクは「人に弱さと病がなかったなら、どうして神の愛を知ることができたであろうか」と言います。

魚は海を知ることはできません。もし釣り上げられて海から出て、死ぬ直前に海へ戻されたなら、初めて海を知ることになります。「多く赦された人は多く愛す。少ししか赦されない人は少ししか愛さない」（ルカ７・47）とイイススは言いました。また「罪が多くあったところに恩寵はあふれる」（ロマ５・20）とパウェル（パウロ）は言います。ここからわかるように、福音の啓示は一つであり、三つではありません。

また主は言いました。「友のために命を与えるほど大きな愛はない」（イオアン（ヨハネ）15・13）、「あなた方は私の友である。もう僕とは言わない」（イオアン15・14〜15）。私たちの主であり神であるイイススが持っているもので、私たちに与えられないものは一つもありません。これ以上のことは言えません。とはいえ、このすばらしいことを聴いても感動しない人は少なくないのです。なぜでしょうか。主が持っている神的なものが何なのかピンと来ないからです。人の生活に役立つものなのでしょうか。

大いに役立ちます。たとえば「敵を愛する」ことや「毒を飲んでも、サソリの上を歩いても害を受けない」こと、要するにこの世の悪に汚染されることなく、むしろ悪を善に変える力を得ます。物質世界に隠れている聖神《せいしん》（聖霊）を明らかにし、物質的なものを霊的なものにします。人を導く力、つまり人のマイナスの状況をプラスに転じる力を得るのです。自分の中で神的な光が輝きだします。この世の暗闇を照らします。

最も大きな愛の啓示とは次のことでしょう。イオアン福音書14章2節にあるように、主は私たちに、安心するように、と言います。なぜなら御父の家には多くの住まいがあるからです。御父の愛をも、主イイススの愛をも信じるようにと言います。多くの住まいがあるのは間違いありません。この「多く」はすべての人を指します。入りたくない人のための場所もあります。心を変えて（回心して）入ろうとすれば場所はちゃんと準備されているのです。主は言いました。「行ってあなたがたのために場所を用意したら、戻って来て、あなたがたをわたしのもとに迎える」。

聖詠の中では「神の愛と忠実は永遠」と繰り返し唱えられます。この「永遠」という時間の次元は「世界」という空間の次元でも表現できます。

聖詠88（詩編89）の三節は「私は言った。『あなたの愛は永遠にたてられ、天にあなたの忠実を揺るぎないものにした』」と詠います。しかし、ラビたちの古い解説にはこのように変えられているものもあります。「なぜなら私は言った。『恩寵の世界がたてられ、天にあなたの忠実を据えた』。

主イイススが言ったことと同じです。御父の家では、私たちのために多くの住まいが準備されています。大きな罪の啓示が大きな赦しの啓示に飲み込まれたように、大きな赦しの啓示は大きな愛の啓示に飲み込まれています。

正教の伝統では、この愛の啓示を神化とも言います。人間は神にはなりませんが、神のエネルギーを帯びて、神のようになるのです。そのために創られたのです。

問い　なんとなくわかったような、わからないような気がします。それ以上言い表せないことを言おうとしないでください。ただ、あと一つ、神を知るにはいったい何をすればいいですか。

答え　できることを何でもしてください。できないことはしなくてもいいというよりも、できるように恵みを祈り、行うのです。

できることとは何でしょうか。すべての人が徳に憧れます。その憧れる心を育て、真実を好み、美しさを愛し、人も自分も汚すことを避けるのです。そのためには欲張る心を抑え、自分の望みを単純にします。これらのことは神の啓示以前のことです。神を知ることにはなりませんが、神的なものを知り、体験するのです。

徳の高い人になろうとするうちに自分の罪に出会います。罪に出会っても、それに蓋をして徳が高くなったと思う人には、残念ながら神を知る道がふさがれてしまいます。しかし真理を愛する人なら自分の罪を乗り越えることはできないとわかるのです。そこで、主イイススの啓示を受けて神を知り始めます。すると必ず教会に導かれるのでしょうか。それについてはなんとも言えません。

ただし近道もあります。徳を得るための長い道に初めからうんざりする人がいます。悪事を重ね、反発から反発へと迷い込む人がいます。このような人は直接、主の「罪の啓示と赦しの啓示」に会うことができます。自分から何かをするのではなく、主が迎えに来ます、切羽詰まったところに。

この種の人々は面白い。私にとって最も親しみやすい聖人はこのような人です。

しかしこの近道は薦められません。問いを発して我慢強く答えを聴くあなたは、まず徳を求めなさい。

神を知ることについては、この位で終わりにしましょう。

神を愛し、神に仕えることについては書きません。神を知っていく中で自ずとわかることですから。

耳にしたことを実行に移し、神の言葉の思いに浸かった後、その匂い立つ言葉と共に行動するなら、この書き物を読んだことは無駄にはならないでしょう。それでは、さようなら。

新約聖書

	正教会書名	新共同訳聖書
1	マトフェイによる福音書	マタイによる福音書
2	マルコによる福音書	マルコによる福音書
3	ルカによる福音書	ルカによる福音書
4	イオアンによる福音書	ヨハネによる福音書
5	使徒行実	使徒言行録
6	イアコフの公書	ヤコブの手紙
7	ペトルの前公書	ペトロの第一の手紙
8	ペトルの後公書	ペトロの第二の手紙
9	イオアンの第一公書	ヨハネの手紙一
10	イオアンの第二公書	ヨハネの手紙二
11	イオアンの第三公書	ヨハネの手紙三
12	イウダの書	ユダの手紙
13	ロマ人に達する書	ローマの信徒への手紙
14	コリンフ人に達する前書	コリントの信徒への手紙一
15	コリンフ人に達する後書	コリントの信徒への手紙二
16	ガラティヤ人に達する書	ガラテヤの信徒への手紙
17	エフェス人に達する書	エフェソの信徒への手紙
18	フィリップ人に達する書	フィリピの信徒への手紙
19	コロサイ人に達する書	コロサイの信徒への手紙
20	フェサロニカ人に達する前書	テサロニケの信徒への手紙一
21	フェサロニカ人に達する後書	テサロニケの信徒への手紙二
22	ティモフェイに達する前書	テモテへの手紙一
23	ティモフェイに達する後書	テモテへの手紙二
24	ティトに達する書	テトスへの手紙
25	フィリモンに達する書	フィレモンへの手紙
26	エウレイ人に達する書	ヘブライ人への手紙
27	神学者イオアンの黙示録	ヨハネの黙示録

日本ハリストス正教会教団全国宣教企画委員会制作『正教会の手引き』より

旧約聖書 -2

	正教会書名	新共同訳聖書	備　　考
29	ソロモンの知恵書	知恵の書	
30	シラフの子イイススの知恵書	シラ書〔集会の書〕	
31	オシヤ書	ホセア書	31 ～ 42 までは「十二小預言書」と呼ばれる
32	アモス書	アモス書	
33	ミヘイ書	ミカ書	
34	イオイリ書	ヨエル書	
35	アウディヤ書	オバデヤ書	
36	イオナ書	ヨナ書	
37	ナウム書	ナホム書	
38	アウワクム書	ハバクク書	
39	ソフォニヤ書	ゼパニヤ書	
40	アゲイ書	ハガイ書	
41	ザハリヤ書	ゼカリヤ書	
42	マラヒヤ書	マラキ書	
43	イサイヤ書	イザヤ書	
44	イエレミヤ書	エレミヤ書	
45	ワルフ書	バルク書	
46	イエレミヤの達書	エレミヤの手紙	
47	哀歌	哀歌	
48	イエゼキイリ書	エゼキエル書	
49	ダニイル書	ダニエル書	

※ロシア語聖書には「第三エズラ記」も含まれ、全部で 50 書となる。
※書の順番は 1994 年アテネ発行の“Η　ΑΓΙΑ　ΓΡΑΦΗ”に従った。
※通し番号は便宜的に添付したもの。***斜体字***は、ＬＸＸにあってMＴにない書。

他にも、ギリシャ語訳旧約聖書にあってヘブライ語聖書にないものとしては以下の部分などがある。

	聖詠(経中ニ加エズ)	第 151 詩編	
	マナッシヤの祝文	マナセの祈り	
	エスフィリ記の付加部分	エステル記（ギリシャ語）	
	ダニイル書3章24～67節、他	ダニエル書補遺	

② 聖書各巻一覧および各奉神礼書一覧

旧約聖書 -1

	正教会書名	新共同訳聖書	備　考
1	創世記	創世記	1~5は「モーセ五書」と呼ばれる
2	エギペトを出づる記	出エジプト記	
3	レヴィト記	レビ記	
4	民数記	民数記	
5	申命記	申命記	復伝律令とも記される
6	イイスス・ナビン記	ヨシュア記	
7	士師記	士師記	
8	ルフ記	ルツ記	1~8は「旧約八書」と呼ばれる
9	列王記第一書	サムエル記上	
10	列王記第二書	サムエル記下	
11	列王記第三書	列王記上	
12	列王記第四書	列王記下	
13	歴代誌略第一巻	歴代誌上	
14	歴代誌略第二巻	歴代誌下	
15	エズドラ第一書	エズラ記(ギリシャ語)	エズラ記の書名には異同があるので要注意
16	エズドラ第二書	エズラ記	
17	ネーミヤ書	ネヘミヤ書	
18	トビト書	トビト書	
19	イウジヒ書	ユディト書	
20	エスフィリ記	エステル記	
21	第一マカワェイ書	マカバイ記一	
22	第二マカワェイ書	マカバイ記二	
23	第三マカワェイ書	(新共同訳には訳出されていない)	
24	聖詠	詩編	『聖詠経』
25	イオフ記	ヨブ記	
26	箴言	箴言	
27	伝道書	コヘレトの言葉	
28	諸歌の歌	雅歌	

正教会	一般・他宗派
ノイ	ノア
ハナアン	カナン
ハリスティアニン	クリスチャン
ハリストス	キリスト
ハルキドン	カルケドン
ハルデヤ	カルデヤ
パヴェル	パウロ
ファディ	タダイ
ファラオン	パロ（ファラオ）
ファリセイ	パリサイ
ファヴォル	タボル
フィリスティヤ	ペリシテ
フィリップ	ピリポ
フィリモン	ピレモン
フェオドル	テオドロス
フォマ	トマス
ヘルヴィム	ケルビム
ペトル	ペテロ
ポリカルプ	ポリカルポス
ポンティイ・ピラト	ポンテオ・ピラト
マカリイ	マカリオス
マキシム	マクシモス
マッカウェイ	マカバイ
マディアム	ミデアン
マトフェイ	マタイ
マナッシヤ	マナセ
マラヒヤ	マラキ
マラン、アファ	マラナ・タ
マルファ	マルタ
マンナ	マナ
ミハイル	ミカエル
ミヘイ	ミカ
メルヒセデク	メルキゼデク
モイセイ	モーセ
ラザリ	ラザロ
ラヒリ	ラケル
リヤ	レア
リワン	レバノン
ルフ	ルツ
ルヴィム	ルベン
レヴィト	レビ
レヴェカ	リベカ
ロマ	ローマ
ロマン	ローマノス
ワシリイ	バシリウス
ワヴィロン	バビロン
ワラウワ	バラバ
ワルク	バルク
ワルナワ	バルナバ
ワルフォロメイ	バルトロマイ
ワルワラ	バルバラ
ヴィファニヤ	ベタニヤ
ヴィフェズダ	ベテスダ
ヴィフレエム	ベツレヘム
ヴェエルゼウル	ベルゼブル
ヴェニヤミン	ヴェニヤミン
ヴェリアル	ヴェリアル

※シオンやマリヤなど一般にも共通する語は掲載していません。
※ワィ、ワェ、などはウィ、ウェ、もしくはヴィ、ヴェと表記し直しました。

正教会	一般・他宗派	コリンフ	コリント
エウレイ	ヘブル（ヘブライ）	コンダク	コンタキオン
エギペト	エジプト	ゴリアフ	ゴリアテ
エスフィリ	エステル	ゴルゴファ	ゴルゴタ
エズドラ	エズラ	サタナ	サタン
エデム	エデン	サッドゥケイ	サドカイ
エノフ	エノク	サッラ	サラ
エフェス	エペソ	サムイル	サムエル
エフレム	エフライム	サワオフ	万軍
エムマヌイル	インマヌエル	サンプソン	サムソン
エリサヴェタ	エリザベツ	ザクヘイ	ザアカイ
エリセイ	エリシャ	ザハリヤ	ザカリヤ
エルモン	ヘルモン	ステファン	ステパノ
エレナ	ヘレナ	スボタ	シャバット
エワ	エバ	セラフィム	セラピム
オサンナ	ホサナ	セルギイ	セルギウス
オシヤ	ホセア	ゼヴェデイ	ゼベダイ
オリゲン	オリゲネス	ソフォニヤ	ゼパニヤ
カイアファ	カヤパ	タルス	タルソ
カペルナウム	カペナウム	ダワィド	ダビデ
ガウリイル	カブリエル	ダニイル	ダニエル
ガリレヤ	ガリラヤ	ダマスク	ダマスコ
キプル	キプロス	ティト	テトス
キリール	キュリロス	ティモフェイ	テモテ
ギエジイ	ゲハジ	ティワェリアダ	テベリヤ
クリト	クレタ	ディミトリイ	ディミトリオス
クリメント	クレメンス	トロパリ	トロパリオン
グリゴリイ	グレゴリオス	ナウム	ナホム
ケサリ	カエザル	ナザレト	ナザレ
ケサリヤ	カイザリヤ	ナファナイル	ナタナエル
ゲエンナ	地獄、ゲヘナ	ニケヤ	ニケア
ゲオルギイ	ゲオルギオス	ニコディム	ニコデモ
ゲフシマニヤ	ゲツセマネ	ネーミヤ	ネヘミヤ
ゲンニサレト	キンネレテ	ネストリイ	ネストリウス

正教会の用語早見表

① 固有名詞対照表

日本正教会で使用されている人名、地名などの固有名詞の表記は、日本への正教伝道がロシア経由であったという事情で、一般や他宗派の教会とは異なるものが多くあります。その主なものを対照した表です。

正教会	一般・他宗派
アアロン	アロン
アウディヤ	オバデヤ
アウラアム	アブラハム
アウワクム	ハバクク
アゲイ	ハガイ
アナフェマ	アナテマ
アファナシイ	アサナシウス
アマリク	アマレク
アリイ	アリウス
アリマフェヤ	アリマタヤ
アリルイヤ	ハレルヤ
アレキサンドル	アレキサンダー
アレキセイ	アレクシウス
アンティオヒヤ	アンテオケ
アントニイ	アントニウス
アンドレイ	アンデレ
アンナ	ハンナ
アヴェリ	アベル
ヤコブ	ヤコブ
イイスス	イエス
イイスス・ナワィン	ヨシュア
イウジヒ	ユディト
イウスチン	ユスティノス
イウダ	ユダ
イウデヤ	ユダヤ
イエゼキイリ	エゼキエル
イエッセイ	エッサイ
イエリホン	エリコ
イエルサリム	エルサレム
イエレミヤ	エレミヤ
イオアキム	ヨアキム
イオアン	ヨハネ
イオイリ	ヨエル
イオシフ	ヨセフ
イオナ	ヨナ
イオフ	ヨブ
イオルダン	ヨルダン
イグナティ	イグナティウス
イサアク	イサク
イサイヤ	イザヤ
イスカリオト	イスカリオテ
イズライリ	イスラエル
イリネイ	エイレナイオス
イリヤ	エリヤ
イロド	ヘロデ
エルリン	ギリシャ(ヘラス)
エウセビイ	エウセビオス

訳者紹介
佐藤弥生（さとう・やよい）
1962年、愛知生まれ。愛知県立大学文学部国文学科卒業。1996年よりジュセッペ三木氏のもとでイタリア語を学び、イタリア文学に親しむ。2010年より本書の翻訳に従事する。

監修者紹介
松島雄一（まつしま・ゆういち）
1952年香川県生まれ。印刷会社営業職を経て、1990年正教神学院入学、1993年卒業と同時に司祭叙聖され、今日に到る。名古屋ハリストス正教会、半田ハリストス正教会管轄司祭に。

師父たちの食卓で ―― 創世記を味わう　第1章〜第3章

2015年10月10日 初版発行

著　者 ―― ジュセッペ 三木 一
訳　者 ―― 佐藤弥生
監修者 ―― 松島雄一
発行者 ―― 安田正人
発行所 ―― 株式会社ヨベル　YOBEL, Inc.
〒113-0033 東京都文京区本郷4-1-1-5F
Tel 03-3818-4851　Fax 03-3818-4858
e-mail : info@yobel. co. jp

DTP・印刷 ―― 株式会社ヨベル

配給元 ― 日本キリスト教書販売株式会社（日キ販）
〒162-0814　東京都新宿区新小川町9-1
振替 00130-3-60976　Tel 03-3260-5670
ISBN978-4-907486-27-3 C0016　Printed in Japan

聖書引用は断りのない限り聖書 新共同訳（日本聖書協会）を使用しています。